教育部人文社会科学研究规划基金项目"社会企业成长的路径选择与绩效转化机制研究"（19YJAZH082），上海科委软科学重点项目"社会企业成长的演化路径与绩效转化机制：来自上海的实证研究"（19692109600），江苏高校哲学社会科学研究项目"社会企业成长的路径选择和支持政策研究"（2018SJZDI076），江苏省社会科学基金项目"政治关联与冗余资源下的企业慈善行为研究：以江苏为例"（16GLB011）

企业慈善捐赠中国议题
——理论探索与实证研究

田雪莹◎著

CHINESE ISSUES OF CORPORATE PHILANTHROPY
THEORETICAL EXPLORATION AND EMPIRICAL RESEARCH

经济管理出版社
ECONOMY & MANAGEMENT PUBLISHING HOUSE

图书在版编目（CIP）数据

企业慈善捐赠中国议题：理论探索与实证研究/田雪莹著.—北京：经济管理出版社，2019.8
ISBN 978-7-5096-6836-8

Ⅰ.①企⋯ Ⅱ.①田⋯ Ⅲ.①企业—慈善事业—研究—中国 Ⅳ.①D632.1

中国版本图书馆 CIP 数据核字（2019）第 171547 号

组稿编辑：申桂萍
责任编辑：申桂萍　张玉珠
责任印制：黄章平
责任校对：赵天宇

出版发行：经济管理出版社
　　　　　（北京市海淀区北蜂窝 8 号中雅大厦 A 座 11 层　100038）
网　　址：www.E-mp.com.cn
电　　话：（010）51915602
印　　刷：北京晨旭印刷厂
经　　销：新华书店
开　　本：720mm×1000mm/16
印　　张：17
字　　数：324 千字
版　　次：2019 年 9 月第 1 版　2019 年 9 月第 1 次印刷
书　　号：ISBN 978-7-5096-6836-8
定　　价：78.00 元

·版权所有　翻印必究·
凡购本社图书，如有印装错误，由本社读者服务部负责调换。
联系地址：北京阜外月坛北小街 2 号
电话：（010）68022974　　邮编：100836

序 言

尽管关于企业慈善的争论从未止息，但方兴未艾的慈善实践无疑证明了企业行善是不可阻挡的历史潮流。在慈善公益已然成为国际流行趋势的今天，与之相匹配的理论体系还远未完整和统一。历史的经验证明，理论的缘起总是来自对现实的反思，而现实的发展又必然引发对理论的进一步探索。全球化背景下探求刻有中国烙印的企业慈善行为无疑是有趣的，但也颇具挑战。

笔者从事慈善战略领域的相关研究已近十五年，十五年砥砺奋进，笔耕不辍。本书是笔者在整合博士、博士后和工作期间系列研究的基础上，潜心撰写，凝结而成。本书开门见山首先呈现企业慈善捐赠的理论迷思；其次立足慈善捐赠统计数据和企业公益专题报告，廓清中国慈善发展状况，在此基础上，通过丰富的文献研读和细致的实地调研，对企业慈善捐赠与竞争优势、企业慈善捐赠与信贷融资约束、企业慈善捐赠与消费者购买决策三个议题进行深入解读，以解答开篇提出的理论迷思；最后梳理社会企业作为企业慈善创新模式的发展现况和研究热点，展望未来的演进方向，为我国企业的公益实践和慈善战略提供有益的经验和借鉴。

本书具有两大显著特点：其一，研究思路清晰，研究架构系统。从理论迷思出发，先刻画现状，再解读议题，最后提出未来展望，整个架构遵循"发现问题—分析问题—解决问题"这一研究逻辑。其二，翔实的数据资料，严谨的实证分析。运用权威机构报告和官方统计数据清晰呈现中国慈善发展概况，采用理论演绎和实证检验方法全面剖析三个研究议题，所有资料充裕翔实，分析细致严谨。

诚挚感谢教育部人文社会科学研究项目"社会企业成长的路径选择与绩效转化机制研究"（19YJAZH082）、江苏省社会科学基金项目"政治关联与冗余资源下的企业慈善行为研究"（16GLB011），江苏高校哲学社会科学研究重点项目"社会企业成长的路径选择和支持政策研究"（2018SJZDI076）对本书出版的资助。

诚挚感谢聂攀科硕士、孙兰硕士对本书撰写的无私支持和帮助,企业慈善与融资约束相关研究借鉴聂攀科硕士学位论文《民企高管政治身份、慈善捐赠和信贷融资约束关系研究》,企业慈善与消费者决策相关研究借鉴孙兰硕士学位论文《企业慈善捐赠对消费者购买决策影响的实证研究》。

最后,希望本书可以起到抛砖引玉的作用,吸引更多学者关注转型时期中国企业的慈善行为,并对其发展给出合理的理论阐释和有效的策略建议。当然,本书在企业慈善捐赠相关领域进行有益探索的同时,难免存在许多不足和疏漏之处,恳请同行专家批评和指正!

田雪莹
2019 年 4 月于上海

目 录

第一章 绪论 ··· 1
  第一节 企业慈善捐赠的起源与演进 ····································· 1
  第二节 企业慈善捐赠研究的理论迷思 ··································· 4
  第三节 主要研究方法 ··· 5
  第四节 本书内容安排 ··· 8

第二章 企业慈善捐赠基本文献 ·· 10
  第一节 企业慈善捐赠的内涵和动因 ···································· 10
    一、企业慈善捐赠的内涵 ·· 10
    二、企业慈善捐赠的动因 ·· 11
  第二节 企业慈善捐赠的研究层面 ······································ 12
    一、制度层面 ·· 12
    二、组织层面 ·· 14
    三、个体层面 ·· 17
  第三节 企业慈善捐赠的效果 ·· 18

第三章 中国慈善发展状况 ·· 22
  第一节 中国慈善捐赠概况 ·· 22
    一、社会捐赠总量及构成 ·· 22
    二、捐赠主体来源 ·· 27
    三、不同性质企业捐赠 ·· 27
    四、捐赠途径 ·· 28
    五、捐赠指向领域 ·· 31
    六、善款使用区域 ·· 31

第二节　企业公益发展专题报告 …………………………………… 35
　　一、企业慈善公益总体现状 …………………………………… 35
　　二、企业品牌公益项目分析 …………………………………… 44
　　三、中国企业海外公益实践 …………………………………… 47

第四章　企业慈善捐赠与竞争优势 ………………………………… 49
第一节　问题提出及文献述评 ………………………………………… 49
　　一、研究问题提出 ……………………………………………… 49
　　二、企业社会资本的内涵和研究维度 ………………………… 50
　　三、文献述评 …………………………………………………… 53
第二节　理论演绎与研究假设 ………………………………………… 54
　　一、慈善捐赠行为与企业社会资本 …………………………… 54
　　二、企业社会资本与竞争优势 ………………………………… 58
　　三、概念模型与假设提出 ……………………………………… 63
第三节　研究设计 ……………………………………………………… 64
　　一、研究对象的选取 …………………………………………… 64
　　二、研究数据的收集 …………………………………………… 65
　　三、变量设置和测度 …………………………………………… 70
第四节　实证分析 ……………………………………………………… 75
　　一、变量的描述性统计 ………………………………………… 75
　　二、信度和效度检验 …………………………………………… 77
　　三、相关分析 …………………………………………………… 84
　　四、结构方程建模分析与评价 ………………………………… 86
　　五、结果讨论 …………………………………………………… 97
第五节　研究结论、启示与展望 ……………………………………… 101
　　一、研究结论 …………………………………………………… 101
　　二、研究启示 …………………………………………………… 102
　　三、研究展望 …………………………………………………… 103

第五章　企业慈善捐赠与信贷融资约束 …………………………… 105
第一节　问题提出及文献述评 ………………………………………… 105
　　一、研究问题提出 ……………………………………………… 105
　　二、高管政治身份 ……………………………………………… 106
　　三、信贷融资约束 ……………………………………………… 108

四、文献述评 …………………………………………………… 109
第二节　理论演绎与研究假设 ………………………………………… 110
　　一、民企高管政治身份和信贷融资约束的理论分析与假设 ……… 110
　　二、民企高管政治身份和慈善捐赠行为的理论分析与假设 ……… 111
　　三、慈善捐赠行为和信贷融资约束的理论分析与假设 …………… 113
　　四、概念模型的构建 ……………………………………………… 116
第三节　研究设计 ……………………………………………………… 116
　　一、样本选择与数据来源 ………………………………………… 116
　　二、变量的定义与测度 …………………………………………… 117
　　三、模型设定 ……………………………………………………… 119
第四节　实证分析 ……………………………………………………… 120
　　一、信度和效度检验 ……………………………………………… 120
　　二、描述性统计分析 ……………………………………………… 122
　　三、相关分析 ……………………………………………………… 127
　　四、回归结果及分析 ……………………………………………… 128
　　五、结构方程建模分析 …………………………………………… 131
　　六、实证结果讨论 ………………………………………………… 138
第五节　研究结论、启示与展望 ……………………………………… 140
　　一、研究结论 ……………………………………………………… 140
　　二、研究启示 ……………………………………………………… 141
　　三、研究展望 ……………………………………………………… 142

第六章　企业慈善捐赠与消费者购买决策 ………………………… 143
第一节　问题提出及文献述评 ………………………………………… 143
　　一、研究问题提出 ………………………………………………… 143
　　二、企业慈善捐赠的维度 ………………………………………… 145
　　三、企业慈善捐赠与消费者反应 ………………………………… 147
　　四、文献述评 ……………………………………………………… 152
第二节　理论演绎与研究假设 ………………………………………… 153
　　一、企业慈善捐赠与购买决策 …………………………………… 153
　　二、企业慈善捐赠与消费者内部反应 …………………………… 155
　　三、消费者内部反应与购买决策 ………………………………… 156
　　四、企业声誉的调节作用 ………………………………………… 157
　　五、概念模型 ……………………………………………………… 158

第三节 研究设计 158
　一、实验情景材料的设计 158
　二、问卷设计和样本选取 159
　三、变量的定义与测度 159
　四、预实验 162
　五、正式实验的组织 164
第四节 实证分析 165
　一、样本量的分布 165
　二、信度和效度检验 165
　三、相关分析 167
　四、回归分析 168
　五、结果分析 173
第五节 研究结论、启示与展望 174
　一、研究结论 174
　二、研究启示 175
　三、研究展望 176

第七章 社会企业：企业慈善的创新探索 178

第一节 社会企业的缘起与内涵解读 178
　一、兴起背景 178
　二、概念界定 179
　三、认定标准 180
第二节 社会企业的研究进展 182
　一、研究现况及总体分布 182
　二、研究热点及核心文献 189
　三、研究前沿及演进趋势 195

参考文献 199
附录1 247
附录2 253
附录3 256
附录4 259

第一章 绪论

第一节 企业慈善捐赠的起源与演进

慈善一词英文释义为"Philanthropy",源于古希腊语,大约从公元18世纪开始使用,本意为"人的爱";"Charity"一词出现的历史较为久远,可以追溯到公元前,其本意亦为"爱"。中华民族是一个热情仁爱,乐善好施的民族,关于慈善的概念,古已有之。孔颖达疏《左传》有云:"慈者爱,出于心,恩被于业。"又曰:"慈为爱之深也。"许慎的《说文解字》中也有解释道:"慈,爱也。"而中华慈善总会创始人崔乃夫极为精辟地将慈善概括为"有同情心的人们之间的互助行为",则深刻地道出了慈善事业的全部活动和真谛。在历史的长河中,慈善这一传统美德源远流长。世界史叙写着从希腊、罗马时代起社会捐助的传统;美国史述说着这种传统随移民带到美洲的史实。美国的慈善事业于独立战争后空前兴盛,如组织美国反奴协会,提供纽约劳工受教育的机会,创立儿童救助协会,成立全美收容所、医院、文化组织等;"二战"后,个人捐赠免税入法,富豪纷纷热心于慈善事业。中国的慈善事业同样有着自己悠久的传统:汉唐寺院济贫、赈灾、医疗、戒残杀的长盛不衰;宋代养老扶幼事业的勃兴;元医疗救助的兴起;明清民间慈善群体在中国慈善史上首屈一指;更有当今国门开放以来,涌现出一批批社会贤达、名流、企业家参与灾害救助、扶贫济困,默默从事着慈善救助。

企业作为经济实体似乎与慈善有着天然的隔阂,但近百年来从未止息的慈善实践无疑证明了企业行善是不可阻挡的历史潮流。企业慈善是指为追求企业利润最优化和社会收益最大化的共赢目标,企业以一定的短期利润为代价的物质、人力资源捐赠和项目资助等自愿行为。追本溯源,企业慈善捐赠行为无疑具有明显的时代特征。传统的观念认为，企业应该在特定的法律法规环境下为股东创造最大的利润，"勤勉致富以获得救赎"的加尔文思潮是标准的企业行为。因此，19世纪的企业是不能够"行善"的，因为"慈善行为会侵蚀企业的资源、削减企业的利润"，会陷入"过度活跃"（Ultra Vires）的状态之中。一个承担了社会责任、处于"过度活跃"状态的企业往往容易遭受股东的诉讼，为当时的法律所不允许。因此，在19世纪真正开展慈善行为的是那些出于良心发现的企业家而不是企业。20世纪30年代以后，企业的股权日益分散，企业所面对的利益相关者越来越多，慈善捐赠行为也发生了根本性变化。企业日益明确地认识到，倘若对日益严重的社会问题不闻不问，那么它将会招致广泛的批评和制裁。1953年，新泽西州的最高法院认为，"过度活跃"条款是不合理的限制，并拒绝执行它，从而使该条款寿终正寝。在挣脱了法律条款的桎梏以后，20世纪60年代以后的企业在慈善捐赠方面进入了一个全新的旺盛阶段。不过，在制定和实施特定的捐赠计划时，当时企业的做法是"尽可能简单地做好事"，其中最简单的做法就是"开支票了事"。但是好景不长，20世纪70年代初期的"滞胀"让美国企业开支票没有那么痛快了，企业的捐赠行为陷入了一个尖锐而且难以化解的矛盾之中，即社会公众强烈要求企业承担更多的社会责任，而企业投资者要求管理者提供最大的短期利润回报。在此背景之下，"战略性慈善捐赠"（Strategic Philanthropy）模式应运而生，其核心特征是强调企业慈善捐赠行为与企业经营行为之间的联系，即行善可获回报，企业可以"通过行善而做得更好"（Doing Better by Doing Good）。20世纪80年代以后，"战略性慈善捐赠"已经成为欧美国家企业主要的慈善行为模式。相反，那种仅"为了脸面好看而做好事"、简单地"开支票了事"的捐赠方式逐步成为了企业"不负责任地承担社会责任"的代名词。

我国企业慈善事业起步较晚，20世纪80年代国有企业改革开始之前，企业慈善捐赠还几乎是一片空白。但是，20世纪90年代，"企业社会责任""利益相关者""企业公民"等理论的大量引入，以及经济全球化的推进带来的前所未有的竞争压力，使得企业无法忽视慈善公益之于自身发展的巨大作用和能量，由此，我国企业慈善事业进入快速发展的时期。尤其是2008年的汶川地震，让中国企业开创了慈善捐赠的新纪元，众多企业史无前例的慷慨捐赠让整个社会的慈善捐赠热情空前高涨，并创下了企业慈善捐赠的历史高点，真实地体现了中国慈善捐赠的"大难显真情"的文化特点。但2008年后，企业慈善捐赠的各项指标开始呈现下降趋势，2010年由于发生青海玉树地震的特大灾难，捐赠总额回升，但之后又呈逐年下降趋势。此后5年间，公益慈善逐步融入并成为社会治理和社会创新的重要组成部分，《中华人民共和国慈善法》的出台营造了浓重的舆论氛围，企业和公众理性捐赠逐步步入正轨，新兴网络消费所带来的互联网技术的创新,促使网络慈善突飞猛进。

据2018年《中国慈善发展报告》显示,2013年社会捐赠总额达954亿元,2014年为1058亿元,2015年为1215亿元,2016年达1458亿元。总体而言,中国社会捐赠在慈善文化步入理性时代后呈现出稳步提升的发展态势。作为接受社会捐赠的主体,我国社会组织数量稳步增长。中国社会组织公共服务平台数据显示,我国社会组织数量从2010年的245801个增长到2018年的792519个,9年间增长了2.24倍,其中社会团体从132513个增长到353078个,增长了1.66倍,民办非企业单位从111327个增长到432547个,增长了2.89倍,基金会数量从1961个增长到6894个,增长了2.52倍。社会组织接受捐赠数额逐年上升,2012年接受捐赠款物总额667亿元,占社会捐赠总额的74%,2016年已增长至1177亿元,占比达81%(见图1-1)。

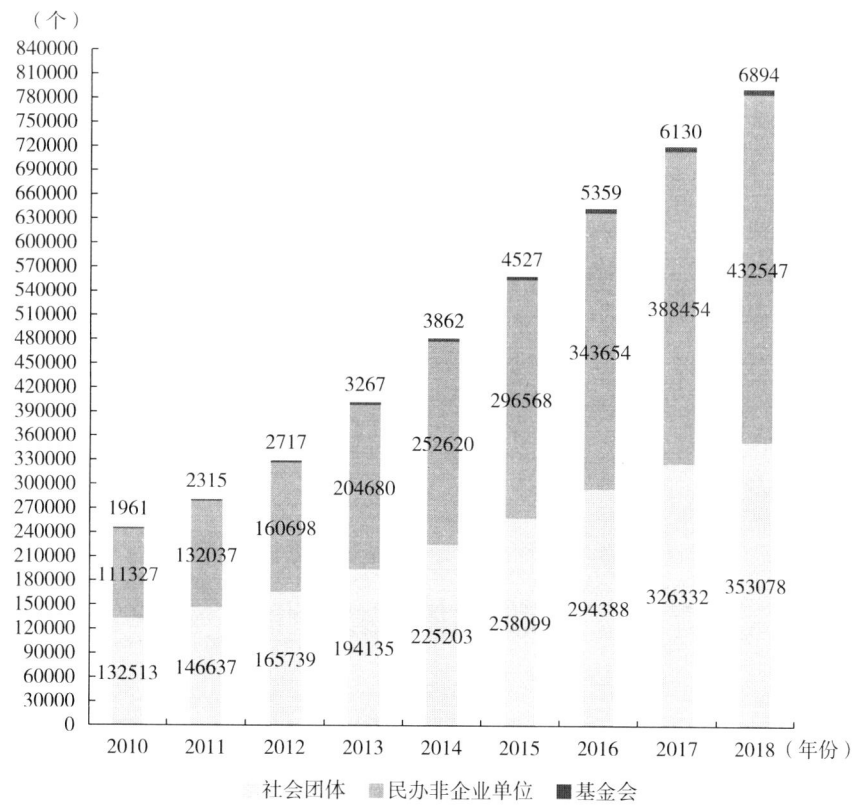

图1-1 2010~2018年中国社会组织数量

2011~2016年,企业捐赠数额迅猛增长,在年度社会捐赠总额中占比介于57.48%~70.7%,其中2015年占比最高,2011年占比最低,其他年限均在

60%以上，2013年、2014年和2015年捐赠金额占总额的70%左右。另据《2017年度中国慈善捐助报告》显示，2017年中国境内接受国内外款物捐赠再创新高，共计1499.86亿元，较2016年增长7.68%；捐赠总额占同年全国GDP的0.18%，人均捐赠额为107.90元，比2016年增长7.11%。其中，企业的捐赠共计963.34亿元，占64.23%；在企业捐赠之中，民营企业仍然是慈善捐赠的中坚力量，全年捐赠达482.83亿元，占企业捐赠总量的50.12%。无疑，企业已然是我国社会捐赠的最主要力量。

企业慈善捐赠不同于其他的个人和社会团体捐赠，其动机更为复杂和多样。一方面，中国的企业有着强烈的企业社会责任感，涌现出大批的长期从事慈善捐赠，并不断探索和创新企业慈善捐赠理念和实践的企业和企业家；另一方面，企业的慈善捐赠也逐渐表现出其捐赠行为背后隐含着对募捐人的资源诉求。这必然与中国的政治、经济和文化环境及企业自身的特点有着密切的联系（谢鹏，2016）。此外，我国企业的慈善捐赠有着和西方国家完全不同的特点，企业的慈善捐赠更倾向于在重大的灾难时点，且民营企业慈善捐赠的热情明显高于国有企业，甚至逐渐成为企业的一种政治战略（张建君、张志学，2005；李四海，2010）。因此，中国企业慈善捐赠的复杂性和特殊性也就决定了，我们不能简单地采用那些基于西方情境所得出的理论来解释中国企业的慈善捐赠行为，而必须在中国企业所处的转型经济的特殊制度环境背景下来理解中国企业的慈善捐赠行为，从而更加深刻地理解企业行为背后的经济和制度力量（谢鹏，2016）。

第二节 企业慈善捐赠研究的理论迷思

企业慈善实践由来已久，源远流长，但与之相匹配的理论体系还远未完整和统一。历史的经验证明，理论的缘起总是来自对现实的反思，而现实的发展又必然引发对理论的进一步探索。全球化背景下探求刻有中国烙印的企业慈善行为无疑是有趣的，也颇具挑战。因而，在本书开篇之际，笔者将企业慈善发展的理论迷思呈现于此，力图使读者对后文的深入解读与阐释更为明晰。

1. 企业慈善捐赠是否能够提升竞争优势

经济全球化为企业带来了前所未有的发展机遇，同时也使得市场竞争更为激烈与残酷。在此背景下，企业竞争力的塑造不仅依靠质优价廉的产品，更有赖于良好的社会公益成绩以及由此建立的声誉和形象。因此，企业慈善捐赠行为日趋成为企业履行社会责任、获取竞争优势、实现持续发展的重要手段和必然选择。

企业社会公益影响竞争优势的相关研究层出不穷,但对影响机制的探讨则显得较为浅显和宽泛。当前的研究仅局限于探讨企业慈善行为对竞争优势的直接影响,缺乏一个整合的分析模型,从而无法揭示慈善行为使企业间绩效存在显著差异的根源。那么,对企业慈善行为如何刻画?如何剖析捐赠行为与企业竞争优势之间的关联作用?这种作用对企业战略的选择和实施具有何种影响?这些问题亟待探索。

2. 企业慈善捐赠是否能够缓解融资约束

在转型经济下,市场在资源配置中尚未完全发挥决定性作用,金融资源的主要配置权仍掌握在政府手中,导致很多民营企业并不能够完全依赖于市场来获得金融资源,而需要寻求市场替代性机制。多数民企选择与政府建立联系这一替代性机制以获取更多金融资源,慈善捐赠既符合社会公众价值观又无法律风险,成为多数民企建立政治关联的首选方式。与政府建立关联,企业需要付出一定的"政治成本",参与慈善捐赠事业,意味着企业要将部分利润支出用于不以获利为目的的活动中。无论是建立政治关联还是参与慈善捐赠都会造成企业资源的部分流失。为什么面临"融资困境"的民营企业仍愿意付出政治成本、捐赠企业资产?企业的政治关联、慈善捐赠是否可以缓解融资困境?这些问题亟待剖析。

3. 企业慈善捐赠是否能够促进消费者购买决策

随着公民社会的崛起和消费观念的更新,消费者除了关注与其直接相关的企业产品和服务,对企业善尽社会责任有了更高的要求和更多的期待,并越发关注企业的慈善捐助、公益宣传等,在一定程度上,企业参与慈善公益已然成为消费者做出购买决策的重要依据。诸如购买、顾客忠诚和顾客满意等消费者外部反应因素受到广泛关注,随着研究的深入,消费者对企业行为的归因、认同与评价等在消费者购买决策中的作用逐渐显现。近年来,学者们试图从消费者内部反应视角解释企业慈善捐赠对消费者购买行为的影响。那么,企业慈善捐赠究竟如何影响消费者购买决策?消费者的内部反应又如何发挥作用?是促进抑或抑制了购买决策?这些问题亟待探究。

第三节 主要研究方法

1. 理论演绎与实证分析相结合

本书所涉及的研究是建立在对前人研究成果分析的基础上,通过检索和研读大量有关企业慈善、企业社会责任、社会资本、政治关联及消费者心理等相关文献,对目前理论研究的整体情况和前沿问题进行把握,结合现实发展,对现有理论进行梳理归纳,并依据理论间的作用方向和相互关联进行逻辑推理。针对本书理论观点所涉及的实际现象,对企业的慈善捐赠行为、竞争优势、社会资本、政治关联、融资约束进行实地调研,并与部分企业的中高层管理者围绕相关议题进行访谈、交流及讨论,对消费者心理反应及购买决策进行对照实验,一系列相关的操作实务为验证和修正理论观点提供了实证数据与实践基础。本书从选题提炼到观点形成及理论模型的构建,从实证检验到结论建议的提出,无不体现出文献整理与实际调研方法的紧密结合。

2. 定性与定量分析相结合

定性分析由于侧重于主观推断而使研究受主观影响较大,定量分析由于侧重于假定前提条件下的数理建模而使研究受约束太多。两者有机结合、互为补充,能够较好地保证分析研究的科学性。定性分析主要涉及了各研究议题的理论假设提出部分。在文献分析和经验总结的基础上,推演出理论观点,并进一步建立理论模型。而后借助于 SPSS 和 AMOS 等专业软件,运用因子分析、相关性分析、回归分析和结构方程模型(Structural Equation Modeling,SEM)分析等多种统计分析方法,进行定量化分析和检验,以验证各议题的理论分析模型,并对研究结果与以往同类研究的差别进行解释,据此提出理论及实践方面的启示。此外,对社会企业发展脉络的梳理,本书创新性地采用 CiteSpace 软件进行量化分析。

3. 主要数据分析方法

(1)描述性统计分析。利用 SPSS 分析工具,主要对样本企业基本资料、消费者的基本资料以及各研究议题中的所有变量进行统计分析,说明各变量的平均数、百分比、次数分配表等,以描述样本的类别、特性以及比例分配状况。

(2)变量合并。由于对每一个变量都是从设计的若干个相关问题进行数据采集的,因此,在进行变量之间的关系分析之前,首先要对该若干个问题的结果进行汇总合并,即进行数据精简。因此,借鉴 Molina – Morales 等(2003)的处理方法,在进行数据合并时拟采用简单取平均值的方式进行处理。

(3)信度和效度检验。信度用以衡量结果的一致性(Consistency)和稳定度(Stability),通常采用 Cronbach's α 系数来测度,系数越大,信度越高。Cronbach's α 系数适合检验同一变量各项目间的一致性,一般认为该值超过 0.70 则表明样本数据的信度满足要求(李怀祖,2004),介于 0.70 与 0.35 尚可,而低于 0.35 则应将其放弃。

效度是指测量结果能够真正反映所要了解对象特征的程度,即测量结果的准确性。一般而言,效度衡量涉及内容效度(Content Validity)和建构效度(Construct Validity)两个方面。内容效度旨在检测衡量内容的适切性,本书各研究议题所设计的问卷,综合参考了大量国内外相关文献,并结合实地调研进行补充丰富,又多次与相关领域学者和企业界人士讨论修正,加以归纳整理而成,因此,可以确信具有相当程度的内容效度。对建构效度进行检验,需要清晰阐明各建构的设置和测度、各建构变量的结构及其相互关系,然后运用因子分析等方法从若干数据中离析出基本建构,以此对建构效度进行分析。通常认为因子分析是检验此效度的常用方法(吴明隆,2003),若能有效提取共同因子,且此共同因子与理论结构的特质较为接近,则可判断测量工具具有建构效度。

(4)相关分析。相关分析是指通过计算变量间的相关系数,对两个或两个以上变量之间相关的程度进行分析。在验证变量间关系时首先采用 Pearson 相关分析考察各研究变量间是否有显著相关关系,其次,为真实准确地反映变量之间的关系,再运用偏相关分析来具体测度各变量之间的偏相关系数,旨在剔除各外部控制变量对统计分析结果的影响,同时依据偏相关系数来比较相关性的大小,作为进一步分析变量间相互作用的基础。

(5)回归分析。回归分析的目的在于了解两个或多个变数间是否相关、相关方向与强度,并建立数学模型以便观察特定变数来预测研究者感兴趣的变数。一般来说,回归分析是通过规定因变量和自变量来确定变量之间的因果关系,建立回归模型,并根据实测数据来求解模型的各个参数,然后评价回归模型是否能够很好地拟合实测数据;如果能够很好地拟合,则可以根据自变量做进一步预测。在应用回归预测法时应首先确定变量之间是否存在相关关系。如果变量之间不存在相关关系,对这些变量应用回归预测法就会得出错误的结果。

(6)结构方程模型。结构方程模型是一种综合运用多元回归分析、路径分析和验证性因子分析方法的数据统计分析工具。它可以用来解释一个或多个自变量与一个或多个因变量之间的关系,能够测量自变量对因变量的直接影响和间接影响,目前已广泛应用于心理学、经济学、社会学和行为科学等领域的研究中。在社会学科研究领域中,许多变量,如态度、智力、动机、偏见、社会地位等都不能准确、直接进行测量,需要找出一些可观察变量作为间接性、替代性"标识",然而这些潜在变量的观察标识总会包含大量的测量误差,在传统的统计分析中(如回归分析),即使是对那些可以测量的变量,也总是不断地受到测量误差问题的侵扰,自变量测量误差的发生会导致常规回归模型参数估计产生偏差。结构方程模型既能够使研究人员在分析中处理测量误差,又可分析潜在变量之间的结构关系。与许多传统的统计方法相比,SEM 模型没有严格的假定限制条件;可以同时考虑并处理多个因变量;允许自变量和因变量含有测量误差;可以同时分析因子结构和因子关系;容许采用更具弹性的测量模型;可以设计出潜在变量之间的关系;并估计整个模型的拟合程度。因此,结构方程建模是针对上述统计分析的缺陷而开发出来的一种十分重要的数据分析技巧（李怀祖，2004），并以其独特的优势在统计学中建立了不容置疑的声望和崇高地位。

第四节　本书内容安排

从企业慈善发展现实提炼出理论迷思，并基于严谨的理论推演和科学的实证分析予以解答，是本书的写作主旨，我们将以其为主线安排本书内容（见图1-2）。

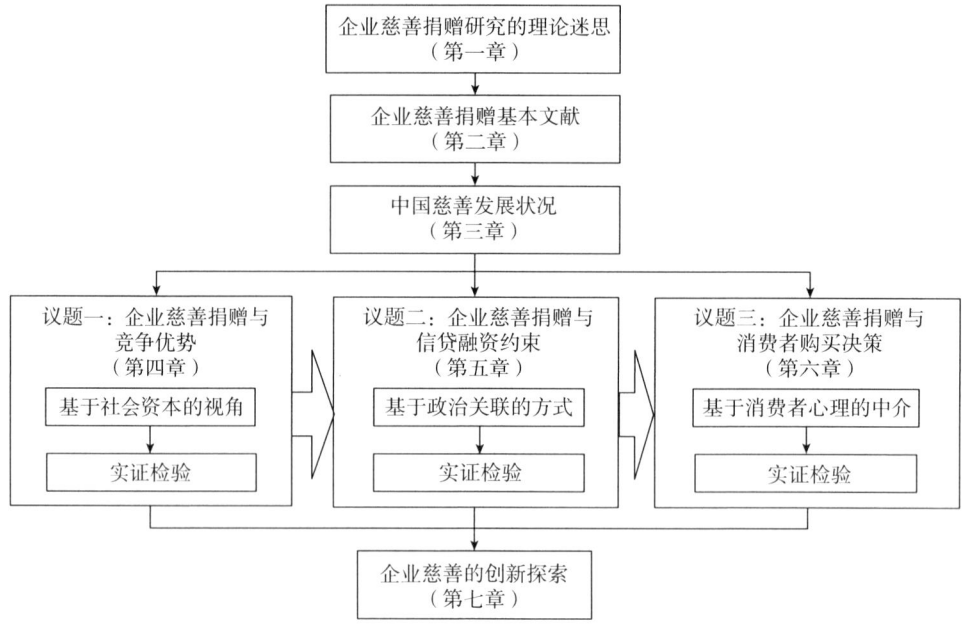

图1-2　本书的研究框架

第一章：绪论。首先，纵向梳理企业慈善捐赠的历史起源与现实演进；其次，基于中国慈善发展现状和问题，提出企业慈善捐赠研究的三个理论迷思；再次，概括介绍了探究各研究议题所采用的研究方法；最后，清晰呈现本书各章节的内容安排。

第二章：回顾企业慈善捐赠的基本文献。首先，介绍企业慈善捐赠行为的内涵和动因；其次，从制度、组织和个体三维度归纳企业慈善捐赠的研究层面；最后，整合企业慈善捐赠的经济与非经济效果文献。

第三章：廓清中国慈善发展状况。基于 2013～2018 年《慈善蓝皮书：中国慈善发展报告》中的捐赠数据，系统梳理并纵向解读中国慈善捐赠概况，在此基础上，甄选 2015 年和 2017 年的企业公益发展进行专题报告，通过比较分析窥见中国企业慈善公益发展之一斑。

第四章：探究议题一：企业慈善捐赠与竞争优势。基于提炼的企业捐赠行为特征，提出了企业捐赠行为、企业社会资本和企业竞争优势的分析框架，运用结构方程建模分析佐证捐赠行为特征通过作用于企业社会资本各维度而间接影响企业竞争优势的内在机理，创新性地解释了企业竞争优势提升的重要原因之一在于企业以获得良好形象和声誉为目标而从事的慈善捐赠活动。研究拓宽了非市场行为影响市场绩效的机理探索的崭新研究视角，借以为企业从战略高度系统性开展慈善活动提供理论指导。

第五章：探究议题二：企业慈善捐赠与信贷融资约束。以江苏、浙江、上海地区民营企业的调研数据为样本，基于慈善捐赠的崭新视角采用多元回归和结构方程模型实证检验了高管政治身份缓解企业信贷融资约束的作用机理，识别了高管政治身份、慈善捐赠各行为特征对企业信贷融资约束各测量维度的影响效应。研究不仅丰富了企业融资约束的现有研究体系，而且为民营企业的健康发展提供了指导性建议。

第六章：探究议题三：企业慈善捐赠与消费者购买决策。基于消费者内部反应视角，引入企业声誉作为调节变量，建立"企业慈善捐赠—消费者内部反应—购买决策"的研究模型，采用实验法深入探究企业慈善捐赠对购买决策的作用机制。研究完善了企业慈善特征研究维度，联结了慈善捐赠理论和消费者行为理论，立足消费者角度，为企业系统有效地开展慈善活动提供了切实的指导建议。

第七章：展望社会企业：企业慈善的创新探索。作为链接慈善与公益的创新模式，社会企业诞生恰逢其时。在解读社会企业内涵基础上，运用 CiteSpace 分析软件，结合人工整理，了解社会企业发展现况，分析研究热点和核心文献，归纳研究前沿和演进趋势，以廓清国内外社会企业的研究脉络，展望未来的发展方向，为该领域研究学者的进一步探索提供借鉴和参考。

第二章　企业慈善捐赠基本文献

第一节　企业慈善捐赠的内涵和动因

"企业慈善捐赠"在西方十分盛行,是体现企业社会责任的公益行为。最初的研究认为,企业慈善捐赠是基于一种"博爱"(Philanthropy)的观念,美国促进企业慈善委员会执行董事查尔斯·摩尔认为,企业作为社会的基本构成单位之一,在创造商业利润的同时,还应积极承担社会公民的责任,以从事慈善公益事业的方式来回馈社会。

一、企业慈善捐赠的内涵

随着市场经济的发展,企业被认为并不仅是纯盈利的机构,同时也被认为应该是承担社会责任的主体。关于企业社会责任的定义,世界可持续发展工商理事会(WBCSD)认为从广义上讲,企业社会责任是指企业对社会合于道德的行为,特别是指企业在经营上须对所有的利益相关者(Stakeholders)负责,而不只是对股东负责。具体而言,企业社会责任是企业承诺持续遵守道德规范,为经济发展做出贡献,并且改善员工及其家庭、当地整体社区、社会的生活品质。在经济实践中,企业社会责任已名列全球公共政策议程之中,且重要性日渐提高。讨论该议题的驱动力通常来自企业界以外的力量,人们对于企业社会责任相关议题的兴趣日益增加,直接影响了商业行为。

综观国内外学者的研究,企业慈善捐赠(Corporate Philanthropy)与企业社会责任是密切相关的。有些学者指出企业慈善捐赠是企业履行社会责任的重要部分,甚至许多人将企业慈善等同于企业社会责任,但 Michael E. Porte 分析了这两者的差别,指出企业社会责任包括以下三个方面:①严格遵守法律法规,诚信、透明和公平等。②弥补或减少企业经营产生的危害，包括环境、经济和社会危害等。③自然资源的可持续发展。企业慈善就是为社会事业捐赠企业的资金和其他资源。因此，目前很多企业社会责任是防御性的（Defensive），就是防止滥用和减少危害，而企业慈善捐赠行为则是确定性的（Affirmative），即使用企业资金和其他资源来创造社会价值。由此可见，企业捐赠不仅是企业社会责任的重要组成部分，同时也具有创造和实现社会价值的更为积极的作用。

慈善捐赠是个人或组织将拥有处分权或所有权的财务交予他者使用或拥有的行为。企业慈善捐赠作为企业履行社会责任的最高形式，众多学者对于"慈善捐赠"的定义做出了不同的界定。Burlingame 和 Frishkoff（1996）认为，慈善捐赠是指在一定时期内企业将金钱、实物或劳务等捐赠给非营利组织的行为。中国财政部将企业慈善捐赠的内涵界定为企业自愿无偿将其有权处分的合法财产用于与生产经营活动没有直接关系的公益事业的行为。赵琼和张应祥（2007）、严欣健（2013）认为，企业慈善捐赠是指企业在履行其基本社会责任的基础之上，将一定数额的资金、实物或者服务捐赠给需要帮助的对象。虽然不同的文献对于慈善捐赠的定义存在差异，但整体意思基本一致，而且有一些共同特点，即慈善捐赠具有合法性、无偿性、自愿性和公益性四个特征。企业公益等概念涉及的范围更为广泛，既包括一般慈善捐赠，也包括企业与非营利组织的各种合作形式，如基于交易的推广、共同主题营销、活动赞助等。

二、企业慈善捐赠的动因

通过对已有文献的梳理，将企业慈善捐赠的驱动因素概括为三种观点：利己主义慈善观、利他主义慈善观和战略性共赢主义慈善观。

新古典经济学理论认为企业慈善捐赠的驱动力源于利己主义。公司的根本目标是股东利益最大化，慈善捐赠仅是实现该目标的一条途径而已。蔡宁等（2009）重点分析了企业经济理性的工具主义慈善观，认为企业的慈善行为具有工具主义特色，慈善行为遵循理性经济原则。郭晟豪和阚萍（2012）立足于经济人视角，指出企业参与慈善的前提是经济人目标的达成，追求长期的经济利益最大化是企业最根本的慈善动机。徐莉萍等（2015）研究发现，企业的慈善捐赠出于税收优惠、声誉效应以及战略竞争优势效应的目的在弱化，而更多的是出于利益输送的目的。Knudsen（2015）认为，企业慈善捐赠是管理者为追求个人利益将企业资源捐赠社会的一种行为。

利他主义慈善观认为企业参与慈善事业是为了承担社会责任，履行应尽的社会义务。Huang（2011）认为企业从事慈善事业是对当地社区践行社会责任的一种有效方式，是企业作为社会成员的义务。Feicht（2014）梳理了其他学者对慈善捐赠的利他动机的不同定义,但得出了一致结论,即企业慈善捐赠行为是企业的一种非战略性行为,是与企业利润并不相关的、不追求利润的单纯公益行为。高霞(2015)基于企业公民理论,认为企业有承担社会责任的义务和责任,与盈利动机相比,企业更应当积极参与各种慈善事业,切实履行社会责任,为改善社会福利贡献力量。

Porter(2005)提出企业慈善捐赠行为有利于形成竞争优势,战略性慈善行为理论由此形成。战略性慈善的观点一经提出便受到诸多学者的支持,Du Lanying(2011)指出企业进行慈善捐赠的战略性动机是塑造企业形象,扩大企业的知名度。尤其当企业发生一些不当行为时,往往通过慈善捐赠来掩盖或者转移公众的注意力,减轻某些违法行为或不道德行为对声誉的破坏,抵消负面影响(高勇强等,2012)。李维安(2015)从债务融资的角度,证实了民营企业的慈善捐赠是为寻求金融资源而与政府互惠的一种战略行为。戴亦一等(2016)认为慈善捐赠是企业在高诉讼风险环境下的自我救赎行为。

第二节 企业慈善捐赠的研究层面

在对企业慈善捐赠文献进行简要综述的基础上,归纳出目前企业慈善捐赠的前因变量或驱动因素,通过借鉴 Aguinis 和 Glavas(2012)对企业社会责任研究的划分,本书将企业慈善捐赠的研究分为制度层面、组织层面和个体层面。

一、制度层面

在制度层面上对企业慈善捐赠进行研究时,主要涉及的对象是政府及企业所处的行业与社区,主要的研究内容包括政治关联、税收激励、社会环境等。

1. 政治关联

随着企业之间的竞争日趋激烈,为获取关键资源而主动与政府部门建立并保持良好的关系,已成为企业竞争优势的重要来源。政治关联代表了企业与政府之间存在的某种关联。这种关联构建的主要方式是企业家主动去谋求政治身份,或者是直接聘用具有政治身份的高管(张建君,2013)。企业家或高管具有政治身份,对于企业而言,不仅可以起到隐形的保护作用,同时也提高了企业和企业家的社会关注度,这就导致社会对企业和企业家有更高的角色期望,从而促使企业积极参与慈善捐赠,承担更多的社会责任。无论是在美国、法国这样的发达国家,还是在泰国、巴西以及马来西亚这样的发展中国家,都存在政治关联的公司

(Fisman，2001；Johnson，Simon & Todd Mitton，2003）。因为政治关联能够在一定程度上作为制度的替代机制，为企业的发展创造良好的环境。Su 和 He（2010）发现，公司捐赠主要是为了保护产权和提高企业的政治关联，民营企业通过慈善捐赠更容易扩展信贷渠道，兼并国有企业，享有更优惠的法律政策，从而提升企业的盈利能力，同时慈善捐赠本身也是民营企业家获取政治身份的一种方式。虽然国内对于政治关联问题的研究起步较晚，但是研究表明，在中国高管的政治关联广泛存在于国有企业和民营企业中，并且在企业的日常经营活动中起到了不可忽视的作用。唐跃军等（2014）基于慈善的制度动机和市场转型理论，采用中国市场化指数和上市公司捐赠相关的经验证据，探讨中国新兴市场中制度环境变迁对公司慈善行为的影响，以及对不同产权性质的中国企业慈善行为的影响，研究结果显示，有着天然的政治关联、拥有垄断或优势市场地位、面临地方政府层面压力较小的国有企业，更容易获得制度环境市场化改革所带来的"制度红利"；而在市场竞争中处于弱势地位、不具备足够政治合法性的民营企业可能在制度动机和政府压力的双重作用下不得不"主动配合"捐赠，"被动选择"参加政治性慈善行为以寻求庇护。李维安等（2015）以 2007～2010 年 1489 家民营上市公司为样本，验证了政府通过对信贷分配的干预与民营企业进行资源交换，是拥有政治关联民营企业的慈善捐赠影响债务融资的关键。郑玲和江若尘（2017）从政企关系的视角出发，研究了我国民营企业的慈善捐赠、政治关联性与股票市场风险的关系。研究发现，有政治关联性的民营企业比没有政治关联性的民营企业参与慈善捐赠的可能性更大。

2. 税收激励

通过税收优惠政策鼓励企业进行慈善捐赠已成为许多国家积极采用的措施，对于税收的激励效应，国外学术界早有研究，且研究成果非常丰硕。Schwartz（1968）将捐赠看成一种商品，认为税收可以通过改变捐赠价格来影响企业慈善捐赠行为，他将这种影响总结为两种效应：收入效应与价格效应，其中价格效应是指税收政策改变了企业捐赠价格，捐赠价格下降会引起捐赠量增加；收入效应是指企业捐赠后，由于享受税收优惠，净收入反而增加，企业愿意消费更多的捐赠。Randolph（1995）从周期时长视角对慈善捐赠与税收的关系进行了研究，认为在短期内，税收政策变化对慈善捐赠的影响显著；但是，这种影响随着期间的延长而逐渐变弱，长期内慈善捐赠对税收政策变化并不敏感。由此可见，税收激励对企业慈善捐赠的影响并不一定总是显著的，国内的相关研究亦能证明这个结论。黄靖（2011）采用问卷调查法与实证研究法，首先对收回的 414 份有效问卷进行定性分析，其次又基于无锡市 828 家企业 2003～2009 年的面板数据进行定量分析，最后得出我国慈善捐赠对税收并不敏感的结论。贡婷春（2012）从理论上研究了税收对慈善捐赠的影响并对此进行了较为全面的分析，但她仅使用定性分析，未对税收影响慈善捐赠程度进行定量研究。也有可能是因为地区的不同，导致税收优惠政策对于慈善捐赠的激励效果是不同的。但是总体而言，税收政策可以广泛引导企业慈善事业的发展，并且已经被世界各国广泛运用，并取得了良好的效果。

3. 社会环境

一般而言，处于不同行业的企业参与慈善捐赠的水平会有所不同，产品直接面向消费者的行业参与的捐赠较多，资源型行业的企业比基础性行业的企业捐赠更多，容易受到公众批评的企业捐赠得最多。山立威等（2008）通过分析汶川地震后上市公司的捐款数据，发现产品直接与消费者接触的企业比其他公司捐款更多。并且负外部性越强的行业由于受到公众的压力更大，所以这类企业一般背负更多的社会责任。媒体关注也是推动企业承担社会责任的重要压力之一，企业出现任何不负社会责任的事情都可能被曝光，与之相反，积极承担社会责任则会得到宣传与嘉奖。徐莉萍等（2011）通过分析中国上市公司在汶川地震捐赠中的表现，发现媒体的关注对企业捐赠行为有显著的正向影响，这种影响在产品直接与消费者接触的上市公司中表现得更加显著。这些结论也得到了其他学者的有力证实（徐莉萍等，2011；李建文等，2017）。

二、组织层面

关于企业慈善捐赠的众多研究中，国内外学者选择最多的研究视角就是企业，因为企业作为慈善捐赠的发起者，其参与慈善捐赠的行为必然会对自身各方面都产生影响。从企业的角度出发，可研究的内容有很多，主要有财务绩效、内部治理、品牌资产等。

1. 财务绩效

作为衡量企业业绩的指标，财务绩效反映了企业的经营成果。在关于企业慈善捐赠影响财务绩效的研究中，绝大多数学者认为企业慈善捐赠与企业的财务绩效之间是存在因果关系的，极少数学者认为两者之间是没有关系的。在存在因果关系的研究中，大部分认为企业慈善捐赠对财务绩效的影响是正向的，少部分认为是负向的。同时对比国外的文献，我国学者对这一问题的研究大多都采用沪深股市的上市企业作为研究对象。

美国战略大师 Porter 的战略性慈善行为理论认为企业慈善捐赠是一种投资行为，他从企业社会责任理论和竞争战略理论出发，能够帮助企业将社会责任和经济目标相结合，实现社会效益和经济效益的双赢。因此，企业的慈善捐赠能够为企业带来回报。钟宏武（2007）指出，企业慈善捐赠对于财务绩效的正向作用主要是由于以下四点：一是通过降低企业经营过程中遇到的不确定性，在一定程度上降低企业经营风险。二是能够获得良好的道德成本，进而降低外部对企业制裁的风险性。三是可以改善与利益相关者的关系，提高企业竞争力。四是可以改善企业的经营环境，直接对财务绩效产生有利影响。基于以上四点，可以解释以利润最大化为经营目的的企业进行慈善捐赠的主要原因。Lev（2010）以1989～2000年美国上市公司捐赠为例，发现慈善捐赠与未来收入显著相关，慈善捐赠对企业益处良多。Muller和Kräussl（2011）指出，在面对自然灾难的时候，企业发布强调员工参与捐赠的公告会向投资者发出积极信号表明公司有能力从灾难的不利影响中恢复过来，这对企业价值具有积极作用。于林筠（2016）认为从总体上看，企业的慈善活动可以对企业的财务绩效产生积极的影响。王军等（2016）以中国沪深两市A股市场民营上市公司为分析对象，发现企业慈善捐赠与财务绩效存在因果关系。并且有学者发现，越是陷入财务困境的企业，就越应当参与慈善捐赠，因为进行慈善捐赠能改善企业的财务绩效。

相反地，也有部分学者认为慈善捐赠会对企业财务绩效产生负向影响。企业承担社会责任会损害股东的利益，但是社会责任是不得不履行的，所以只能降低股东利益和企业利润，降低企业财务绩效。Windsor（2001）指出企业慈善捐赠的支出会导致现金流的减少，进而导致企业财务绩效的下降，虽然企业慈善捐赠可以改变企业在利益相关者心中的声誉，但是企业声誉的提高不足以弥补企业利润的损失。Mackey等（2007）同样认为企业捐赠支出直接减少了企业的现金流，使得企业在激烈的竞争环境中处于劣势，相比没有进行慈善捐赠的企业，企业经营会受到更大的冲击。因此，企业慈善捐赠也许并不能提高财务绩效，如果企业经营状况不好，企业慈善捐赠势必会降低企业财务绩效。温素彬和方苑（2008）认为从长期来说，企业慈善捐赠对于财务绩效有正向积极作用，但是由于短期内慈善捐赠支出造成的资金占用，捐赠对于当期财务绩效的影响是负的。Peloza和Shang（2011）的经验证据表明，企业社会责任投资达到一定水平时可能会破坏财务绩效，企业管理者进行企业社会责任活动时不应该简单地认为更高水平的社会责任投资会改善消费者对企业价值的认知。沈健和任国源（2018）认为，当企业的目标市场越远离个人客户或者当企业的个人产品多元化程度越低时，慈善捐赠对财务绩效的消极作用越大。

最后还有一些学者认为企业慈善捐赠与财务绩效无关。Seifert等（2004）分析了《财富》排名前1000名的公司的慈善捐赠与财务指标之间的关系，发现现金流对企业的现金捐赠有重要影响，但是货币的捐赠并不影响企业的财务绩效。朱金凤和赵红建（2010）以689家上海证券交易所上市股票为研究对象，选取资产收益率（ROA）、净资产收益率（ROE）和托宾Q为衡量财务绩效的指标进行研究。结果显示，无论用哪个衡量指标，捐赠金额的系数都很小，P 值的系数在统计上不显著。实证结果表明企业慈善捐赠与财务绩效的关系并不显著，从而证明企业慈善捐赠不能显著地提升公司价值和市场业绩。赵红建等（2016）认为企业慈善捐赠行为并没有显著降低信息不对称，也没有缓解融资问题，并将原因归结为我国民营企业慈善捐赠并没有形成良性的机制，由于市场法律等外部环境的影响，我国的企业社会责任没有发挥应有效力。

2. 内部治理

公司治理起源于所有权与经营权的分离，其实质是解决两权分离产生的代理问题（Shleifer & Vishny, 1986）。李维安和姜涛（2007）指出，公司治理以维护各方利益主体为最终目的，通过一整套包括内部或外部、正式或非正式的治理机制来协调公司各利益主体间的利益关系。综合来说，公司治理的主要目标是降低股东和管理层之间的代理成本，平衡各方利益，保证公司各项决策的科学性，以实现公司价值最大化。但是由于管理者与所有者之间的信息不对称及管理者的有限理性，导致企业管理者容易利用企业资源为自己谋取利益，损害投资者的利益。比如管理者利用职位便利，以慈善的名义将公司资产转移到自己名下，以此达到利己目的（Werbel & Carter, 2002）。这种企业慈善捐赠在很大程度上会被视为是管理人员个人的行为，而不是一种企业行为（梁建等，2010）。所以慈善捐赠作为一种自由决策行为，很可能构成企业管理人的隐形代理成本。Wang 和 Coffey（1992）基于代理理论，以《财富》前 500 名中的企业为样本，研究管理者相对于股东的比例与企业慈善捐赠的关系。结果表明，管理人员的比例越高，企业的慈善捐赠支出越多。这个结论在我国学者的研究中也得到证实。黄送钦（2017）从制度环境变迁视角对中国 2008~2013 年沪市 A 股制造业企业捐赠的动机进行了实证研究。研究发现，代理成本越高，企业捐赠规模就越大，表明企业慈善捐赠行为会导致代理问题的产生。聂萍和王瑞芳（2017）对中国 A 股上市公司 2004~2013 年慈善捐赠数据进行分析，发现企业内部治理与慈善捐赠呈现负相关关系，即内部治理良好的公司并不会愿意多捐赠；而外部机构股东持股比例与企业慈善捐赠呈现正相关关系，即股东持股比例越高，企业慈善捐赠支出水平越高；并且外部机构股东持股能在一定程度上参与公司内部治理，从而对企业慈善捐赠产生修正作用，即机构股东持股比例越大，越能减少内部治理差的公司的捐赠金额和次数，而对内部治理较好公司的捐赠影响不大。

3. 品牌资产

作为企业的一种重要无形资产和资源，品牌与企业慈善捐赠行为有着密不可分的关系。企业参与慈善捐赠能帮助企业提高声誉，进而提高企业在利益相关者心目中的形象；同时高品牌资产往往意味着更好的品牌知名度，从而可以扩大企业在利益相关者（尤其是客户）心目中的差异性，进而增加利益相关者的购买，促进财务绩效的提升（Fombrun & Shanley, 1990; O'Hagan & Harvey, 2000）。McWilliams 和 Siegel（2001）指出，善因营销可以帮助企业创造可靠诚信的形象，进而使消费者对公司所生产的产品也充满信任。Salmones 等（2005）探讨了电信服务行业中企业社会责任的商业价值，研究发现电信公司的慈善责任会影响顾客对服务品质的总体评价，并进而影响顾客对企业的忠诚。Mohr 和 Webb（2005）在一项关于企业社会责任和价格对消费者响应影响的实证研究中，发现慈善责任对消费者的消费评价和购买意愿都有显著的正向作用。金立印（2006）基于对北京、上海和南京等地的一般消费者进行问卷调查研究，发现企业参与回馈社会的慈善活动对提高消费者忠诚度有显著的正向影响。杨志坚和薛永基（2013）基于顾客的品牌资产理论，将慈善捐赠行为分为"反应性——特定群体、反应性——一般群体、先行性——特定群体、先行性——一般群体"四类，考察了不同类型慈善捐赠行为对企业品牌资产的影响。实验研究表明，"反应性——一般群体"类和"先行性——特定群体"类慈善捐赠行为能够提升品牌忠诚；四类慈善捐赠行为均对品牌知晓和品牌形象产生了正面影响。郭国庆等（2018）基于 2006~2014 年中国上市公司的数据，结合代理理论和战略慈善观，通过实证分析验证了品牌资产在企业慈善捐赠和企业绩效关系中的作用。实证结果显示，当企业慈善捐赠规模小于理想临界点时，企业品牌资产越高，慈善捐赠对企业绩效的消极作用越大。因此，企业在慈善捐赠时，应谨慎选择捐赠的规模，以避免利益相关者将企业的慈善行为误认为是伪善行为，企业根据自身的品牌资产情况制定慈善捐赠策略，使捐赠行为利于品牌资产的提高。

三、个体层面

企业慈善捐赠的水平和效果还与许多个人因素有关，比如企业内部的董事会成员、管理者可能会对企业慈善捐赠行为的做出产生更大的影响，企业外部的消费者更有可能会作为一个受众，受到企业慈善捐赠对其的影响。

1. **企业内部成员**

董事会规模的扩大，通常也伴随着人员多样性的增加，容易产生意见不一和争论，导致缺乏凝聚力，此时总经理往往容易获得权力优势和影响力，使用慈善捐赠的手段帮自己获利。但是我国学者林永佳等（2017）的研究表明，公司董事会规模、董事会会议频率与企业慈善捐赠倾向和捐赠额度呈显著正相关。因为董事会规模越大，拥有的具备财务、法律、投资、管理等方面专业知识的董事就越多，对管理层的监管就越到位，越能全面权衡各方利益，提高企业决策的科学性和合理性，从而推动企业积极履行社会责任。所以，董事会规模较大的公司更有可能参与慈善捐赠并产生较多的慈善支出。同时这批学者还证实了董事会的独立性与企业的慈善捐赠倾向和捐赠额度呈显著负相关关系。Johnson 和 Greening（1999）赞同董事会的独立性越强、企业在社会责任活动方面投入越多的观点。根据职业性别分离的观点，女性董事更有可能来自非营利性组织，所以她们有更强的慈善意识，从而当董事会成员中女性越多时，该公司越有可能参与慈善活动（Williams，2003）。但林永佳等（2017）认为董事会成员中女性占比对企业慈善捐赠行为无显著影响。

高管团队与企业慈善捐赠的关系也密不可分。学者们大多研究的都是高管团队的教育水平、年龄、任期、薪酬水平等因素对企业社会责任的影响，不同学者的结论差异较大。Chevalier 和 Ellison（1999）认为高管团队的教育水平、薪酬和规模对企业社会责任有重要影响。孙德升等（2015）基于高阶理论对我国上市公司高管团队平均年龄、平均教育水平、平均任期等与慈善捐赠水平之间的关系进行了回归分析，得出高管团队年龄与捐赠水平呈正相关关系，任期和教育水平与捐赠水平无相关关系的结论。许年行和李哲（2016）利用 2006~2014 年上市公司慈善捐赠数据，研究了高管贫困经历（出生地贫困程度或童年是否具有"大饥荒"经历）对企业慈善捐赠行为的影响，发现当 CEO 出生于贫困地区，其所在企业参与的社会慈善捐赠更多，同时，那些早期经历过"大饥荒"的 CEO 所在企业的慈善捐赠水平也更高。邵剑兵和吴珊（2018）研究了高管从军经历与慈善捐赠的关系，他们认为具有从军经历的管理者更倾向于通过慈善捐赠的方式来承担社会责任并建立良好的政企关系，这样在维护社会公共利益的同时能为企业赢取更多的利益，实现公共利益与企业利益的双赢。

2. 企业外部消费者

随着经济、社会的发展，消费者的价值观、消费观等都发生了变化。过去的消费者在购买时主要考虑产品的价格和质量，现在越来越多消费者将企业慈善捐赠纳入消费者反应的考虑因素之中（Ross，Patterson & Stutts，1992；Dawkins & Lewis，2003），因此学者们也越来越重视消费者在企业开展慈善捐赠活动过程中所扮演的角色。现有关于企业慈善捐赠与消费者关系的研究，基本上是围绕着消费者心理和消费者行为两个角度开展的，具体来说，主要有消费者反应、消费者购买、顾客忠诚等研究视角。

第三节　企业慈善捐赠的效果

理论工作者一直试图从慈善行为产生的经济和社会效果来探求行为的合理

性,到目前为止,已形成较为成熟的研究逻辑。

其中,慈善行为影响企业非经济绩效的研究主要涉及以下方面:企业通过慈善捐赠行为可以展示出较佳的企业公民身份,树立社会形象、提高公众意识和企业声誉(Austin & James,2000),对部分商品有促销作用(Marx J. D.,1998),获得税收的优惠,降低交易成本(Bramme & Millington,2005)。参与社区开发和志愿者活动可以激发员工组织身份认同感和工作热情,提高整体生产能力,减少员工离职率,从而降低人力资源成本,同时还可以改善社区环境(Porter & Kramer,2002)。慈善公益可以使企业获得当地人口、立法或文化方面的关键信息,在此基础上通过选择有效的目标顾客群和企业道德实践,提高市场占有率,降低进入和运营风险(Bramme & Millington,2005;Austin & James,2000),增加产品的销量(Mark 等,2000),促进公司业务的发展和竞争环境的改善(Porter & Kramer,2002),以推动企业社会责任和经济目标由内在冲突走向相互兼容,从而给企业带来持续的竞争优势。国内学者杨团等(2003)提出了企业参与公益活动的多种选择,如对社区进行慈善捐赠、与其所在社区的非营利组织建立合作伙伴关系,这些做法不仅可以有效地利用企业的各种资源,还能够改善企业所在社区的生活品质,甚至还可以获取一种间接的效益来提升企业营运绩效。钟宏武(2007)则认为,如果慈善活动带来的收益大于成本对企业就是有价值的,企业一般可以获得如下收益——增加收入、降低成本、提高效率、获得市场权力。樊建锋和田博文(2013)基于实验研究阐释了灾害事件背景下不同类型的企业慈善行为对声誉的作用,结果表明,当企业能力较强时,基于慈善项目的慈善行为对企业声誉有更积极的影响;反之,基于业务能力的慈善行为对企业声誉有更积极的影响。

有关企业慈善捐赠行为影响经济绩效的实证研究近年来呈现增长趋势。大部分研究结论较一致,即慈善捐赠对企业绩效有正向的促进作用。Waddock 和 Graves(1997)、Berman(1999)、Hillman(2001)、Orlitzky 等(2003)、Brammer 和 Millington(2005)等通过统计分析得出,企业慈善与经济绩效之间存在显著正相关关系,且两者相互影响。国内学者李敬强和刘凤军(2010)探讨了中国汶川地震慈善捐赠行为对市场的影响,结果显示企业的累计异常收益率与慈善捐赠金额呈正相关关系,但与慈善捐赠时间呈显著负相关关系。王端旭、潘奇(2011)利用我国上市公司2002~2008年慈善捐赠数据,研究发现利益相关者满足程度越高,慈善捐赠提升企业价值的效果越明显。田雪莹(2010,2012)实证研究表明企业通过从事慈善公益将获得的知识、信息等无形资源转化为自身的核心优势,促进组织绩效的提升。卢正文和刘春林(2012)的研究结果表明,企业慈善捐赠行为对销售增长有显著的积极影响;与产品非直接接触消费者的企业相比，产品直接接触消费者企业的慈善捐赠行为与销售增长之间的正相关性更强。郭剑花（2011）基于实际控制人性质探讨了慈善捐赠对公司业绩的影响，研究显示慈善捐赠促进了公司经济效益与社会目标的双赢。但国有企业慈善捐赠对业绩的促进作用显著低于直接上市的民营企业，与间接上市的民营企业无显著差异。易冰娜和韩庆兰（2013）引入公众关注度探索企业慈善捐赠与财务绩效的关系，结果表明企业慈善捐赠与财务绩效有较明显的正相关性，但未发现公众关注度对两者关系有调节作用。WenMin Lu等（2013）以1989~2000年美国上市公司为研究样本，结果显示慈善捐赠能够促进公司收入的增长。李晓玲和涂士华（2013）通过研究我国A股主板上市公司的慈善捐赠数据，得出慈善捐赠与公司当期的财务业绩呈正相关关系，并且对公司滞后两期的财务业绩也表现出正向影响。王克稳等（2014）从战略群组的角度考察慈善捐赠绩效作用机制，发现企业慈善捐赠不仅对短期绩效有正向影响，对企业长期绩效同样产生了积极作用。袁放建和陈思同（2016）指出，不论是从市场绩效指标还是从财务绩效指标来看，企业捐赠对绩效的提升都有显著的促进作用。薛园（2016）专门研究了我国房地产行业慈善捐赠与企业绩效的关系，他认为企业对外捐赠可提升企业社会形象，进而促进企业财务绩效的提高。

与此同时，仍有部分文献向我们展示了相反的结论，即慈善捐赠对企业财务绩效有抑制性作用。Galaskiewicz（2007）认为，企业参与慈善捐赠活动会造成企业资源的流失，从而抑制企业财务绩效的增长。Lu等（2013）指出企业慈善捐赠虽然会给一些利益相关者带来好处，但是由于捐赠往往会减少企业的现金流，降低企业的价值，因而可能会损害股东权益。立足于中国特定的背景，我国上市公司的慈善行为虽然整体上体现了经济理性，但股东却对此给出了负面评价，即股东财富会随着捐赠的机会成本的增加而减少（方军雄，2009）。郝照辉和徐艳（2015）在探究我国上市银行慈善捐赠与其财务绩效的关系时考虑了时间跨度因素，结果表明滞后一期的慈善捐赠与其财务绩效呈显著负相关关系。此外，还有学者验证慈善捐赠与企业绩效之间呈现"U"型关系（Brammer & Millington，2008）和倒"U"型关系（Wang, Choi & Li，2008）。

少量研究显示两者之间无显著关系。Navickas等（2011）通过对美国7家化工企业的研究发现，慈善捐赠与企业财务绩效的各种账面指标均不存在相关关系。Korsakiene（2013）通过结构方程模型研究了财富排行榜上1000家企业的慈善行为和财务绩效之间的关系。结果发现，货币捐赠对企业财务绩效不会产生影响。朱金凤和赵红建（2010）、钱丽华等（2015）在研究中，当以ROE、ROA和托宾Q衡量企业财务绩效时，发现捐赠金额并没有提升企业绩效，两者不存在相关关系。

整体来说，企业更关注它们从慈善捐赠所获取的回报，将这些慈善捐赠视为一项具有良好经济效益的社会投资。"为善"不仅是"最乐"，并且是"好生意经"。慈善捐赠有意义的社会公益项目，可以帮助企业招聘及保留优秀的员工，提升企业内部的凝聚力，以致改善企业的产品和服务。因此，在企业普遍需要降低成本，而社会福利需求日益增加的社会背景下，以赢得社会信任、树立公司形象为最终目标的慈善捐赠行为，已成为推动企业有效运作和持续发展的不容忽视的战略优势。

第三章　中国慈善发展状况

第一节　中国慈善捐赠概况

慈善捐赠数据对于公众认识、理解并支持慈善事业必不可少。2013～2018年《慈善蓝皮书：中国慈善发展报告》中的数据（来源包括民政部门统计年鉴、社会服务公报、统计季报、社会组织年度审计报告和网络公开数据）是建立在民政系统整体接受社会捐赠基础上，汇总慈善行业主体机构（包含基金会系统、慈善会系统）以及日常监测数据测算所得，数据较为全面准确。本章汇集2013～2018年《慈善蓝皮书：中国慈善发展报告》，对历年的捐赠数据做进一步整理归纳并进行纵向解读，以期廓清中国慈善捐赠概况。

一、社会捐赠总量及构成

1. 社会捐赠总量

2006年我国民政系统接受的款物捐赠总量为127亿元，2007年为309亿元；2008年因汶川地震的巨大影响，导致我国捐赠实现质的飞跃，直接跃升至1070亿元，达到第一个历史高点，是2007年的3.5倍；2009年的经济环境较为严峻，在一定程度上导致公益捐助额下降，全国款物捐赠总量为630亿元；2010年西南旱灾、玉树地震灾害、甘肃泥石流等灾害频发，公益捐助额又有所上升，2010年再度突破1000亿元达到1032亿元；而2011年"郭美美事件"引发了一连串对慈善的透明问责，社会各界对慈善组织的质疑与不信任对公众的捐赠热情产生了一定影响，导致2011年公益捐助额的下降，2011年捐赠总量为845亿元。但"塞翁失马，焉知非福"，很多慈善机构以此为契机，开始对组织和行为进行规范，其间的捐赠总额虽然有起有落，但总体来看，增长势头非常明显，呈现出波浪式稳步增长的趋势。从2006年的127亿元到2011年的845亿元，6年间我国年均捐赠总量超过668亿元，年均增长率达46.1%。作为国家"十二五"计划的开局之年，2011年开始中国公益慈善事业逐渐向现代慈善快速转型。

此后5年，随着公益慈善逐步融入并成为社会治理和社会创新的重要组成部分，政府越来越重视以社会组织为代表的公益慈善力量，加之《中华人民共和国慈善法》出台前后营造了浓重的舆论氛围，企业和公众理性捐赠逐步步入正轨，新兴网络消费所带来的互联网技术的创新，促使网络慈善突飞猛进。2012年整体社会捐赠维持了2011年的水平，捐赠总额达889亿元，2013年954亿元，2014年1058亿元，2015年1215亿元，2016年达1458亿元，6年间我国年平均捐赠达1069.83亿元，年均增长率达11.5%，总体而言，中国社会捐赠在慈善文化步入理性时代后呈现出稳步提升的发展态势。具体如图3-1所示。

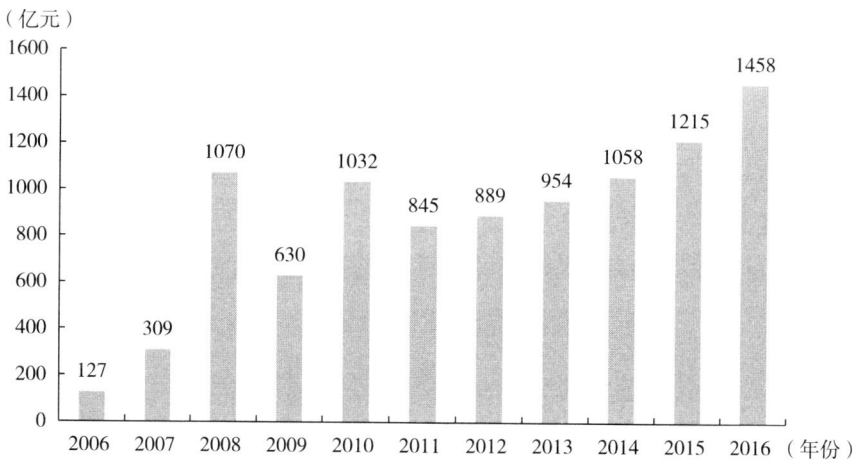

图3-1 2006~2016年接受社会捐赠总量

2. 社会捐赠总量构成

以社会捐赠接受主体的捐赠接受额度作为分析对象，2012~2016年社会捐赠接受主体接受现金及物资捐赠数据构成比例分别如表3-1至表3-5所示。

2012年，慈善会系统接受捐赠268.65亿元，其中捐款总额154.77亿元，捐赠物资折价113.88亿元；红十字会系统接受捐赠约为21.88亿元，其中国内捐款15.07亿元，国内物资捐赠45452万元，外援款17714万元，外援物资4998万元；民政系统接受社会捐赠132.99亿元；其他政府部门接受捐赠为42.53亿元；不明单位捐赠数据为45.57亿元，其中包含部分宗教场所以及自然人直接接受捐赠等信息不详捐赠。如表3-1所示。

表 3-1 2012 年中国社会捐赠数据构成及比例

序列	接受系统	金额（亿元）	比例（%）
1	基金会系统	376.00	42.4
2	慈善会系统	268.65	30.2
3	民政系统	132.99	15.0
4	红十字会系统	21.88	2.5
5	其他政府部门	42.53	4.8
6	信息不详	45.57	5.1

2013 年，全国各级民政部门共接受社会捐赠 107.6 亿元，其中捐赠物资折价 8.7 亿元；全国红十字会系统累计接受捐赠款 32.05 亿元；慈善会系统即中华慈善总会及团体会员中的 200 多家慈善会，共筹集慈善款物 302.09 亿元；作为接受社会捐赠的主体社会组织类型，全国基金会系统共接受捐赠 434.09 亿元；除民政部门之外的其他政府部门接受社会捐赠总额为 47.8 亿元，人民团体和免登组织接受社会捐赠 2.5 亿元，其他未明机构如事业单位、宗教机构等接受社会捐赠 27.74 亿元。如表 3-2 所示。

表 3-2 2013 年中国社会捐赠数据构成及比例

序列	接受系统	金额（亿元）	比例（%）
1	基金会系统	434.09	45.5
2	慈善会系统	302.09	31.7
3	其他机构	78.04	8.2
4	红十字会系统	32.05	3.4
5	民政系统	107.60	11.3

2014 年，全国各级民政部门共接受社会捐赠 87.6 亿元，其中民政部门直接接受社会各界捐款 79.6 亿元，捐赠物资折价 8.0 亿元；全国红十字会系统累计接受境内外捐赠款 26.43 亿元，其中中国红十字总会接受捐款 39304.35 万元，省级红十字会接受捐赠 65055.31 万元，市县级红十字会接受捐赠 159910.64 万元；慈善会系统共筹集慈善款物 330.636 亿元；作为接受社会捐赠的主体社会组织类型，全国基金会系统共接受捐赠 374.3 亿元；除民政部门

之外的其他政府部门接受社会捐赠总额为158.8亿元；人民团体和免登组织接受社会捐赠14.38亿元；其他未明机构如宗教机构等接受社会捐赠65.86亿元。如表3-3所示。

表3-3 2014年中国社会捐赠数据构成及比例

序列	接受系统	金额（亿元）	比例（%）
1	基金会系统	374.30	35.4
2	慈善会系统	330.64	31.2
3	民政系统	87.60	8.3
4	红十字会系统	26.43	2.5
5	其他政府机关事业单位	158.80	15.0
6	其他人民团体及免登组织	14.38	1.4
7	宗教及个人	65.86	6.2

2015年，全国各级民政部门共接受社会捐赠49.4亿元，其中民政部门直接接受社会各界捐款44.2亿元，捐赠物资折价5.2亿元；慈善会系统共筹集慈善款物326.47亿元；作为接受社会捐赠的主体社会组织类型，全国基金会系统共接受捐赠439.3亿元；其他社会团体接受捐赠69.6亿元；民办非企业单位（社会服务机构）接受捐赠总额为101.3亿元；除民政部门之外的其他政府部门接受社会捐赠总额为169.49亿元；事业单位接受36.03亿元；人民团体和免登组织接受社会捐赠9.05亿元；宗教场所接受社会捐赠13.96亿元。如表3-4所示。

表3-4 2015年中国社会捐赠数据构成及比例

序列	接受系统	金额（亿元）	比例（%）
1	基金会系统	439.3	35.02
2	慈善会系统	326.47	26.03
3	除民政部门以外的政府部门	169.49	13.51
4	民办非企业单位	101.3	8.08
5	其他社会团体	69.6	5.55
6	民政系统	49.4	3.94

续表

序列	接受系统	金额（亿元）	比例（%）
7	事业单位	36.03	2.87
8	宗教机构等	13.96	1.11
9	人民团体及免登组织	9.05	0.72
10	其他机构和对象	39.72	3.17

2016年，全国各级民政部门共接受社会捐赠47.7亿元，其中民政部门直接接受社会各界捐款40.3亿元，直接接受捐赠物资折价7.4亿元；慈善会系统共筹集慈善款物390.47亿元；全国基金会系统共接受捐赠625.5亿元；社会团体接受70.5亿元；民办非企业单位（社会服务机构）接受捐赠总额为90.8亿元；除民政部门之外的其他政府部门接受社会捐赠总额为160.71亿元；事业单位接受43.6亿元；人民团体和免登组织接受社会捐赠8.63亿元；宗教场所接受社会捐赠20.23亿元。如表3-5所示。

表3-5 2016年中国社会捐赠数据构成及比例

序列	接受系统	金额（亿元）	比例（%）
1	基金会系统	625.50	42.9
2	慈善会系统	390.47	26.8
3	除民政部门以外的政府部门	160.71	11.0
4	社会服务机构（民非）	90.80	6.2
5	社会团体	70.50	4.8
6	民政系统	47.70	3.3
7	事业单位	43.60	3.0
8	宗教场所	20.23	1.4
9	人民团体及免登组织	8.63	0.6

总体而言，2012～2016年，基金会系统、慈善会系统、民政系统、除民政部门以外的政府部门是我国接受社会捐赠的四大主体，其接受捐赠数额达到当年社会捐赠总额的70%以上。此外，我国社会捐赠主体类型不断增多，呈现出多样化态势，除了上述四大捐赠主体之外，社会服务机构（民非）、社会团体、事

业单位、宗教场所、人民团体及免登组织等机构也积极加入慈善公益之中,并发挥着越来越重要的作用。

二、捐赠主体来源

根据中民慈善捐助信息中心抽样数据测算,企业捐赠始终是中国社会捐赠的最主要力量。2011~2016年,企业捐赠占比介于57.48%~70.7%,其中2015年占比最高,2011年占比最低,其他年限均在60%以上,2013年、2014年和2015年捐赠金额约占总额的70%;个人捐赠除2014年占比最低为11.1%外,其他年份均是捐赠的第二大主体,且占比均高于15%,2011年占比最高,为31.62%,此后至2014年,个人捐赠占比连续下降,2015年开始上升,增幅较为平缓;除此之外,其他捐赠主体,如人民团体、社会组织、事业单位、宗教团体及其他机构,除2012年占比最低为6.19%外,其他年份均在10%以上,2014年占比最高接近20%。如图3-2所示。

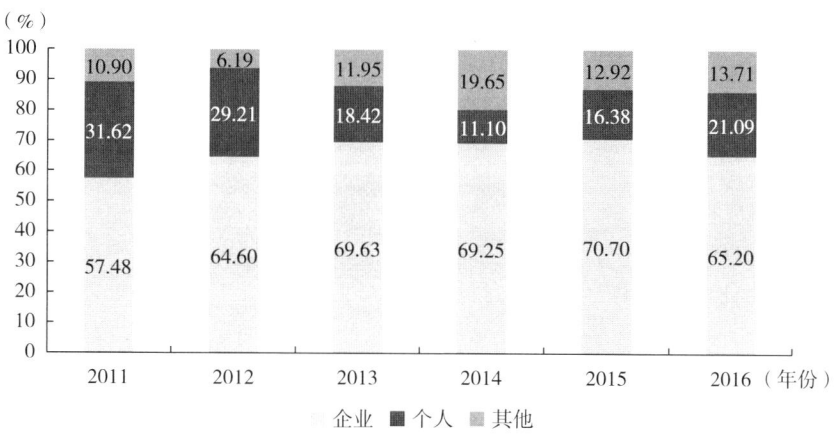

图3-2 2011~2016年捐赠主体来源占比

三、不同性质企业捐赠

根据中民慈善捐助信息中心抽样数据监测样本中的企业捐赠数据分析可知,民营企业一直是企业捐赠主体中的中坚力量,一直保持着捐赠数量和捐赠金额规模方面的优势。民营企业捐赠数额除2014年和2016年占比较低外,其他年份均维持在50%以上;国有企业捐赠数额除2013年占比为6.5%外,其他年份均保持20%以上;值得一提的是,随着外资大举进入我国开展生产经营,外资企业参与我国公益慈善的热情日益高涨，除2012年外，其捐赠额度占比均在10%以上，且2013年和2014年竟然高达41.73%和35.98%，成为当年的第二大企业捐赠主体；港澳台和侨资企业捐赠占比相对较小。如图3-3所示。

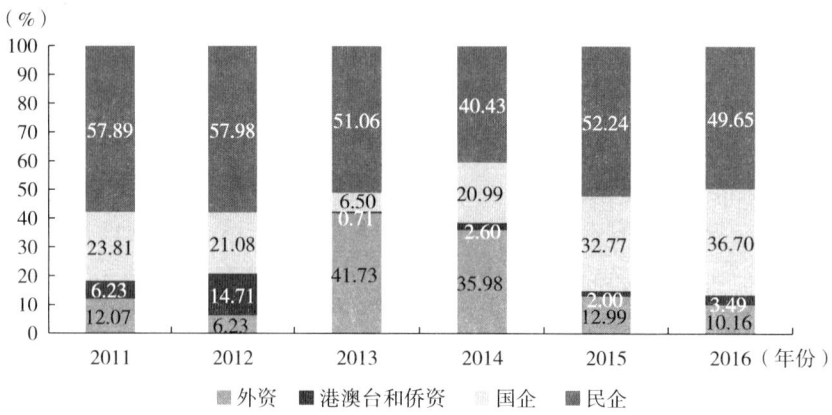

图3-3　2011~2016年企业捐赠构成占比

四、捐赠途径

1. 捐赠途径构成

社会捐赠通常是指自然人、法人或者其他社会团体出于爱心，自愿无偿地向公益性社会团体、公益性非营利单位、某个群体或个人捐赠财产实现公益目的的活动。在现实社会中，捐赠途径包含直接向专业的慈善机构、政府或事业单位、宗教机构等社会单位进行捐赠，通过媒介（包括网络）直接向有资格接受捐赠的慈善组织或者直接捐给受益人本身。

社会组织历来是接受社会捐赠的主体，其次是政府（包含民政系统和民政系统之外的党政机关），事业单位列第三，此外还有人民团体和免登组织以及宗教场所。2012年，社会组织接受捐赠款物占比74%，其中，基金会系统接受捐赠款物376亿元，慈善会系统接受捐赠款物268.65亿元，各级红十字会接受款物21.88亿元；政府接受捐赠的款物175.52亿元；其他部门包括宗教场所、困难群体等自然人接受捐赠45.57亿元。2013年，社会组织接受捐赠款物占比78%，其中，基金会系统接受捐赠434.09亿元，慈善会系统接受捐赠款物302.09亿元，含红十字会在内的人民团体和免登组织接受捐赠34.55亿元；政府接受捐赠的款物达到145.40亿元；事业单位和其他社会组织接受捐赠的款物约为27.74亿元。2014年，基金会系统和慈善会系统接受社会捐赠占比66.6%；政府机构接受社会捐赠占比为23.3%；公益性事业单位接受捐赠占比4%；含红十字会在内的人民团体和免登组织接受捐赠占比为3.9%；通过宗教场所及个人捐赠接受对象实现捐赠的比例为6.2%。2015年，企业和公众等通过社会组织捐款物达到959.68亿元，占整体社会捐赠数量的79%；捐赠给政府的款物达到218.89亿元，占18%；捐赠给事业单位的款物为36.03亿元，占3%。2016年，企业和公众等通过社会组织捐款物达到1177亿元，占整体社会捐赠数量的81%，其中以基金会系统、慈善会系统和民办非企业单位（社会服务机构）为主，分别占总量的43%、27%和6%；捐赠给政府的款物达到208.41亿元，占14.3%；捐赠给事业单位及人民团体和免登组织的款物占3.6%。

《中华人民共和国公益事业捐赠法》赋予了社会组织、政府和事业单位等主体的捐赠接受资格，但是随着《中华人民共和国慈善法》出台前后的社会舆论引导，加之政府强调社会组织参与社会治理的社会地位并提供政策等方面的引导支持，政府接受社会捐赠逐步隐退，社会组织尤其是具备公信力的社会组织逐渐成为主要接受途径。公众逐渐认识到社会组织已经不是简单的慈善中介组织，其在社会问题发现并设计项目、执行项目进而促进社会问题解决方面具有不可替代的价值，因此选择可以信赖的社会组织成为捐赠方参与社会公益事业优先考虑的问题。

2. 互联网平台获捐状况

2012年前我国社会捐赠的特征仍然是大额捐赠占据主流，且小额捐赠中的个人捐赠在传统统计中多被忽略不计，因此呈现出来的捐赠方式变化并不明显，多数是以银行转账、邮局汇款、现场捐赠等方式实现。随着技术的发展，社交平台、手持终端、支付手段等工具和科技不断丰富，小额捐赠也随着科技改变生活的风潮进行迁移，互联网公益概念应声而起且越来越规范化，民众也逐步放弃了之前传统的捐赠方式，互联网金融工具为善心的释放提供了便捷的渠道。互联网平台随之进化，公众也随着技术的魅力选择心仪的捐赠平台。互联网公益平台发展的特点是依赖于技术手段的便捷性和信息服务功能，以公募慈善机构公信力为支撑，提供公益项目展示，聚拢社会爱心人士参与。

以国内三家最主要的互联网公益平台：新浪微公益、腾讯公益、阿里公益平台为例，2013年，微公益随着微博的兴盛达到捐赠顶峰，腾讯公益平台有116万用户参与捐赠，支付宝E公益捐款人次更是超过1亿人，由此，我国网络捐赠得到蓬勃发展，三大平台成为中国网络捐赠的主要通道。2013年，新浪微公益、腾讯公益、阿里公益平台的捐赠量分别为10073万元、5047万元、14380万元，共计接受捐赠2.95亿元。2014年，三大平台共募集善款4.25亿元，相比2013年提高44.1%，呈现大幅增长的趋势。数据显示，通过微博和微信等移动客户端捐赠人数占总人数的68%，捐赠金额占61%，手机捐赠成为主流。2014年腾讯公益平台共接受506.7万笔捐赠，共募集善款10043万元，同比增长99%，阿里公益共募集善款约2.8亿元，新浪微公益募集善款4794万元。通过网络众筹成功的公益项目总计299个，公益众筹全年筹资额超过1272万元，逐步成为在线募捐的重要途径。2015年，三大平台的捐赠量暴增至9.66亿元，比2014年增长127.3%，新浪微公益、腾讯公益、阿里公益分别接受捐赠3094万元、54000万元、39508万元。为规范互联网公益发展，民政部在2016年制定了首批12家互联网募捐平台作为指定公募平台。它们各有特色，其中发展基础最好的依然是腾讯公益平台、以蚂蚁金服公益平台和淘宝公益平台为主的阿里公益平台、新浪微公益平台。三大平台遵循慈善事业的发展规律，与整体社会热点和需要解决的痛点相吻合，以扶贫济困、社会救助为主。捐赠者则与互联网用户的总体人群特征相匹配，以中青年人为主。2016年，新浪微公益、腾讯公益、阿里公益三大平台的捐赠量分别为3049万元、8亿元、4.89亿元，总量创历史新高，达到13.2亿元。具体如图3-4所示。

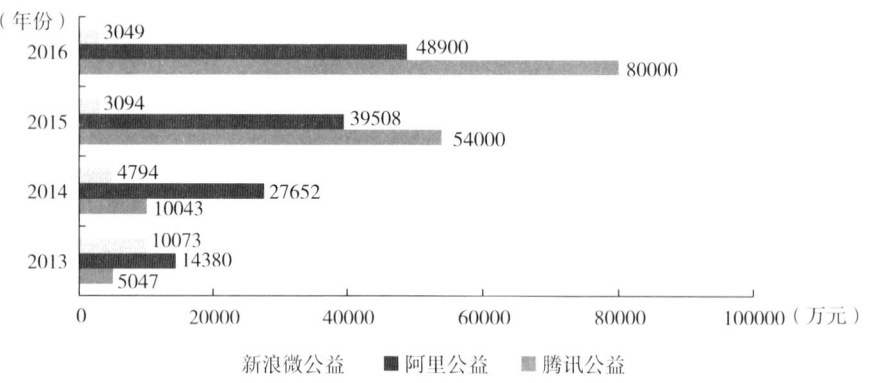

图3-4　2013~2016年互联网公益平台募捐款流量

对比而言，新浪微公益因为手持终端社交平台的兴起走向衰落，捐赠流量逐年递减，阿里公益和腾讯公益则不断创新，并依附于腾讯系和阿里系的不断革新拓展使其影响力日益增强，因此阿里公益和腾讯公益捐赠流量则逐年上升，尤其是2015年腾讯公益基金会发起的"99公益日"活动，大额配捐吸引了无数公益机构和公众参与，致使2015年腾讯公益平台捐赠流量增长了4倍多，这给中国互联网公益生态带来了新的变化。但是，对于具有募捐资质的社会组织而言，如何获取互联网公益平台的入门资格、推送排序资格等也需将专业能力和市场因素考虑在内。其他平台同样存在获取公募资格的社会组织和互联网公益平台的博弈问题，仍需要进一步规范。

2018年5月，美团公益、滴滴公益、苏宁公益等9家平台被民政部指定为第二批慈善组织互联网募捐信息平台，加之2016年8月公布的首批12家慈善组织互联网募捐信息平台，至此，共有21家平台是民政部指定的慈善组织互联网募捐信息平台。未来，这些指定互联网募捐信息平台，需进一步完善技术水平，创新服务方式，提高服务能力，真实、准确、全面、及时地披露募捐信息，充分尊重和维护募捐对象的合法权益，不断提高自律意识，完善自律规则，自觉接受政府和社会监督，共同推进我国互联网募捐事业健康、有序发展。

五、捐赠指向领域

随着对公益慈善文化的深入了解和社会现实对社会政策所产生的影响，捐赠方既出于社会责任担当又考虑到自身所属行业的专业性和参与便利性来选择捐赠指向领域，且多是限定性捐赠。从2011~2016年的捐赠数据所呈现的捐赠领域来看，总是集中在医疗健康、教育救助、扶贫与发展、减灾救灾以及文化生态等少数几个公众关切的领域。2011年，社会捐赠最集中的领域分别为教育占33.68%、扶贫与发展占28.99%、人类服务占10.28%、医疗健康占8.92%、体育科技占7.18%，除此之外，减灾救灾占6.10%、文化生态占4.62%、公益慈善行业发展占0.24%。2012年，教育救助占比最大，为25.3%，其次是扶贫与发展，占22.45%，医疗健康占19.9%，减灾救灾9.32%，文化生态6%。2013年，医疗健康领域捐赠占比最高，为37.71%，其次为教育救助，占比27.48%，减灾救灾占12.93%，扶贫与发展占9.76%，文化生态占4.82%。2014年，医疗健康领域捐赠继续维持高位，占比37.1%，但是物资捐赠尤其是药品捐赠占比较高，其中药品捐赠在物资捐赠中占比91.7%；教育救助仍然受到捐赠者青睐，占比27.66%。与2014年相比，2015年教育救助因大额捐赠占比较高超过医疗健康跃居第一位，但是大多数捐赠资源流入了少数特定高校，其他教育机构并没有获得额外的捐赠。2016年占比最多的是教育救助，占比30.44%，其次是医疗健康，占比26.05%，扶贫由于政策风向的引导，成为社会力量参与的一种必然使命，因此，在2016年陡然增长，从2015年的11.2%增长到21.01%，实现了翻番增长。如图3-5所示。

六、善款使用区域

由于善款流转存在直接使用和间接使用问题，而且善款投入领域和投入地受捐赠方意愿的影响，市场调节、捐赠意愿、政策引领、实施便利等多种因素左右善款的分配使用，一方面善款分配使用的公开信息和公开数据不足，另一方面对于公益慈善行业善款绩效的分配使用还缺乏一种科学有效的衡量标准，因此采用相对稳定的地方民政接受捐赠情况进行分析。

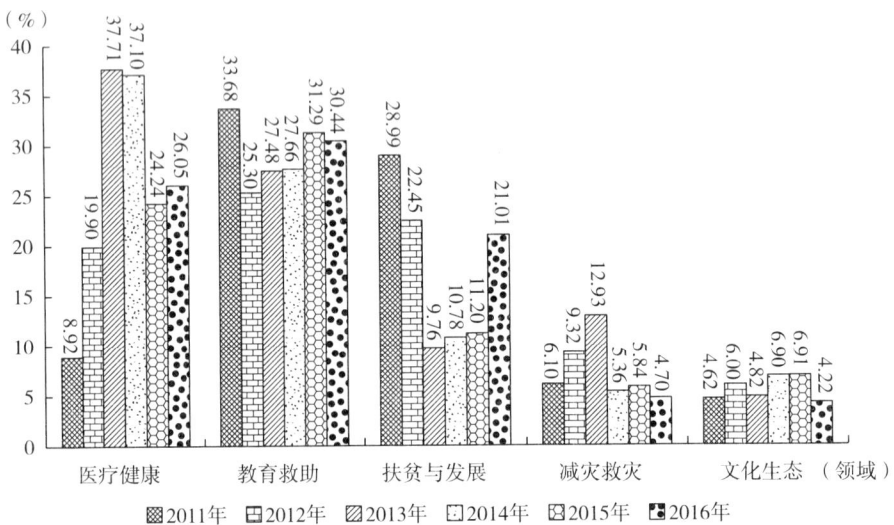

图 3-5 2011~2016 年捐赠指向领域分布

2013 年 31 省份民政接受社会捐赠（含其他政府部门转捐）排在前 5 位的依次是广东、江苏、山东、北京和浙江，这五个省份民政部门获得的社会捐赠额占 31 省份民政部门接受社会捐赠总和的 69.63%。如图 3-6 所示。

2014 年 31 省份民政接受社会捐赠（含其他政府部门转捐）排在前 5 位的依次是江苏、北京、云南、广东和浙江，这五个省份民政部门获得的社会捐赠额占 31 省份民政部门接受社会捐赠总和的 71.39%。如图 3-7 所示。

2015 年 31 省份民政接受社会捐赠（含其他政府部门转捐）排在前 5 位的依次是江苏、北京、广东、重庆和四川，这五个省份民政部门获得的社会捐赠额占 31 省份民政部门接受社会捐赠总和的 82.4%。如图 3-8 所示。

2016 年 31 省份民政接受社会捐赠（含其他政府部门转捐）排在前 5 位的依次是江苏、北京、广东、河北和内蒙古，这五个省份民政部门获得的社会捐赠额占 31 省份民政部门接受社会捐赠总和的 85.62%。如图 3-9 所示。

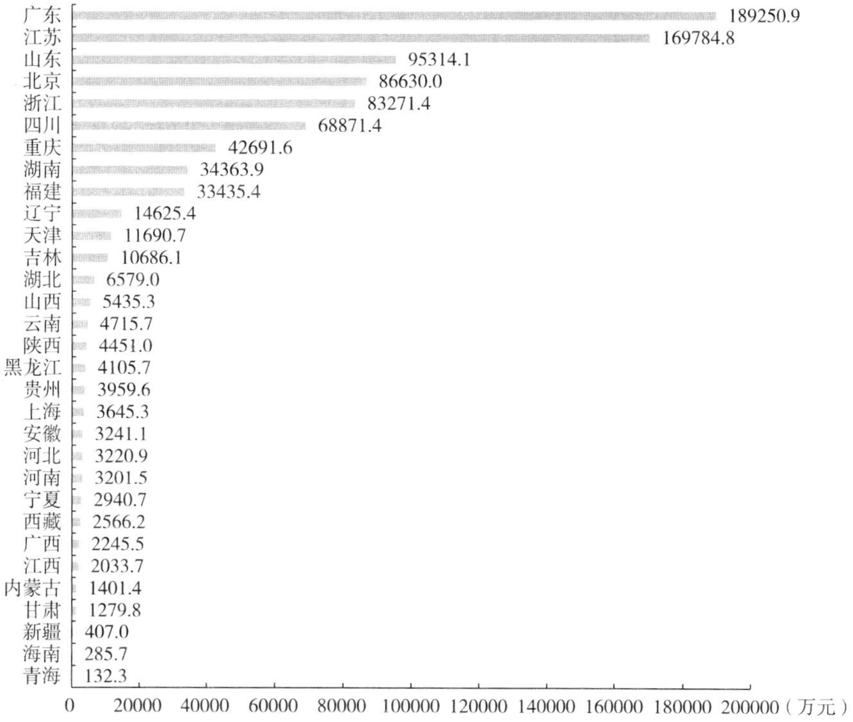

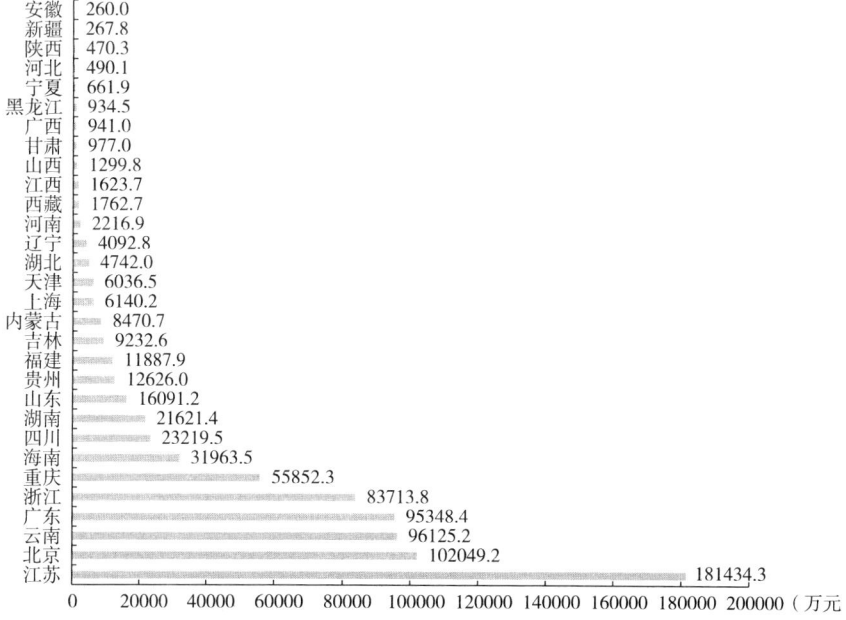

图 3-6 2013 年民政系统社会捐赠接受情况

图 3-7 2014 年民政系统社会捐赠接受情况

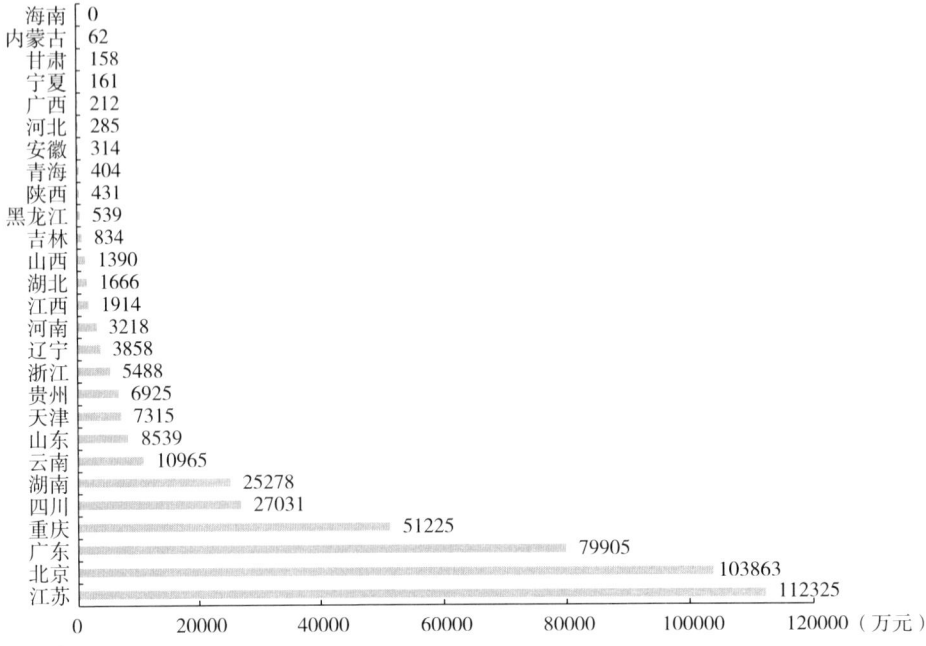

图3-8 2015年民政系统社会捐赠接受情况

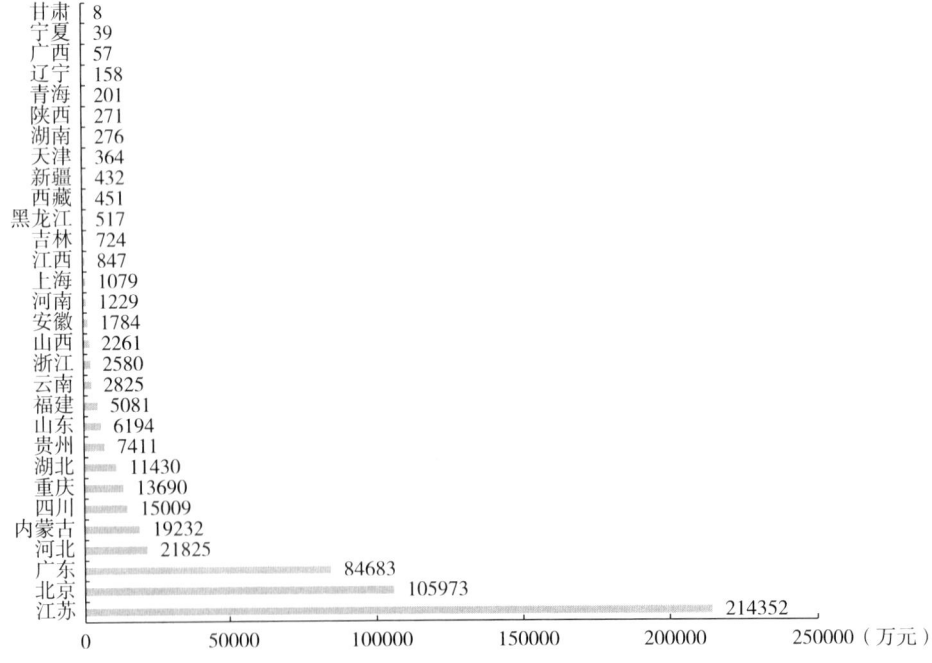

图3-9 2016年民政系统社会捐赠接受情况

第二节 企业公益发展专题报告

鉴于 2017 年《慈善蓝皮书：中国慈善发展报告》中企业公益发展专题报告缺失，甄选 2016 年和 2018 年《慈善蓝皮书：中国慈善发展报告》中王睿、张蕴慧、黎影怡以国有、民营、外资及港澳台各 50 家企业作为分析样本撰写的企业公益发展专题报告，在此基础上，对数据予以纵向对比和分析，以窥见中国企业慈善公益发展之一斑。

一、企业慈善公益总体现状

1. 行业分布

2014 年 150 家企业分布在 25 个行业，各行业分布情况如图 3-10 所示。其中，136 家企业有不同程度的公益投入和实践，占总体的 90.7%。

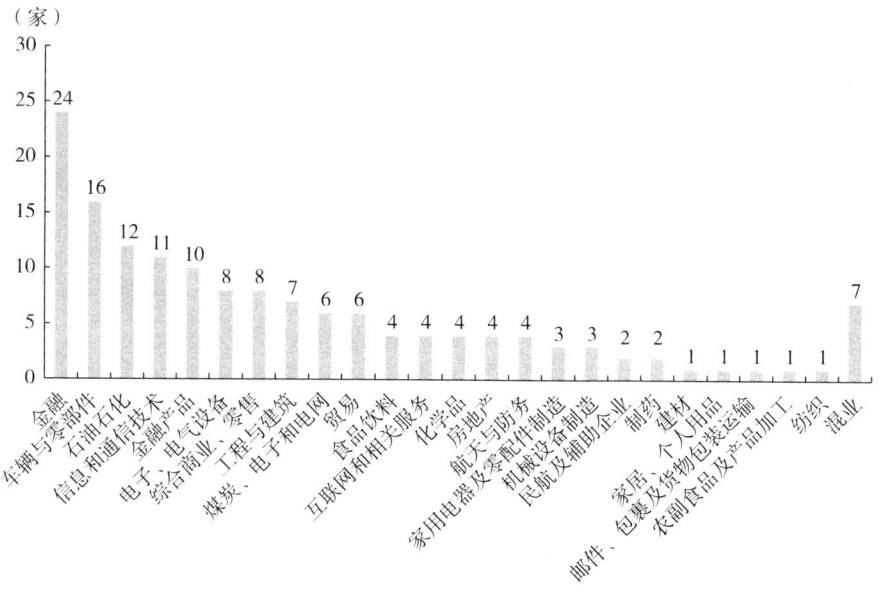

图 3-10　2014 年 150 家参与公益企业的行业分布

2016 年 150 家企业分布在 24 个行业，各行业分布情况如图 3-11 所示。有 137 家披露了不同程度的公益投入和实践，占到总体的 91.3%，无公益信息披露的企业有 13 家，占 8.7%。可以看到，这些各行业领先的企业大多具有公益方面的意识，绝大多数企业参与公益事业，开展了各种类型的实践活动。

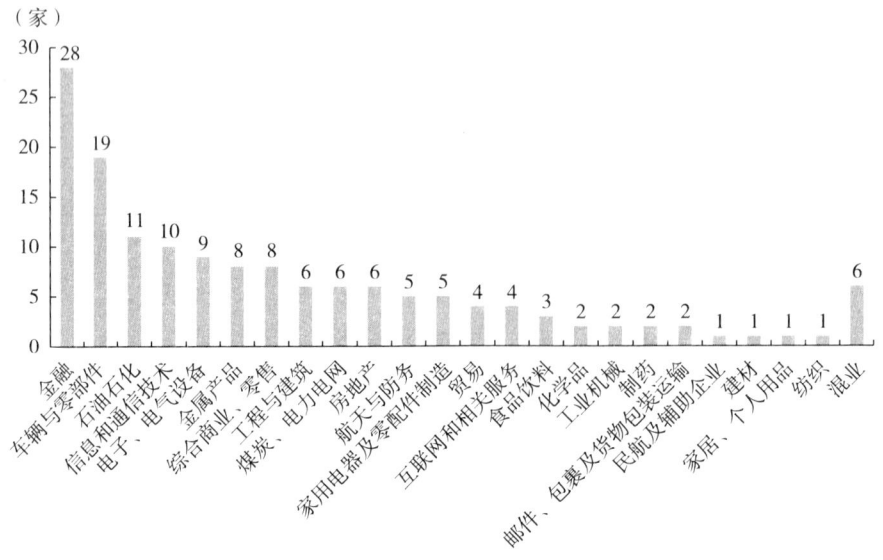

图 3-11　2016 年 150 家参与公益企业的行业分布

2. 投入资金

从 2014 年的数据来看，绝大多数企业并未披露公益投入金额。国有及国有控股企业公开程度最高，有 28 家披露了年度投入公益的资金，占 56%，每家企业的投入资金均在千万元级别，总和达到 29.27 亿元。其中中石油、中海油、华润股份、中国五矿四家公司投入过亿元，中石油公益投入资金最高，超过 10 亿元。民营企业仅有 13 家披露了这一年度投入公益的数据，总和达 4.1 亿元，各家投入从 15 万元到近亿元不等。其中，海南航空、腾讯、阿里巴巴三家公司投入之和占 64.7%。外资企业中公布投入金额的只有 5 家，均按历年累计投入计算，其中汇丰银行（中国）自 2007 年以来对中国内地的捐赠累计超过 7 亿元。

2016 年度，国有及国有控股企业公开程度最高，有 30 家披露了年度投入公益的资金，占到 60%，总和达 29.8 亿元。资金量过亿元的公司由 4 家增至 8 家，投入资金最高的仍是中石油，但由 2014 年度的超过 10 亿元降至 6 亿元。据不完全统计，16 家民营企业的年度公益投入资金总和高达 44.4 亿元。这主要是由于恒大集团和万达集团分别投入 10 亿元和 14 亿元用于特定区域整体扶贫开发。外资企业几乎没有单独公布年度捐赠数据，仅个别企业公布了部分项目的资金。

公开数据汇总显示，2016 年 150 家企业年度公益投入资金总和超过 74.1 亿元，比 2014 年的 33.4 亿元增长了 121.9%。值得注意的是，由于国家精准扶贫政策的指引，2016 年有大量公益资金和项目向扶贫领域倾斜。仅在公开发布的信息中，投入定点扶贫开发以及援疆、援藏的金额就达到 39.1 亿元，占总体金额的 52.8%，其中，16 家公布数据的国有企业投入 9.5 亿元，10 家民营企业投入 29.4 亿元。精准扶贫行动对于国有企业来说是一项政治任务，在国企总体公益投入没有显著增长的情况下，资金和资源向扶贫倾斜，是否会造成其他公益资源收缩，可以进一步观察。

3. 关注领域

2014 年和 2016 年，传统的扶贫助困和教育助学是最受企业关注的公益领域，其次是环境保护、灾区援助和医疗健康。大部分企业关注多个公益领域，值得注意的是，2016 年在扶贫助困领域中，有 70 家企业响应中央提出的精准扶贫战略，开展了定点帮扶建档立卡贫困户的扶贫项目。2014 年和 2016 年关注各公益领域的企业数量分布如图 3-12 和图 3-13 所示。

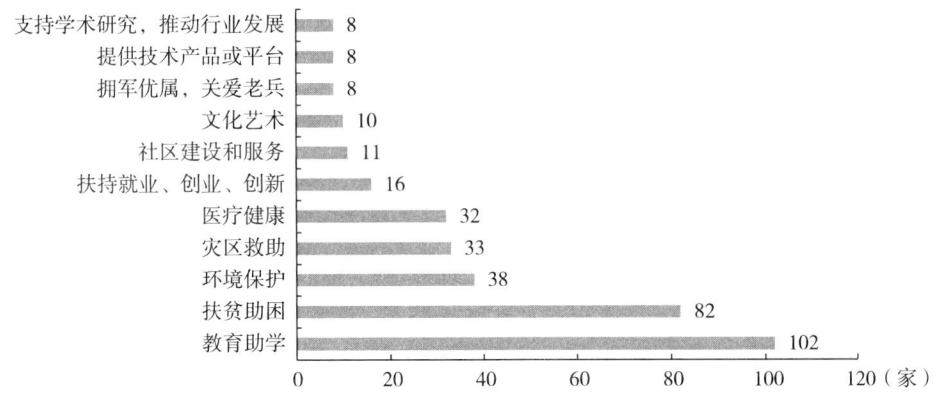

图 3-12　2014 年关注各公益领域的企业数量

（1）教育助学和扶贫助困最受关注。2014 年，教育助学和扶贫助困是各类企业普遍关注的领域，在投入教育领域的 102 家企业中，国有企业为 30 家（29.4%），民营企业为 34 家（33.3%），外资企业为 38 家（37.3%），分布较为均匀。但若把教育项目分为基础助学和成长拓展类，在 38 家外资企业中，有 29 家开展了偏重科技创新、健康成长、全面发展的素质教育类项目，占 76.3%。国企和民企的教育类项目则以基础助学为主，开展成长拓展类型项目的企业分别为 7 家和 11 家。

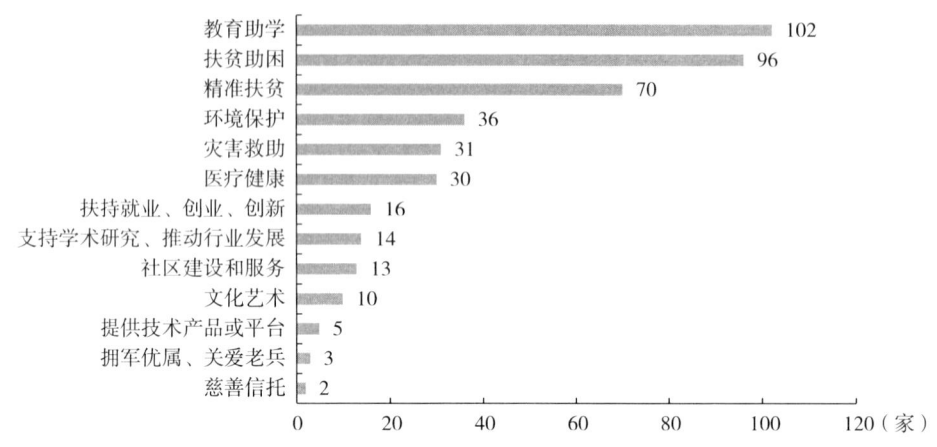

图3-13 2016年关注各公益领域的企业数量

2016年,在投入教育领域的102家企业中,37家是国有企业(36%),民营企业28家(28%),外资企业37家(36%)。与2015年报告期相比,国有企业开展的素质教育型项目有明显增长,比例由2014年的23%(7家)增长到2016年的57%(21家)。民营企业仍以基础的捐资助学行动为主(见图3-14)。

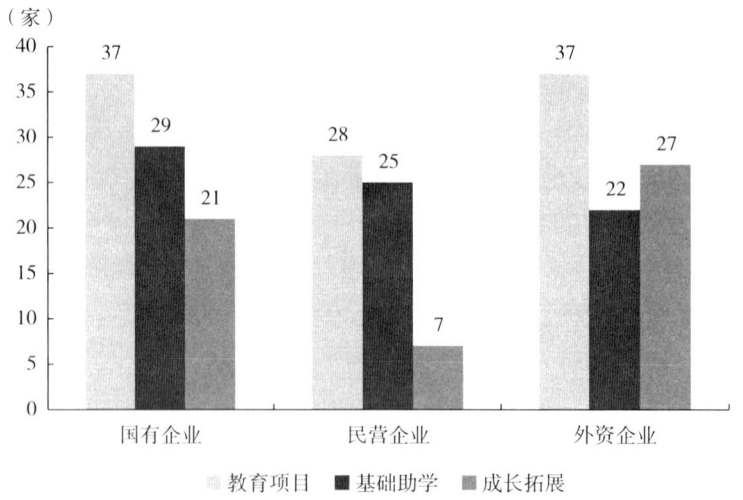

图3-14 2016年关注教育领域的企业类别分布

投入扶贫领域的企业呈现出明显的类别差异,国有企业、民营企业和外资企业关注度依次递减。在国家推进精准扶贫战略的大背景下,国有企业普遍将定点扶贫和援疆、援藏当作政治任务，作为公益行动的重中之重。2014 年，在投入扶贫领域的 82 家企业中，不同类别的企业呈现明显的差异，国有企业（45.1%）、民营企业（31.7%）和外资企业（23.2%）关注度依次递减。2016年，国有企业（49%）、民营企业（30%）和外资企业（21%）关注度依次递减。47 家投入扶贫助困领域的国有企业中，有 46 家都明确开展了精准扶贫行动。精准扶贫可谓近年企业公益的热门，企业在项目信息中普遍强调"变输血为造血""产业帮扶"等重在"授人以渔"的内容（见图 3-15）。

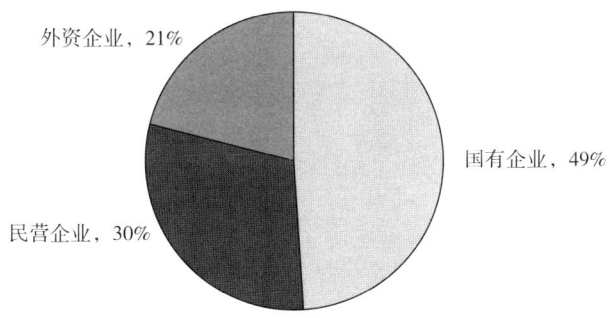

图 3-15 2016 年投入扶贫领域的企业类别分布

（2）三类企业各有偏好，国内企业爱"救急"，外资企业重长远。除了教育助学和扶贫助困之外，国内企业更加关注灾害救助和医疗健康领域，这也是传统较容易唤起人们善心的"救急"类项目。国有企业的社区建设和服务类项目较多，可能与志愿者活动信息披露较充分有关。在环境保护、扶贫创业创新、支持学术研究及推动行业发展领域，外资企业占据优势。2014 年和 2016 年，分别有 50% 和 40% 的外资企业选择环保领域，其中一半是长期开展的项目。此外，外资企业也更偏好就业、创业、创新类项目，以及推动行业发展的长期研究项目。这些项目不少已经成为有影响力的品牌，如福特汽车环保奖、微软创新杯等。民营企业中的互联网企业如腾讯、阿里巴巴、京东在提供技术产品或平台服务公益方面优势较强。此外，关爱老兵、拥军优属、奖励见义勇为方面的项目，主要分布于民营企业（见图 3-16）。

分行业看，不同企业关注的公益领域呈现一定的行业特点：

第一，车辆与零部件行业：安全科普教育与环境保护。分行业看，车辆与零部件行业的企业，2016 年投入素质教育类项目和环保项目的比例分别为 68% 和 58%。而总体 137 家企业投入这两个领域的比例分别为 40% 和 26%。10 家外资企业中的 7 家开展了各种形式的交通安全教育项目。丰田中国于 2015 年推出了

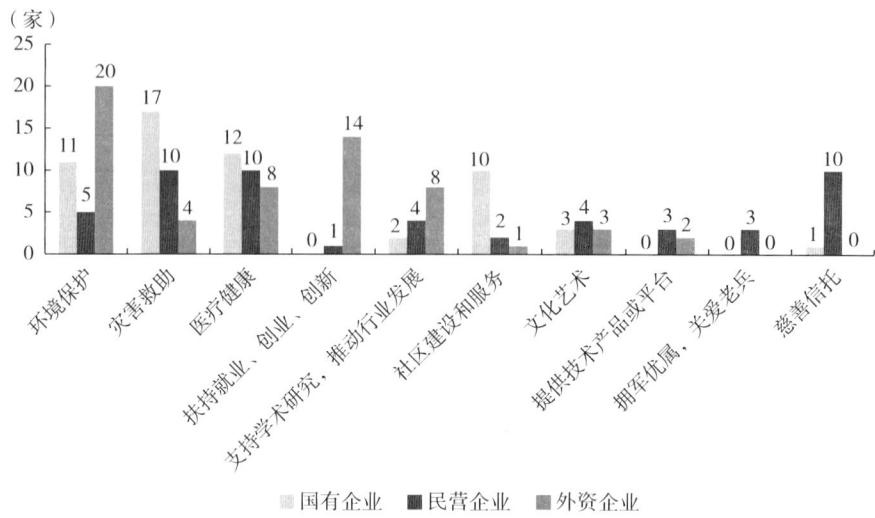

图 3-16 2016 年各类别企业投入其他公益领域公布

《游哒上路记》系列动画、"游哒说新闻"等内容，以微信公众号为主要载体，用生动有趣的方式引导公众关注道路安全，影响超过 300 万人。大众汽车集团（中国）与中国妇女发展基金会合作，设立"大众汽车集团（中国）儿童安全基金"，在全国十余个城市建立了儿童道路安全体验中心，开创了以中心为原点辐射科普教育的先河。通过线上线下结合的系列活动，大众汽车的安全教育影响到数千万人。国内的车企在这方面也较从前有所提升，5 家国有车企中的 4 家开展了与汽车相关的科普、安全、创意设计等项目，如上汽集团的公益课"汽车天地"、一汽集团的汽车文化之旅、广汽集团的安全培训基地等。

第二，金融行业：经济、金融教育和文化艺术。银行和保险等金融行业企业的公益行动也呈现一些自己的特点。2014 年，24 家金融企业中的 7 家开展了与经济和金融相关的教育项目，或进行相关的捐助，占总体的 29.2%。2016 年，28 家金融企业中的 9 家开展了与经济和金融相关的教育项目，或进行相关的捐助，占到 32.1%。其中不乏持续开展多年的项目，如创办于 2010 年的"工行杯"全国大学生金融产品创意设计大赛。有 5 家国内的金融机构开展了金融知识普及教育的项目或活动。此外，中国银行连续支持陈嘉庚科学奖，泰康保险支持丘成桐中学数学奖，都具有较强的行业特色。10 家关注文化艺术的企业中，也有 6 家来自金融行业。它们长期支持音乐节、艺术馆、剧院、遗址修复等有特色的文化项目。

第三，信息和通信技术行业：教育和创新、创业。信息和通信技术行业的企业拥有科技方面的专业优势,对科技相关的教育和创新、创业关注度较高。中国电信的"飞Young学子"项目支持在校大学生自主创业,并提供场地、物资支持和创业指导,由在校大学生自主创建和经营管理公司和社团,开展通信产品销售、校园营业厅经营、移动互联网创业等。中兴通讯资助中华国际科学交流基金会设立的"杰出工程师奖",表彰和奖励为各行业的科技产业升级做出突出贡献的工程技术人员。惠普、IBM、微软等外企,均开展了针对青少年的科技教育类公益项目。微软启动了"微软青年星火计划"全球行动,希望在三年内为全球100多个国家的3亿青年创造更好的教育、就业和创业机会,激发他们的想象力,从而实现自身的全部潜能。

第四,电子、电气设备行业:专业科学教育与创新大赛。2016年,在9家电子、电气设备企业中,8家为外资企业,其中5家开展了与自己专业相关的科学教育项目,且都是长期的行动。日立中国持续十年开展"安全乘梯,幸福随行"活动,举办安全乘梯课堂及救援演练,2016年举办148场,覆盖59座城市。索尼探梦科技馆以光和声为主题,让青少年体验科学。西门子中国持续赞助中国智能制造挑战赛,索尼的探"索"者计划,支持年轻创意人交流合作,呈现创意作品。三星电子自2013年起联合中国科协科普部、共青团中央学校部,面向全国青少年发起"SOLVE FOR TOMORROW 探知未来"全国青年科普创新实验暨作品大赛。GE基金会科技创新大赛注重在实用性技术方面实现创新,鼓励大学生针对经济发展、市场变化以及产品开发来展现自己的创新能力及团队合作精神。

4. 公益模式分析

将企业参与公益的模式分为直接捐助、捐助专业机构、直接运作项目、产品公益四种。

(1) 直接捐助,即企业自发对受助对象进行捐赠或帮助,例如定点扶贫或助学,直接帮助困难群体等。2014年,在投入公益的136家企业中,有95家进行了直接捐助,占69.9%。其中39家为国有企业,民营企业33家,外资企业23家。2016年,在投入公益的137家企业中,有88家进行了直接捐助,占到64.2%,比上一个报告期的69.9%有所降低。其中45家为国有企业,民营企业23家,外资企业20家。直接捐助仍然是众多企业的第一选择。

(2) 捐助基金会或公益组织等专业机构,抑或通过与专业机构开展合作,来完成公益项目。2014年,有87家企业采用了捐助专业的公益机构,或以与其合作开展项目的方式从事公益活动。其中国有企业为23家,民营企业为27家,外资企业为37家。2016年,有80家企业采用了捐助专业的公益机构,或以与其合作开展项目的方式从事公益活动。其中国有企业26家,民营企业23家,外资企业 31 家。可以看出,外资企业更愿意选择与专业机构合作,更少直接捐助。这是现代公益专业化的体现,也是未来的发展趋势。企业出于品牌传播和风险控制等考虑,选择这些合作伙伴,在一定程度上造成了公益资源向大机构集中的现象。

(3)企业直接设计、运作公益项目。2014 年,有 50 家企业自己设计和运作公益项目,其中国有企业为 18 家,民营企业为 11 家,外资企业为 21 家。2016 年,这类项目大幅增加,有 94 家企业自己设计和运作公益项目,这比上一个报告期 50 家大幅提升。其中国有企业 33 家(35%),民营企业 27 家(29%),外资企业 34 家(36%)。这种方式需要持续的时间投入和人力投入,通常是企业较为重视的品牌公益项目,或是员工志愿者长期参与的项目。华润公司的"华润希望小镇"项目、波音中国"放飞梦想"航空科普教育系列活动、索尼中国的"索尼探梦"科技体验项目、吉利集团投入乡村儿童体育教育的"Hope 绿跑道"项目、巴斯夫中国的"小小化学家"互动实验科学教育项目、雀巢中国的水资源教育课程,都是企业自己运作的长期公益项目。

(4)企业将自有产品或技术向公益组织开放,以实现对公益事业的支持提升。一些互联网企业如腾讯和阿里巴巴,以开发互联网产品的方式参与公益,成为大量公益组织的技术支持和公众参与平台。互联网企业拥有独特的技术和用户、渠道等优势,已经在全方位影响和改造着公益行业的生态。腾讯公益平台的"一起捐",以及阿里巴巴集团的"公益宝贝""蚂蚁森林"等品牌项目,都深入连接了公益和公众,成为公益机构筹款的重要平台。

5. 公益的专业化运作

随着公益实践的深入,企业通常会设立基金会或专项基金,以更为专业的方式运作公益项目。2014 年,有 58 家成立了基金会或在公募基金会下设专项基金,其中国有企业为 18 家,民营企业为 20 家,外资企业为 20 家。在这 58 家企业中,53 家拥有较为持续的品牌项目,明显高于品牌项目占总体比例,可以看出专业化程度较高的企业公益更能够持续开展项目,实践效果更好。

国内企业中的 38% 以基金会或专项基金的形式开展公益项目,企业公益的专业化程度还有待提高。受政策所限,一些外资的基金会并不在中国开展项目,16 家在中国开展项目的外资企业中,5 家在中国的公募基金会下设立了专项基金(样本中没有在中国境内设立基金会的外资企业)。在中国境内设立的 43 个基金会或专项基金中,28 家是基金会,15 家为专项基金;有 25 家诞生于 2010 年以前,18 家在 2011~2015 年成立。

2016 年,有 63 家成立了基金会或在公募基金会下设专项基金,其中国有企业 15 家,民营企业 21 家,外资企业 27 家。受政策所限,一些外企的基金会并不在中国本土开展项目,但设立基金会代表他们拥有相对专业的公益参与经验。在这些基金会中,11家成立于2013年之后,4家民营企业的基金会设立于2016年。越来越多的企业愿意成立基金会,以专业的方式开展公益行动。

在这63家企业中,49家拥有较持续的品牌项目,占比78%,高于品牌项目占总体比例(70%),可以看出公益专业化程度较高的企业更能够持续开展项目,实践效果更好。成立基金会的民营企业虽然比国有企业多,不过部分成立时间较短,基金会开展项目还很少,需要进一步明确目标、积累经验。国内企业设立基金会或专项基金的比例为36%,外资企业为54%,其差距与品牌项目的差距基本吻合。国内企业,尤其是民营企业的公益专业化程度还有待提高。

6. 志愿者参与情况

2013年,共青团中央、中国青年志愿者协会修订《中国注册志愿者管理办法》,要求积极推动团员成为注册志愿者,国有企业、机关事业单位、高校等团组织要先行一步,组织推动所在单位全体团员注册成为志愿者。此后,这一办法逐渐在各单位落实,绝大部分发布社会责任报告的国有企业,都披露了志愿者注册数量、活动开展体系等。员工志愿者参与对企业公益至为重要,在内部可以增强员工对企业的认同,对外部可以传递公益文化和企业的公益形象。

2014年,有81家企业在公开资料中提及了员工志愿者的参与情况或相应制度。其中31家为国有企业,民营企业16家,外资企业34家。具体如图3-17所示。但是,总体而言,员工志愿者参与公益活动的企业为59.6%,国内企业的参与比例仅为47%,这一比例仍然偏低。

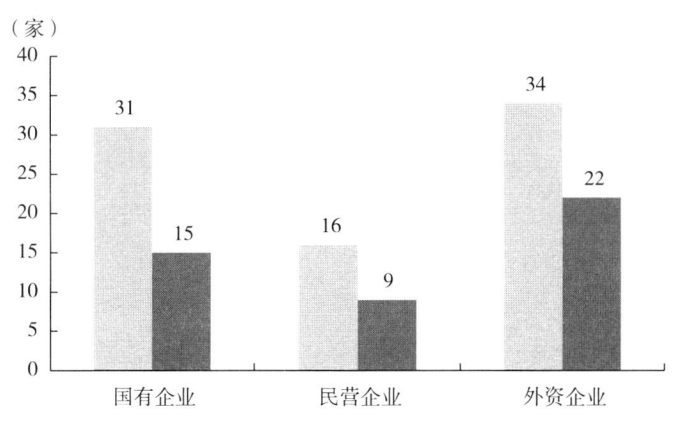

图3-17 2014年各类别企业志愿者参与情况分布

2016年,有90家企业在公开资料中提及了员工志愿者的参与情况或相应制度，占137家有公益行动企业的66%。其中，35家为国有企业，民营企业18家，外资企业37家（见图3-18）。

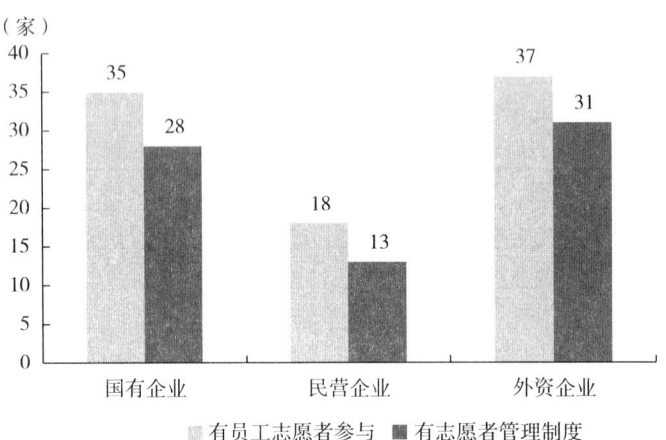

图3-18 2016年各类别企业志愿者参与情况分析

民营企业在员工志愿者参与方面，与国企和外企仍存在较大的差距。在管理体系和制度建设方面，外资企业发展更为成熟，常以为员工服务的公益机构配捐、组织企业志愿日、实行公益假期等方式激励员工参与志愿活动。

二、企业品牌公益项目分析

品牌公益项目的判断标准至少需要涉及项目是否有效回应社会问题、投入资源、持续性、实施效果、利益相关方参与度以及传播影响力等方面。由于大多数企业在社会问题调研、项目投入、参与度、执行效果和传播效果等方面未做详细披露，试筛选出较为持续的项目，对其进行分析。多达99家企业开展了较为持续的公益项目（不包括国企的定点扶贫项目），其中包括对某地区或学校的持续直接捐助、对公益伙伴项目的持续捐助，以及自己长期运作的项目。如果这些公益行为具有特定的项目名称，企业对它们进行了公开披露，并视之为重要的公益行动，笔者则将其初步视为品牌公益项目，纳入分析的范畴。

1. *外资企业公益项目更具品牌优势*

2014年，99家开展了品牌公益项目的企业中，28家为国有企业，30家为民营企业，41家为外资企业。外企具有明显的品牌优势，一些外企的公益项目持续长达10年。例如，花旗银行表彰微型创业者和小额信贷从业机构的"微型创业奖"，始于2005年，已举办11届。丰田中国从2001年起在河北省丰宁县开展植树造林，防治沙漠化，累计投入金额约3750万元，植树约500万棵。专注特定的公益领域，持续开展项目，并不断对项目加以调整、优化、丰富，是专业的和有效的公益方式，可以积累项目的品牌价值，值得更多企业借鉴。华润希望小镇作为大型国企集团的品牌公益项目，超越了一般意义的扶贫、对农村发展进行了较深入的探索，对国企大量开展的扶贫项目而言，是值得借鉴的案例。

2016年，96家开展了品牌公益项目的企业中，29家为国有企业（30%），26家为民营企业（27%），41家为外资企业（43%）。外企具有明显的品牌优势，无论是捐赠公益机构、开展员工志愿者活动，或是运作自有的品牌项目，普遍持续较长时间，有些达到10年以上。永旺（中国）中日小大使活动，自1990年就开始组织中日两国的学生交流互访，已持续18年。雀巢（中国）在2008年汶川地震之后支持四川竹瓦小学灾后重建，随后建立长期联系，提供奖学金，并在此实施营养健康教育课程，每年举办艺术节等。这种方式将一次简单的捐建行为变成长期的志愿者活动参与机会、更深入的公益项目合作点，是维护公益伙伴、开展长期项目的进入路径。

2. 品牌公益项目和企业主业的关联性

文中所说的关联有四种情况：一是项目领域与企业所在行业的相关性，如车企关注交通安全，信息和通信技术企业关注技术创新；二是企业开展项目的模式与企业核心优势的相关性，如互联网企业擅长技术与平台支持，银行与消费者联系紧密，更乐于调动公众参与项目，开展善因营销、公益筹款等活动；三是项目内容与主要利益相关方的相关性，如女性员工或消费者较多的企业开展女性支持项目；四是项目开展区域与企业所在地的地理相关性，如农产品企业围绕原料产地的农村开展行动，海外业务较多的企业，在海外项目地开展各类社区公益项目。

从公益项目和企业主业的关联度，可以看出企业的公益理念；与主业相关的项目更容易利用自身优势，调动更多资源支持公益项目；项目与主业关联度低，通常企业的公益行动较为零散，但也可能是企业拥有业务方向较为独立的基金会。

2014年，在这些开展了持续品牌公益项目的企业中，35家企业的项目与主营业务无关，64家有一定关联（见图3-19）。2016年，在这些开展了持续品牌公益项目企业中，22家企业的项目与主营业务无关，74家有一定关联。从图3-20可以看出，外资企业在选择开展公益项目的领域时，更加注重与主营业务的关联。此外，外资企业项目和主业关联度高，也可能与外资企业很少有在中国境内运作的独立基金有关。部分国内企业的基金会经过不断发展，方向已较为独立。例如TCL基金会持续关注教育领域，拥有长期品牌助学项目，虽与企业主业无关，但也积累了较好的影响力。

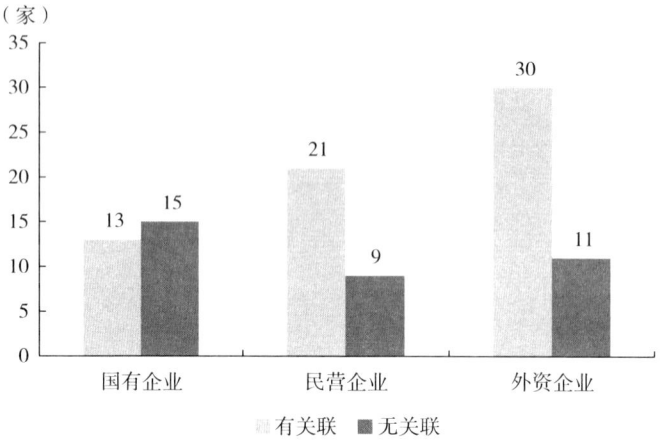

图 3-19 2014 年各类别企业公益项目和主业关联情况

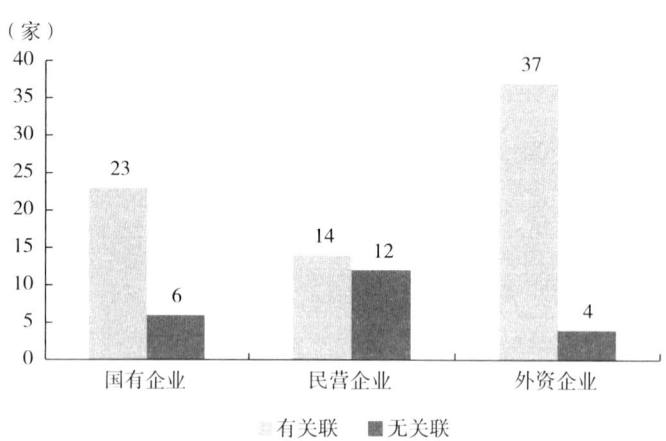

图 3-20 2016 年各类别企业公益项目和业主关联情况

分行业看，车辆与零配件、金融、信息和通信技术、互联网服务行业的公益项目与主业关联度较高，更加善于运用专业技术优势，聚集用户资源开展公益行动。其中互联网服务行业将核心产品贡献到公益领域，为用户提供参与机会，为公益机构提供技术和平台，已经改变了公益行业的格局和生态。金融行业是与大众消费者密切相关的行业，国内的一些银行在结合主业，吸引公众参与方面进行了探索。如北京银行与中华慈善总会联合发行慈善信用卡"大爱卡"，又以此为平台，成立"大爱基金"，北京银行出售一张新卡向基金捐赠 1 元钱，每笔消费捐赠消费金额的 1%。农业银行的"小积分·大梦想"公益行动，为信用卡爱心积分配捐，支持希望工程快乐阅读、留守儿童健康成长、保护母亲河、融情夏令营等项目。

三、中国企业海外公益实践

在全球化的背景下，中国企业开始"走出去"，也在海外进行了公益探索。2014年，100家国内企业中有20家开展了海外公益实践，其中15家为大型国有企业。

从行业分布看，开展海外公益的企业3家为工程与建筑行业、3家为石油石化行业、2家来自信息和通信技术行业、2家金融行业、2家金属产品企业，其他企业分布在设备制造、煤炭、电力、化学、制药等行业。样本中的工程与建筑行业企业共7家，其中6家有公益实践，3家开展了海外公益行动，这与该行业国际化程度高、海外业务分布广泛有关。从地区分布看，有15家企业均在非洲开展公益实践，其次分布在东南亚、澳大利亚和部分南美国家等，10家企业的公益实践涉足两个以上大洲国家。

企业的海外公益实践领域主要集中在援建、扶贫、教育助学、社区建设等方面，项目类型主要为物资设备捐助、投资建设基础设施、人才教育培训合作、组织社区文化活动等。援建、捐助、技术人才培养等项目侧面反映了"走出去"企业在基建、专业技术方面的行业特点和优势。另外，从多个涉及医疗、文化、综合建设发展等的社区项目可以看出中国企业在海外公益实践过程中强调"回馈当地、反哺社区"。

有11家企业开展了直接捐助、建设、投资的公益性项目，为当地发展做出了贡献。中国电力建设集团有限公司在老挝投资开发南俄5水电站项目的同时，建设了医疗设施并向老挝卫生院移交，还组织当地卫生局为村民进行健康体检。中航国际新能源柬埔寨公司无偿援建村庄道路，改善当地村民出行条件。中国五矿集团在刚果金Kinsevere矿区参与政府倡导的健康饮食活动，为矿区修井，改善当地饮水安全，还投资修建健康中心，提供医疗器械和药品，为周边居民提供医疗服务。从企业公益实践的效果和长远影响来看，中国企业海外公益努力实现与地方政府、社区共同发展的互利双赢。

教育是中国企业海外公益的一大关注点，主要体现在扶贫助学和技术人才培训方面。除了物资捐助，中国还在海外设置奖学金、与当地合作开展全球培训计划等，如中国中信集团有限公司在安哥拉投入约70万美元发起创建中信百年职校；浙江恒逸集团有限公司与浙江大学、文莱大学以"校校企"合作模式开办"恒逸石油化工人才班"。

此外，部分中国企业积极与慈善组织合作，支持社区综合发展。如神华集团有限责任公司澳大利亚分公司设立"沃特马克社区基金"用于资助和推动当地社区的公益事业;一汽车辆制造南非有限公司是所在地社区自发性帮扶组织成员之一。海航集团自2013年起与世界粮食计划署(WFP)合作,支持WFP的加纳"学校营养餐"项目,其通过支持专业组织,把海外公益纳入全球援助行动中。

2016年,在全球化和"一带一路"倡议的背景下,"出海"的中国企业进一步开展海外公益探索。100家国内企业中28家开展了海外公益实践,比2014年增加了8家。其中24家为国有企业。从行业分布看,开展海外公益的企业4家为金融企业、4家为信息和通信技术企业、3家来自工程与建筑行业、2家分布于石油石化行业、2家来自车辆和零部件行业、2家贸易行业企业、2家煤炭及电力电网企业、2家航天与防务企业,其他企业分布在制造、化学品、建材、家用电器及零配件制造等行业。样本中有6家国内的信息和通信技术企业,其中4家开展了海外公益行动。

从地区分布看,各有10家企业在非洲和东南亚开展行动;还有10家企业在美国、日本、英国等融入当地的社区公益;其余分布在南美洲、中亚等地。11家企业的公益实践涉足两个以上大洲国家。

企业的海外公益实践领域主要集中在援建、扶贫、教育助学、援助灾区、社区建设等几个方面,项目类型主要为物资设备捐助、投资建设基础设施、人才教育培训合作、组织社区文化活动等。援建、捐助、技术人才培养等项目侧面反映了"走出去"企业在基建、专业技术方面的行业特点和优势。此外,从多个涉及医疗、文化、综合建设发展等的社区项目可以看出中国企业在海外公益实践过程中逐渐强调"回馈当地、反哺社区"。例如,中信集团旗下的中信资源Seram区块在印度尼西亚的生产基地开设全天候诊所,为当地民众提供可靠的医疗诊治与服务;中信矿业国际积极参与澳大利亚皮尔巴拉豆科灌木管理委员会,治理豆科灌木侵袭工作,帮助改善矿区自然环境。

第四章 企业慈善捐赠与竞争优势

第一节 问题提出及文献述评

一、研究问题提出

随着经济全球化的进一步推进，企业面临着前所未有的激烈竞争，社会责任正与产品质量、服务、价格等一起成为企业的核心竞争力。同时，社会的不断发展使得人们的价值观和社会发展观等发生了重大改变，来自社会各阶层的利益相关者，对企业纷纷提出了新的要求，即企业社会责任。在这种试图通过塑造企业形象、获得社会资本而提升企业竞争优势的实践中，作为企业社会责任的重要表现形式，企业慈善捐赠行为开始迅速增加，逐渐成为国际上的一种流行趋势。慈善捐赠的数额和参与捐赠活动的企业均呈现出快速增长的趋势。企业通过慈善捐赠，在解决教育改革、艾滋病防治、环境保护等诸多社会问题方面发挥着重要作用。有的企业甚至和非营利组织建立了联盟，在达到商业目标的同时，企业以重要参与者的身份出现在促进社会变革的社会活动中。慈善捐赠涉及的领域更为广泛，包括教育、文化艺术、医疗卫生、环境保护、社区建设等；捐赠资源也非常丰富，除了资金之外，还包括产品、设备、人员服务、培训等；且更注重捐赠成效，企业和企业家都希望自己的慈善捐赠可以达到预期目标。企业家希望获得声望的提高，企业希望通过捐赠来提高品牌认知水平、顾客和员工的忠诚度、企业形象等。经济全球化为企业带来了前所未有的发展机遇，同时也使得市场竞争更为激烈与残酷。在此背景下，企业竞争力的塑造不仅依靠质优价廉的产品，更有赖于良好的社会公益成绩以及由此建立的声誉和形象。因此，企业慈善捐赠行为日趋成为企业履行社会责任、获取竞争优势、实现持续发展的重要手段和必然选择。

对企业慈善捐赠的理论研究，始于20世纪70年代兴起的企业社会责任理论以及由此拓展的利益相关者理论。企业社会责任理论将研究的重点放在了企业应当承担什么样的社会责任以及如何承担社会责任。到了20世纪90年代，从利益相关者的角度研究企业社会责任的成果越来越多。利益相关者理论强烈支持了企业社会责任理论，并通过利益相关者的分类和界定来说明针对不同的利益相关者，企业如何履行其社会责任。如 Husted（2003）提出企业捐赠以及与非营利组织的合作可以成为企业履行社会责任的有效方式。也有人指出利益相关者理论的核心应该是参与、对话和涉入。通过建立企业与利益相关者之间的对话，多数人的意见应该在企业的决策和行动中予以体现，从而保持企业与利益相关者之间的持续性合作。之后著名学者 Porter（2002）建立了战略性企业慈善理论，其认为企业的慈善行为实质上是企业承担某些社会责任，这种行为推动企业的社会责任目标和经济目标由内在冲突走向相互兼容，从而给企业带来持续的竞争优势。Muller 和 Kräussl（2011）指出，在面对自然灾难的时候，企业发布强调员工参与捐赠的公告会向投资者发出积极信号，表明公司有能力从灾难的不利影响中恢复过来，这对企业价值具有积极作用。于林筠（2015）认为从总体上看，企业的慈善活动可以对企业的财务绩效产生积极的影响。王军等（2016）以中国沪深两市A股市场民营上市公司为分析对象，发现企业慈善捐赠与财务绩效存在因果关系。并且有学者发现，越是陷入财务困境的企业，就越应当参与慈善捐赠，因为进行慈善捐赠能改善企业的财务绩效。

整体来说，企业对于慈善捐赠的态度早已不再是抱着最初"无奈被动地一味付出自身资源"的老观点，它们更加懂得并渴望通过慈善捐赠获得优势资源。那么对企业慈善行为如何刻画？如何基于捐赠行为解释企业间竞争优势存在差异的原因？社会资本理论的出现提供了可行的分析视角和可供借鉴的方法，并搭建起了企业慈善捐赠行为与竞争优势之间的桥梁。拟以有过慈善捐赠史的企业为研究对象，基于企业竞争战略理论、企业社会资本观点以及企业慈善捐赠及非营利组织等相关文献，构建企业慈善捐赠获取竞争优势的概念模型，分析企业获得竞争优势的内在机理，以期为我国企业慈善行为的发展和慈善战略的选择提供理论上的支撑。

二、企业社会资本的内涵和研究维度

最初是以社会结构中的个人为主体来开展社会资本研究的，后来许多学者认为，社会资本可以在个人、组织、组织间以及整个国家等诸多层面上进行研究（Tsai & Ghoshal，1998）。Burt（1992）首先把社会资本由个人层次扩展到企业层次进行研究，并指出"企业内部和企业之间的关系是社会资本……，它是竞争成功的最后决定者"。对于社会资本由个人层次延伸至企业层次的原因，Koka 和

Prescott (2002) 这样解释:"由于社会资本是社会行为者从社会关系网络中所获得的一种资源,企业作为有目的的社会行为者,社会资本的逻辑不可避免地要被一些学者扩展到企业层次。"此后,Leenders 和 Gabbay (1999)、Leeders 等 (2001) 汇集了战略、人力、营销等领域的学者们从各自视角对企业社会资本的研究成果,这无疑显示了管理学领域对其浓厚的兴趣。企业社会资本的内涵及研究维度成为此领域中研究的重要内容。

(一) 企业社会资本的内涵

迄今为止,针对企业社会资本概念的探讨较为缺乏,大部分研究仅在概念上将社会资本的行为主体延伸至企业层面。Nahapiet 和 Ghoshal (1997) 首次明确地将企业层面的社会资本界定为,嵌入可利用的并源于个体或社会单元拥有的关系网络中的实际的和潜在的资源。Leenders 和 Gabbay (1999) 则认为,社会资本是根植于关系网络内部、可通过关系网络利用的资产,并将企业社会资本定义为:企业拥有的有形的或虚拟的资源,它们可通过促进目标达成的社会关系而增加。同时,他们澄清了关于社会资本观点的三个因素:①将社会资本视为具有目标特殊性 (Goal - Specific),社会网络和社会资本是不同的,如果社会联系有益于目标的达成,那么社会网络仅是转移 (Convey) 社会资本。②个体未必知道它所拥有的社会资本,个体所根植的社会结构会将优势转移给它,而个体可能并未意识到这一点。③为实现特定目标带来机会的社会结构不必建立在追求这些目标的基础之上——社会资本通常是其他社会活动的副产品。如同其他形式的资本一样,社会资本是生产性的,在缺乏社会资本的情况下可能无法达成目标。

笔者的探讨倾向于将社会资本视为企业的一种资源。作为资本的一种新形式,社会资本具有"资本"的特征,实质上属于资源的范畴。社会资本是一种长期的资产,通过投资于建立外部关系网络,企业可增加其社会资本,并由此以较好地接近信息、获取信任等形式获得收益;通过投资内部关系的发展,企业能加强集体的一致性,并增强集体行动的能力。如同所有形式的资本一样,社会资本可为企业带来利益。社会资本是专用的 (Coleman, 1988) 且可转换的 (Bourdieu, 1985)。总之,社会资本落在宽泛且异质的资源范畴之中。

(二) 企业社会资本的研究维度

一些学者从企业与外部实体之间的联系出发划分社会资本。Cooke 和 Clifton (2002) 在对社会资本与中小企业绩效的关系研究中,将社会资本按照网络及联合中的非正式和正式联系 (直接业务联系、专业协会、行业协会、社会俱乐部等) 进行划分。陈劲等 (2001) 和张方华 (2004) 将社会资本分为纵向、横向和社会关系资本三个部分,其中纵向关系资本指企业与客户和供应商之间的关系;横向关系资本指的是企业与竞争对手和其他企业之间的关系;社会关系资本是指企业与大学、科研机构、政府、金融机构等外部组织之间的关系。

另有学者综合企业与内、外部实体之间的关系来探讨社会资本的维度。郑胜利和陈国智（2002）提出企业的社会资本包括内、外两部分。企业的内部社会资本包括：①存在于工人之间的社会资本；②存在于工人与管理者之间的社会资本；③存在于管理者之间的社会资本；④存在于各部门之间的社会资本。企业的外部社会资本包括：①企业的纵向联系，即企业与上级领导机关、当地政府部门以及下属企业、部门的联系；②企业的横向联系，即企业与其他企业、科研院所及高校、金融机构、中介组织等的联系。Westlund（2003）也将企业社会资本分为内、外两个部分。他将企业内管理者及员工个人之间的关系当作企业内部社会资本。企业外部社会资本则分为生产相关、环境相关和市场相关的社会资本。生产相关的社会资本指企业与供应商和合作伙伴之间的关系；环境相关的社会资本是指企业与区域环境、政府决策制定者等之间的关系；市场相关的社会资本指的是企业与客户之间的关系。值得一提的是，边燕杰和丘海雄（2000）将企业在经济领域的联系概括为三类——企业的纵向联系、横向联系和社会联系，就中国的情况而言，企业的纵向联系是指企业与上级领导机关、当地政府部门以及与下级企业和部门的联系；企业的横向联系指的是企业与其他企业的联系；企业的社会联系具体指企业及其经营者的社会交往和联系。

此外，许多学者基于企业社会资本自身的特征对其进行维度划分。Gabby（1997）将社会资本划分为结构维（Structural Form Approach）和关系维（Tie Approach）。格鲁特尔特和贝斯特纳尔（2004）提出通过结构型社会资本（Structural Social Capital）和认知型社会资本（Cognitive Social Capital）的相互作用来实现社会资本对发展的影响。结构型社会资本通过规则、程序和先例建立起社会网络和确定社会角色，促进分享信息、采取集体行动和制定政策制度；而认知型社会资本是指共享的规范、价值观、信任、态度和信仰，它是一个更主观、更难以触摸的概念。Yli-Renko等（2001）认为，企业社会资本可分为三部分：企业间社会交互作用的水平（Larson，1992；Ring & Ven，1994；Nahapiet & Ghoshal，1998）、以信任和互惠描述的关系质量、通过关系所建立的网络联系的水平。Landry等（2002）认为社会资本不能由单一指标来测度，他们在研究中以社会资本结构维度的五种形式（商业网络资产、信息网络资产、研究网络资产、参与资产、关系资产）和社会资本认知维度的一种形式（相互信任）来测量。Nahapiet和Ghoshal（1997）在研究社会资本、智力资本与企业价值创造之间的关系时，将社会资本分为结构维（Structural Dimension）、关系维（Relational Dimension）和认知维（Cognitive Dimension）三个维度。社会资本的结构维度指个体之间联结的模式，包括网络联系、网络配置形式（Network Configuration，以密度、连通性和层次等描述联结形式）和专门组织（Appropriable Organization）。关系维度指通过关系创造和利用的资产，包括如信任、规范和认可、义务和期望以及识别等属性。认知维度指表征双方之间可通过通用语言、编码和叙述进行沟通的通用理解、解释和含义系统的资源。此后，Tsai 和 Ghoshal（1998）在对基于企业内部网络的社会资本与价值创造之间的关系研究中，运用了社会资本的结构、关系和认知三维度划分来进行实证研究。同样，Nahapiet 和 Ghoshal（1998）也采用了上述三维度的社会资本来构建模型并通过统计分析得到实证支持。

笔者认为，仅从企业内个人之间联系或企业与外部实体之间联系的角度出发，对企业社会资本进行划分和研究，而缺失信任这个重要的维度，是有失偏颇的。许多学者一致认为信任是社会资本的关键要素（Leenders & Gabbay，1999；Cohen & Prusak，2000；Adler & Kwon，2002；Westlund，2003）。Cohen 和 Prusak（2000）认为，在知识共享日益重要的今天，社会资本已成为成功的关键，而发展社会资本的关键在于信任。一些学者还指出，信任已成为企业社会资本的重要量度，企业只有通过它才能有效地实现其社会资本的社会和经济价值（刘光友、任虹，2004；赵延东，2003）。

因此，依据 Nahapiet 和 Ghoshal（1997）的研究，将企业社会资本分为结构、关系和认知三个维度进行分析，即企业社会资本的结构维度指企业与外部环境之间的联结模式，具体包括网络联系、网络配置形式等，它们为企业获得信息、知识和互补的资源提供了良好的渠道；企业社会资本的关系维度指通过关系创造和利用的资产，包括信任、规范、认可等属性；企业社会资本的认知维度指双方之间可通过通用语言、编码和叙述进行沟通的通用理解、解释和含义系统的资源，具体包括共同语言、相似的价值观。

三、文献述评

其一，作为无形的隐性资源，企业社会资本的度量问题一直是其理论研究的薄弱环节和实证分析的巨大障碍。虽然，学者们对企业社会资本提出了不同的度量方法，但其中大多数涉及从企业外部视角来简单测度社会资本，缺乏对社会资本的信任、规范等核心要素的考虑，也未能从社会资本自身的特征维度出发对其测量；而少数研究仅测量了联系强度，即社会资本的结构维度，却忽略了关系维度和认知维度。所以，尝试把握企业社会资本的核心要素，对其进行全面度量是促进企业社会资本理论深入研究和快速发展的关键。

其二，对企业社会资本与竞争优势的关系研究，大部分停留在定性的描述上，即使国外有少量的定量研究，也只是从单一的维度出发，并没有全面而系统地论述企业社会资本是如何影响其绩效和竞争优势的，国内有关企业社会资本与竞争优势之间关系的专题研究更是非常匮乏。同时，对企业社会资本存量的测量和探讨虽然繁多，却忽视了对基于影响外部环境而累积（或减少）的企业社会资本的研究，迄今为止，针对我国企业通过改变外部环境影响社会资本，进而提高竞争优势的定量分析，还是亟待填补的研究空白。

其三，捐赠行为影响企业绩效和竞争优势的研究，仅在企业社会责任和利益相关者文献中略有提及，使得捐赠这一重要的社会公益行为在企业竞争战略中的作用被大大低估了，因此，有必要明晰捐赠行为的重要地位，揭示其不同于其他企业社会责任的特异性。如何剖析捐赠行为与企业竞争优势之间的关联作用？这种作用对企业战略的选择和实施具有何种影响？这些问题显然有待更深入的探索。

第二节 理论演绎与研究假设

一、慈善捐赠行为与企业社会资本

参与慈善捐赠等公益事业对企业来说是优化配置资源、获取社会资本的一种新理念、新战略。企业与社会的发展都需要有形与无形两种资源及资产，而开展慈善捐赠等公益事业，作为配置道德、声誉和形象等社会无形资源的关键途径，成为企业社会资本的获取和累积的重要推动力。基于慈善捐赠涉及的内容提炼出慈善捐赠目标、慈善捐赠方式、慈善捐赠数额、慈善捐赠指向领域以及非营利组织（NPO）的选择五个慈善捐赠行为特征，阐释这五个特征对企业社会资本结构、关系和认知三个维度水平的促进和增强作用。

（一）慈善捐赠目标与企业社会资本

企业慈善捐赠目标是整个慈善捐赠项目的指导，包括慈善捐赠行为要达到的商业目标和社会目标。因此，慈善捐赠目标不仅关注与企业总体战略目标的一致性，同时还需要体现企业社会责任。慈善捐赠目标对企业社会资本增强的作用主要表现在慈善捐赠目标的制定，有助于企业形成良好的声誉和形象，从而获得社会认可、企业声誉等无形资源，这些无形资源进一步促进了企业与各外部利益相关者（客户、供应商、其他企业、政府部门、金融机构、高校等）之间的联系。

很多学者从利益相关者角度对企业声誉予以界定，Fombrun（1996）认为企业声誉是"对一个企业过去行为和将来前景的一种感觉描述，这种感觉形容了当企业与其他竞争对手相竞争时，企业对它的所有的利益相关者的综合吸引力"。随后，Fombrun 和 Rindova（1996）又指出"企业声誉是企业过去一切行为及结果的综合体现,这些行为及结果反映了企业向各类利益相关者提供有价值的产出的能力"。Gotsi 和 Wilson(2001)认为企业声誉是利益相关者在一段时间内对企业的全面评价,而这种评价基于利益相关者的直接经验。这些概念不仅反映了企业声誉的特性,也显示出企业声誉对企业价值的影响以及对企业利益相关者的促进作用。企业声誉是一种能为企业带来价值的资产,它可以用来衡量一个企业在竞争性和制度性环境中,在内部员工以及其他外部利益相关者中的相对名望(Fombrun & Rindova,1996),同时能够增进各利益相关者与企业的合作和广泛的联系,以赢得更多的社会关注,迅速提升自身的声誉。企业通过设立兼备"总体战略目标"和"企业社会责任"双重作用的慈善捐赠目标,促进形成良好的企业形象和社会认同(Brammer,2005),从而使企业与各利益相关者之间的联系更为频繁和密切,联系者数量也逐渐增多,各联系之间的信任、规范也得以建立,由此,进一步加深各联系之间的交互作用、相互理解和沟通。

根据上述慈善捐赠目标与企业社会资本的相关分析,提出如下假设:

H41a:慈善捐赠目标对企业社会资本的结构维度有显著的正向影响。

H41b:慈善捐赠目标对企业社会资本的关系维度有显著的正向影响。

H41c:慈善捐赠目标对企业社会资本的认知维度有显著的正向影响。

(二)慈善捐赠方式与企业社会资本

由前述分析可知,企业慈善捐赠方式分为:现金慈善捐赠、实物慈善捐赠、提供专业技术服务、鼓励员工担任志愿工作者、其他。多样化和具有影响力的慈善捐赠方式,不仅满足了受赠者的需求,在一定程度上也扩大了企业的目标市场,培养了企业的潜在客户,同时树立了良好的企业形象和企业声誉,这些无形资源在一段时间内影响着消费者对企业的态度和购买决策。诸多研究显示良好的企业声誉和企业形象对消费者有积极的影响,即良好的企业声誉会增加顾客对其产品和服务的购买意愿,并向其他人推荐企业的产品(Lafferty & Goldsmith,1999);顾客更愿意与具有良好声誉的企业进行联系和交易(Roberts & Dowling,2002);而且,良好的企业声誉能显著提高顾客对企业的忠诚度,而较高的顾客忠诚度则可以实现更高的售价和购买率(Nguyen & LeBlance,2001)。除此之外,具有良好声誉的企业往往会引起社会各界的关注,获得包括企业供应商、政府、其他企业、金融机构、科研机构及行业协会的青睐。Fombrun 和 Riel(2003)研究发现,企业声誉能够诱导利益相关者在日常生活中对公司做出支持性行为。各利益相关者会以与该企业合作为荣,开展频繁而密切的联系,因此,各利益相关者不仅从中会获得许多物质利益,还能赢得更多的社会关注,增加自身无形资产,达到事半功倍的效果(Brammer,2006)。对企业而言,在与利益相关者频繁的交互作用中,建立了相互信任和合作规范,促进了彼此之间的理解沟通,并形成共享的相似的价值观和语言，这使企业在社会关系网络中成为各种机会相互作用的核心节点，且对这些机会具有主导权和选择权，从而构筑了企业发展的机会平台。由此，可以提出如下假设：

H42a：慈善捐赠方式对企业社会资本的结构维度有显著的正向影响。

H42b：慈善捐赠方式对企业社会资本的关系维度有显著的正向影响。

H42c：慈善捐赠方式对企业社会资本的认知维度有显著的正向影响。

（三）慈善捐赠数额与企业社会资本

慈善捐赠数额是指企业的年均慈善捐赠金额，包含企业慈善捐赠的绝对金额和相对金额。慈善捐赠数额对企业社会资本的促进作用主要体现在慈善捐赠数额越大，引起的社会反响就越大，从而在公众心目中越易树立优秀的形象、形成良好的企业声誉和社会影响力，正是这些隐形资源使企业社会资本水平得以累积和提高。公众是企业产品和服务的潜在消费者，与一般的企业相比，顾客更愿意到具有良好社会形象的企业购买和消费（Roberts & Dowling，2002），由此使得企业与客户之间的联系和交易增强。其他企业，包括原料供应商、技术支持商、批发代理零售商和生产合作伙伴等，为提升其自身声誉，愿意寻找那些社会形象好的企业开展合作。同样，高校、科研院所等科研机构也倾向与这些获得社会广泛关注的企业结盟。作为掌握着最大的经济和政治资源的最有影响力的组织，政府对企业的态度往往会带动整个社会舆论（Jean，2005）。企业以良好的声誉和形象得到政府的肯定和赞赏，不仅在财政或经济上可以获得政府提供的更多的发展条件和优惠政策，如财政拨款、税收优惠或减免、经济援助等，同时，政府的关注也鼓动各界的声援和协作，从而金融机构和行业协会等更愿意为企业提供资金、信息等方面的服务和支持（Bruch，2005）。慈善捐赠数额带来的企业形象的树立和企业声誉的提升，不仅加强了企业与各利益相关者频繁而密切的联系，同时在互动中形成了彼此双方的信任和认可，而且网络中的个体可共享双方的语言，便于它们进行更为顺畅的交互作用（Weber & Camerer，2003）。

基于以上分析，提出如下假设：

H43a：慈善捐赠数额对企业社会资本的结构维度有显著的正向影响。

H43b：慈善捐赠数额对企业社会资本的关系维度有显著的正向影响。

H43c：慈善捐赠数额对企业社会资本的认知维度有显著的正向影响。

（四）慈善捐赠指向领域与企业社会资本

慈善捐赠的指向领域体现出企业慈善投入的兴趣所在。与本行业相关性较大领域是企业首选的慈善捐赠领域，企业试图以此宣传其产品和形象，从而建立企业声誉（Byrnes，2005）。如餐饮企业就会特别关注并慈善捐赠健康、环保等领域，这些领域有利于企业的产品和服务的推广，促进企业形象的树立。同时，慈善捐赠指向领域的互动性也是企业需要斟酌和考虑的一个重要方面，慈善捐赠领域应该使企业更加接近社会，慈善捐赠项目本身需具有丰富的社会文化和社会意义，并能塑造企业公民理念和形象，如企业慈善捐赠教育、技能培训等领域（杨团、葛顺道，2003）。此外，教育、环保、体育、医疗保健等是涉及范围广，影响力较大的慈善捐赠指向领域。这些领域出现问题往往给人民带来生活方面的直接影响，容易引起社会的广泛关注，因此，企业应积极介入。

基于以上标准选择的慈善捐赠指向领域，其目的在于试图在公众心目中树立良好的社会形象，努力向公众展现企业具有良好的社会伦理和商业道德，以推动企业声誉的建立，进而提升企业的社会影响力和知名度（Paul，2005）。许多学者把企业声誉描述为，所有利益相关者，包括社会大众、客户、员工、投资者等对企业的属性评价和印象总和（Gray & Ballmer，1998）。企业声誉代表着企业的核心价值以及企业的愿景，它影响着市场上潜在投资者的资金去向，能使企业的工作岗位显得更加具有吸引力，同时与消费者的购买意愿和忠诚度密切相关，广义上讲，企业声誉能够增加企业与各外部利益相关者之间的交互作用和广泛联系，从而提高企业社会资本的各维度水平。因此，提出如下假设：

H44a：慈善捐赠指向领域对企业社会资本的结构维度有显著的正向影响。

H44b：慈善捐赠指向领域对企业社会资本的关系维度有显著的正向影响。

H44c：慈善捐赠指向领域对企业社会资本的认知维度有显著的正向影响。

（五）NPO 的选择与企业社会资本

随着非营利组织的不断涌现，企业在寻求目标非营利组织进行慈善捐赠时也有了更为多样化的选择，然而正是这种广泛选择可能性的存在，使得企业必须考虑何种非营利组织才能最好地满足自己的战略目标和慈善捐赠要求（陈龙真，2005）。鉴于其特殊的组织属性，非营利组织在信用建设上对其他类型的组织具有强烈的标榜作用，因此，它的失信更易招致社会公众的不满，产生不良的社会影响（Paul，2005）。企业通过慈善捐赠行为将自身的声誉与非营利组织的公信力关联起来，若非营利组织的行为收到社会群体的不良反馈，那么与其关联的慈善捐赠企业在客户及其他利益相关群体心目中的形象也将遭到严重的破坏和损毁。因此，企业在从事慈善捐赠行为时，必须对非营利组织的社会公信力进行调查和评估（Meijer，2006），这是确保慈善捐赠行为达成的重要因素。此外，企业还需考虑企业目标市场群体与非营利组织目标群体的叠加程度、非营利组织的资源状况、非营利组织的运作机制、非营利组织与企业的地域相关性等（田雪莹等，2006）。慈善捐赠行为是企业履行社会责任的重要表现之一，选择优秀的非营利组织作为慈善捐赠的中介机构，使得企业可以借助非营利组织的社会公信力提升企业自身的社会影响力和知名度，从而吸引社会各界对企业的关注，以达到企业和外部环境紧密、频繁而广泛的联系，建立牢固的信任、达成真诚的合作并信守承诺，形成共享价值观和有效沟通。选择 NPO 对企业社会资本的增强作用正在于此。由此，提出如下假设：

H45a：选择的 NPO 对企业社会资本的结构维度有显著的正向影响。

H45b：选择的 NPO 对企业社会资本的关系维度有显著的正向影响。

H45c：选择的 NPO 对企业社会资本的认知维度有显著的正向影响。

二、企业社会资本与竞争优势

竞争优势一直是战略学者关注的热点，随着企业社会资本研究的不断深入，企业社会资本对竞争优势的影响也逐渐被许多相关研究所探讨和验证。这些研究普遍认为，企业社会资本是一种有价值的资源，它既可以通过外部广泛的社会交往和联系，使企业获得价值连城的信息，捕捉令其起死回生的市场机遇，获取更多的稀缺资源（边燕杰和丘海雄，2000；姚小涛和席酉民，2003），又可以增加企业内各部门之间的有效沟通与信任合作，消除企业的内耗现象，促进信息和知识在企业内部的流动，降低技术创新的风险和成本，推动技术创新的发展，提高企业的经济效率（Putnam，2000；Adler & Kwon，2002）。因此，基于社会资本这一研究视角，不仅拓展了企业从外部社会环境获取关键资源与能力的理论框架，弥补了资源基础论的缺陷，同时，也可以解释组织资源具有价值性、稀缺性和难以模仿性的社会性根源，及其对于创造和保持企业租金的作用。在此，立足企业外部研究视角阐述企业社会资本影响竞争优势的作用机制。

Gulati 等（2000）从战略网络的角度深入阐释了企业社会性质问题及其与外部组织之间的社会关系对企业行为和经营绩效的影响。他们认为，企业所处的战略网络不同，则各个企业所处战略网络中的节点之间的关系密切程度和信任程度各不相同。因此，各个企业的网络资源或关系资源也就不同，同时，各个企业管理关系网络的能力不同，因而其对网络资源或关系资源的利用效率和整合能力也各有所异，从而影响了企业生产管理行为和经营绩效。Wu 和 Wei（2004）基于社会资本的视角对协同发展背景下企业的竞争优势进行了分析，认为企业通过与外部知识源和信息源建立广泛的社会关系网络可获取技术创新优势。Kraatz（1998）指出，社会资本能够促进组织间合作和组织间学习，促进企业的知识积累。Anand 等（2002）认为积累社会资本是企业获取外部知识的有效途径。企业与客户、供应商、竞争对手及其他非市场主体所组成的网络和联盟是创新的关键来源（Hippel，1988）。同时它们也是降低成本、风险，获得规模经济，减少新产品开发时间的有效途径（Lawson & Samson，2001）。网络拓宽了企业从外部环境中获取信息、资本、服务等关键资源的机会，这些关键资源具有保持并提升竞争优势的潜力（Gulati 等，2000）。顾新等（2003）指出社会资本在知识链中发挥着重要的作用，它能促进组织间交互学习，减少交易费用，提高知识链整体的创新能力，形成知识链的竞争优势。由于社会资本的路径依赖性，特定知识链成员从社会资本中获益的同时，也受到该知识链中社会资本的约束和限制。郑胜利和陈国智（2002）认为，企业社会资本积累有利于增强企业的技术创新优势，企业与合伙企业、联营企业、研究机构之间的相互信任、互惠准则等起到促进合作的重要的"胶合剂"作用，它使合作网络运行顺畅，让所有参与的公司都从中受益。王晓玉（2005）提出，企业社会资本是反映企业社会关系特征的一种资源，它可以使企业在社会关系网络中获得"合作租金"和"位置租金"，从而为企业带来竞争优势。

国内外对于企业社会资本与竞争优势的关系研究，大部分停留在定性的描述上，定量研究寥寥无几，即使有少量的定量研究，也仅是从单一的维度出发，并没有全面而系统地阐述企业社会资本是如何影响其绩效和竞争优势的。尽管如此，这些相关研究一致认为，企业社会资本对于竞争优势具有显著的促进作用。

（一）企业社会资本的结构维度与竞争优势

企业社会资本的结构维度指企业与外部环境之间的联结模式，具体包括网络联系、网络配置形式等，它们为企业获得信息、知识和互补的资源提供了良好的渠道。Burt（1992）认为，在不完全竞争的条件下，信息、知识等资源的获取已成为企业提高竞争力的关键因素。这些信息、知识、技术等资源不仅可以从客户（Hakansson，1982）处获得，还可从供应商（Hakansson，1982；Alter & Hage，1993）、政府机构（Chiesa 等，1996）、合作伙伴（Abernathy 等，1993）、其他企业（Alter & Hage，1993）、行业协会（Swan & Newell，1995）等处获得。

网络联系对企业信息、知识等资源的获取与共享的作用是显著的（Tsai & Ghoshal，1998）。Burt（1992）识别了网络联系的三个信息收益，其中两个是获取信息和获得有用的推举，这些收益提升了企业获得相关信息的能力。同时，他提出在其他条件相同的情况下，企业获取知识的能力与其所拥有的联系数目成正比。一些复杂的信息仅通过强联系来传递（Larson，1992；Levin 等，2002）。Uzzi（1996）指出，紧密联系和保持距离的联系（Arm's Length）可作为信息转移的渠道。Burt（1992）认为，密切的网络联系不仅使企业获得有价值的信息，同时还降低了信息的获取成本。重叠网络（Overlapping Networks）能促进信息共享，它们能推动企业更好地吸收创新实践（Arthur & Defillippi，1994），进而提高企业经营业绩。企业与外部实体联系的数量拓展了信息等资源的获取通道，与外部实体联系的数量越多，企业获得外部知识、信息及技术等资源的渠道也就越多，从而也就越有利于提高企业的创新绩效，增强竞争力。Shan 等（1994）指出，企业在网络中所建立的协作联结的数量与企业的创新呈正相关。

企业在联系网络中所处的位置也有助于企业获取资源，扩充收益。居于网络中心的成员起着联结其他网络成员的作用，更可能得到各方的支持（Wellman，1982），这种优势源于核心的网络中所带来的企业与其他公司结盟机会的增加，并且在网络中成为中介者角色，整合各家公司所提供的知识与技术，以体现和落实创新机会。许多实证研究已表明网络地位的高低对企业取得资源的难易程度、掌握资源的多寡以及运用资源的效率之间存在密不可分的关系。Hoang（1997）的研究表明，网络地位中具有较高核心度与中介性的公司，在产业里较易取得资讯与科技的资源。Talmud 等（1999）的研究聚焦于以色列快速成长的高科技部门中软件新生企业的网络中心性（Network Centrality）和网络黏着性（Network Cohesion）的特征。他们提出，组织间网络中心的关键位置给企业带来了寻租能力，使商业组织扩充了收益，或增加了企业成功必需的有价值的资源。相应的产业网络中心位置和地理邻近性使企业能模仿决策制订和战略形成的成功模式，这些对处于强不确定性下的软件产业而言尤为重要。Bekkers 等（2002）针对全球 GSM 产业 1990 年五大制造商的实证研究发现，企业在整体产业网络中居关键核心位置，有利于重要科技与市场资讯的取得以及资源的交流，与智慧财产权创新策略以及市场占有率均呈显著正相关。

企业加强与外部环境的联系，更易于从中获取知识、技术、信息、机会等资源，这些异质性的资源成为企业取得收益、提升竞争优势的源泉。因此，企业社会资本的结构维度和竞争优势之间具有密切的联系，企业社会资本结构维度的水平有助于企业提高竞争优势。所以，提出理论假设：

H46：企业社会资本的结构维度与其竞争优势紧密相关，企业社会资本的结构维度水平越高，竞争优势越大。

（二）企业社会资本的关系维度与竞争优势

企业社会资本的关系维度指通过关系创造和利用的资产，包括信任、规范、认可等属性。信任被认为是一种期望，可缓解对合作伙伴机会主义行事的担心（Bradach & Eccles，1989）。Lewicki 和 Bunker（1996）将信任划分为谋算型信任、了解型信任和认同型信任三个层次。Madhok（1995）则认为合作伙伴之间的信任由结构部分和行为部分组成，即结构部分由相互质押（Hostage）情况产生；行为部分指双方对可靠性和真实性的相互信赖程度。Gulati（1995）从基于戒备的信任（Deterrence – Based Trust）中，区分出基于知识的信任（Knowledge – Based Trust）。基于戒备的信任出于功利主义的考虑，使企业认为由于存在交易成本，对方不会产生机会主义行为。基于知识的信任产生于两个企业交互作用且相互学习之中，并发展为具有公平规范的信任。

信任是在社会互动中产生的，行动者之间的交往越频繁、联系越紧密、彼此之间共识越多，信任就越有可能产生且越持久。Uzzi 和 Gillespie（2002）认为，相对于纯市场基础的交易，嵌入于社会关系的商业交换加深了未来交换可以预期的信任和互惠。由于网络成员间的异质性，知识、信息等在跨组织边界间的传递存在认知上的障碍，减少或克服这种障碍要求知识交换的主体处于相同或相近的背景之中，以达成相似的理解、感知，而为了实现这种状态，则需要行为主体间彼此信任。规范代表了社会系统中对于期望行为的一致看法（Nahapiet & Ghoshal，1998）。特定类型信息的认知过程是受到标准化驱策的（Channouf 等，1999）。Larson（1992）对于企业与供应商和顾客关系的研究表明，互惠的规范使企业可自由地共享信息、承担风险和创新，获得竞争优势。

以往研究一致认为，相互信任能促进各方的合作（Williamson，1993），并对联盟绩效具有重要作用（Buckley & Carson，1988；Larson，1993；Gulati，1995）。Larson（1991）指出成功的联盟很少取决于正式的合同，而是依赖于信任这个必要因素。许多实例强调了基于信任的稳定关系存在的重要意义，例如意大利的工业区（Piore & Sabel，1984），日本纺织产业中的转包合同关系（Dore，1983），以及日本汽车产业（Dyer，1996）。信任作为社会控制机制和风险降低设置正起着重要的作用（Gulati，1995；Florin，1997），它影响国际合资企业知识、技术、信息交换的程度（Buckley & Carson，1988；Johnson 等，1996），理解新技术、信息、知识的能力（Lane 等，2001）以及交换效率（Kogut，1988）。关系的信任程度越高，联系各方就越愿意共享和交换信息（Chiles & McMackin，1996）。企业从合作伙伴处主要是获取信息和技术诀窍（Kogut & Zander，1992）。当企业之间的透明度和开放度较高时，企业能更容易地从联盟企业处进行学习（Hamel，1991）。对于开放或透明的主要阻碍因素是对机会主义行为的相互怀疑，这一点导致双方不太愿意相互共享信息和技术诀窍。双方的相互信任能减少对机会主义行为的担忧（Gulati，1995；Zaheer，1998）。相互的信任和开放的心态，则能够加速知识和技术的扩散，形成良好的信息共享氛围，行动者更乐于在各种场合下交换意见（Arrow，1974；Badaracco，1991）。而建立在信任基础上的彼此合作和交互作用以及由此带来的信息、知识等的转移和共享，则成为企业竞争优势获取的重要途径，而这种竞争优势是竞争对手无法复制的。

企业与外部环境之间建立信任和规范等良好的关系基础，能够促进知识、技术、信息、机会等资源的交换和转移，从而提升企业竞争优势。因此，企业社会资本的关系维度和竞争优势之间具有密切的联系，企业社会资本关系维度的水平有助于企业提高竞争优势。所以，提出研究假设：

H47：企业社会资本的关系维度与其竞争优势紧密相关，企业社会资本的关系维度水平越高,竞争优势越大。

(三) 企业社会资本的认知维度与竞争优势

企业社会资本的认知维度指双方之间可通过通用语言、编码和叙述进行沟通的通用理解、解释和含义系统的资源,具体包括共同语言、相似的价值观。企业与外部环境之间基于共享相同的语言和相似的价值观促进知识的转移和利用(Tsai & Ghoshal, 1998),从而提升企业竞争优势,这一机制的实现取决于组织间的学习和吸收能力。

按照组织学习研究学者的观点,组织学习可以区分为知识获取和转移两个过程。知识获取是组织间学习的第一个环节,如何吸收和转化从外部获得的技术能力或知识则是企业在网络中学习的关键。Cohen 和 Levinthal(1990)将企业成功地开发和利用外部知识的能力称为吸收能力。他们认为,网络中企业的部分知识、信息等资源是在企业间共享的,同时企业拥有自身所独有的知识和信息,共享和独有知识及技术的混合影响了企业在网络中获得知识、技术和信息的能力。Daghfous(2004)在分析企业吸收能力的内部影响因素时指出,预先相关知识对于吸收能力而言十分关键。评价和利用外部技术诀窍的能力很大程度上是预先相关知识的函数,预先相关知识能促进企业的知识获取和转移(Cohen & Levinthal, 1990)。Lane 和 Lubatkin(1998)提出,当信息接收企业理解并共享信息发送企业体系中的假设,学习会更容易。Nietoa 和 Quevedo(2005)也认为,在其最低水平上预先知识包括基本能力或共享的语言。如果网络中的个体可共享双方的语言,则它们可更为顺畅地进行交互作用。企业共享相同的语言到一定的程度,可促进信息的获取(Nahapiet & Ghoshal, 1998)。共享的语言可作为一个自由度来概念化。获得信息的能力与网络中共享语言的程度成正比。企业之间还共享编码(Share Codes),这些共享的编码也可作为一个自由度。不同的信息所代表的含义各异且运用的背景也可能具有其特点(Zahra & George, 2002)。消化信息的能力同样与共享编码的程度成正比。当新信息运用的背景具有特殊性或具有显著不同的含义时,企业间共享编码对于消化信息的作用尤为显著(Upadhyayula & Kumar, 2004)。

正如 Kogut 和 Zander(1992)所指出的一样,获取新知识的能力是企业借以实现竞争优势的极为少数的几项核心战略性资源要素之一。企业获得的外部市场知识和技术知识,有助于企业发现新的机会,从而促进企业绩效的提高。Shane(2000)指出,先前的客户知识和服务市场的方式影响着企业解决客户问题的能力,不熟悉客户和缺乏市场知识将很难找到满足客户需要的方法,也无法制定有效率的市场战略以介绍和出售新的产品或服务。McEvily 和 Chakravarthy(2002)认为,技术知识可以提高企业有效率地开发机会的能力,如通过决定产品最佳的功能、成本和可靠性，影响开发新机会的经济效应，使企业可以快速应对竞争者的变化（Cohen & Levinthal，1990）。

可以看出，如何通过开展组织间学习获取有价值的知识资源，是企业在市场中构建竞争优势的关键。寻求与供应商、顾客、合作伙伴、政府和其他有关机构开展广泛的联系与合作，彼此间攫取用于生产和经营的知识资源成为必需，因此，企业与外部环境之间的共享语言、编码和相似的价值观等，能促进知识资源的获取、转移和利用，从而提升企业竞争优势。因此，企业社会资本的认知维度和竞争优势之间具有密切的联系，企业社会资本认知维度的水平有助于企业提高竞争优势。所以，提出以下假设：

H48：企业社会资本的认知维度与其竞争优势紧密相关，企业社会资本的认知维度水平越高，竞争优势越大。

三、概念模型与假设提出

在揭示了慈善捐赠行为、企业社会资本以及企业竞争优势三者之间的内在联系和相互影响的基础上，构建了慈善捐赠行为获取竞争优势的概念模型（见图4-1），试图梳理和廓清理论研究框架以明晰企业慈善捐赠行为促进竞争优势获取和提升的作用机制。

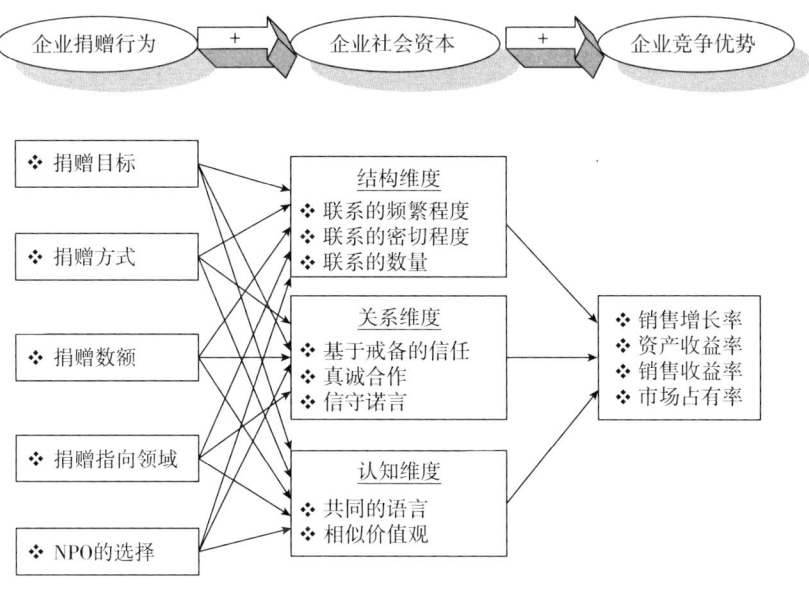

图4-1 慈善捐赠行为对企业竞争优势作用机理概念模型

第三节 研究设计

一、研究对象的选取

采用问卷调查方式来获得数据，研究对象为长三角地区的企业。样本企业涉及机械制造、化工纺织、软件电子、通信设备、房地产、物质流通、零售、金融保险、住宿餐饮、医药、文体娱乐、建筑、石油等行业。之所以选择长三角地区作为问卷发放区域，主要基于以下考虑：

首先，研究方案的设计结构。长三角是由江苏、浙江、上海三地16个地级以上城市构成的复合性经济区域，是目前我国经济发展速度最快、经济总量规模最大的区域。近年来，长三角GDP占全国比重不断上升，年增长速度高出全国平均水平。所有数据均显示出以上海为龙头的长三角区域经济发展的强劲态势和巨大潜力。作为我国最大的经济核心区之一，长三角地区涵盖了国有、民营、外资等不同经济性质的企业且涉及行业领域不仅包含金融保险、化学工业、纺织业、旅游业、电气机械、金属冶炼、石气开采等传统产业，也包含通信设备和信息传输、计算机及其他电子设备制造业、仪器仪表及文化办公用品、计算机服务和软件业等高新技术产业，因此，在产权性质和行业分布方面均具有典型性，符合研究目标和设计要求。

其次，代表性原则。当前的经济发展已经超越了单一企业的领域而向着区域化、国际化的方向转变。如果企业只关注经济利益，却不能对社会做出更大贡献，那么企业就丧失了其现代价值。而随着社会的发展和经济全球化的进一步推进，人们的价值观和社会发展观等也发生了重大改变，来自社会各阶层的利益相关者，对企业纷纷提出了新的要求，即企业社会责任。经济全球化使长三角地区企业更广泛地参与国际分工，形成较强的市场竞争力，且较早地培养"企业慈善"意识并积极引入"企业公民"理念，由此，企业社会责任实践行为较为普遍和频繁，从事慈善捐赠活动和慈善公益的企业也相对较多。所以，基于长三角地区来选择样本，研究企业的慈善捐赠行为获取竞争优势的机理具有较强的代表性，而且对我国中、西部地区企业的社会责任实践有着较强的借鉴意义和参考价值。

最后，达致性原则。样本企业的配合程度是能否获得高质量数据的关键。鉴于研究团队与长三角地区的企业曾有多次协作经历，经过联络，企业愿意提供有关资料和信息并接受访问,由此避免了问卷发放、填写及回收过程中可能遇到的一些问题,保证了数据的可获得性。

二、研究数据的收集

数据收集是论文实证研究的关键环节,直接决定研究数据的有效性和可靠性,从而影响最终的研究结果。通过实地访谈调研和大样本问卷调查进行数据收集,不仅保证了研究的信度和效度,同时也为进一步分析奠定了基础。

(一)问卷设计和内容

立足于企业层面展开研究,所需数据无法从公开资料中获得,因此调查问卷是主要的数据收集工具。问卷设计应遵循三个基本原则:第一,必须以调查研究课题的研究假设为指导;第二,坚持问卷设计与调查目的和内容的统一;第三,尽量减少阻碍被调查者合作的各种因素。许多学者认为,问卷设计的测量题项应采取以下流程开发:首先,题项通过文献回顾和对企业界的经验调查/访谈形成;其次,与学术界专家讨论;再次,与企业界专家讨论;最后,通过预测试对题项进行纯化,最终问卷定稿。

本议题的调查问卷主要包括五部分内容:①被调查企业的基本资料;②企业慈善捐赠行为的实践状况;③企业慈善捐赠行为特征;④对慈善捐赠企业社会资本的测度;⑤对慈善捐赠企业竞争优势的评价。每一部分的内容涉及项目数量不一,测量难度也不等,除了可以较为准确客观地获取企业基本资料和企业基本慈善捐赠信息之外,其他诸多变量难以量化测度,所以,对企业慈善捐赠动机、企业慈善捐赠结构、企业社会资本及企业竞争优势的测度均采用李克特7分制量表打分法处理。详见附录1。

(二)问卷发放及回收

为确保统计分析的样本数量,并尽可能满足对发放区域及发放对象的界定,研究中调查问卷分别通过Internet网络搜索、直接邮寄、教育培训机构、就业咨询机构、集中走访以及个人关系网络等渠道并行采集样本。一是Internet网络搜索,主要通过使用Google搜索引擎,对国内相关慈善捐赠文献中提到的部分企业网站进行搜索,在搜索到的企业网站中,选取有E-mail联系地址的企业,将问卷进行群发;二是直接邮寄,在相关政府部门工作人员的协助下,直接将调查问卷邮寄给企业;三是教育培训机构,主要是借助针对企业中高层管理人员开设的教育及培训班,获得与企业主或管理人员面对面交流和问卷填写的机会,本次问卷发放包括浙江省内两所高校的3个MBA班、1个总裁研修班;四是就业咨询机构,利用本校就业指导与服务中心所提供的招聘企业的联系方式,选取有E-mail联系地址的企业,对其集中进行问卷群发;五是集中走访,研究团队借课题调研及其他相关事务之便,向符合要求的对象面对面发放问卷并回收;六是个人关系网络,主要是通过同学、朋友关系,由同学、朋友代为发放并回收问卷。

目前,我国企业的慈善捐赠行为相对较为盲目、散乱,部分企业并未建立专门的部门负责管理慈善捐赠行为,慈善捐赠的组织、决策程序也非常简单,有的慈善捐赠仅是基于经营者个人的为善理念进行的慈善行为。鉴于此种状况,笔者认为,对于所调查的相关慈善捐赠信息,在很大程度上只有企业的中、高层管理人员才有可能有着较为准确、全面、详尽的了解,而且企业的中、高层管理人员具备较高的学历和一定的文化知识,能够充分理解并回答关于企业的相关慈善捐赠信息,因此,问卷主要针对企业中、高层管理人员进行发放。

问卷发放和回收情况如表4-1所示。通过以上六种渠道共发放问卷1473份,回收412份,回收率为28%,将空白过多、反应倾向过于明显的75份不合格问卷剔除,共获得有效问卷337份,问卷有效率为81.8%。其中:①考虑到无须耗费较多时间和精力,通过网络搜索发放问卷的数量最多,但回收率和有效率均为最低,仅为10.5%和68.3%。②通过直接邮寄方式发放的数量较少,回收率也不高,为32%,但由于事先已通过相关政府与企业做过沟通,且回复的问卷基本不存在应付心理,因此回收问卷的有效率较高,达87.5%。③通过教育培训机构由老师在课堂上直接发放问卷并回收,回收率较高,达85%;且由于是即时填答问卷,被调查者可以及时与调查人员进行交流,因此问卷有效率也较高,为72.9%。④借助学校就业咨询机构群发问卷,由于数量庞大难以仔细筛选对象企业且无法与其进行沟通和交流,致使回收率和有效率均较低。⑤集中走访采取即时面对面发放与回收问卷,虽然发放数量最少,但除个别被访人员因时间紧张未作答外,问卷回收率及有效率均较好。⑥通过个人关系网络借用了较为有效的渠道,回收效果及有效情况均较好。

表4-1 问卷发放及回收情况

发收情况 渠道	发放数量(份)	回收数量(份)	回收率(%)	有效数量(份)	有效率(%)
网络搜索	600	63	10.5	43	68.3
直接邮寄	50	16	32.0	14	87.5
教育培训机构	100	85	85.0	62	72.9
就业咨询机构	487	56	11.5	40	71.4
集中走访	46	44	95.7	40	90.9
个人关系网络	190	148	77.9	138	93.2
总计	1473	412	28.0	337	81.8

资料来源:笔者整理。

在调查成功的 337 家企业中，313 家（占 92.88%）自成立以来有过慈善捐赠行为；从未进行过慈善捐赠的仅 24 家，占全部对象的 7.12%；同时有 290 家企业在 2004~2006 年进行过慈善捐赠，占全部研究对象的 86.10%。由于各企业成立的时间差异较大，历史上有过慈善捐赠的情况也十分复杂，因此，对慈善捐赠企业情况的分析便集中在 2004~2006 年有过慈善捐赠的 290 家企业，如图 4-2 所示。

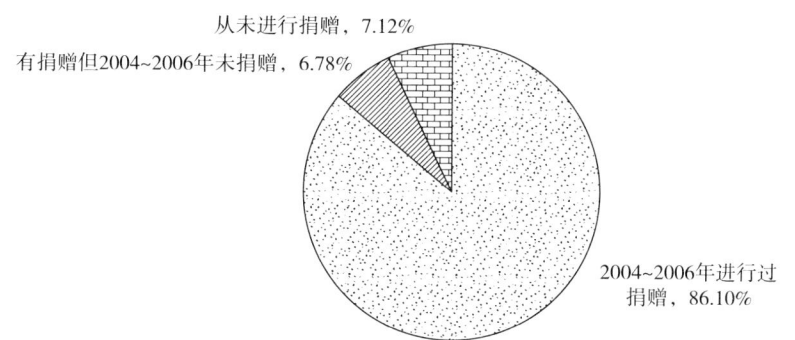

图 4-2 企业慈善捐赠行为调查样本情况

（三）样本基本资料统计

基于回收的有效问卷对样本企业的基本资料进行分析，主要通过企业产权性质、企业规模、所属行业、企业成立年限和企业发展阶段等基本指标来进行描述。

1. 样本企业的产权性质分布

在 2004~2006 年有过慈善捐赠的 290 家企业当中，共有 110 家民营企业，占据样本的最大比重 37.9%；其次是三资企业（包括中外合作企业、中外合资企业和外商独资企业）有 70 家，占据样本总量的 24.2%；鉴于近年来国有企业不断地改革和发展，将国有企业的产权性质细分为国有独资、国有控股和国有参股，此三种企业依次占样本总量的 12.4%、11.7% 和 9.7%；集体企业仅有 12 家有慈善捐赠行为，所占比重最小，仅为 4.1%。样本企业的产权性质分布如表 4-2 所示。

表 4-2 企业产权性质分布

企业产权性质	数量（个）	占比（%）	累计百分比（%）
国有独资	36	12.4	12.4
国有控股	34	11.7	24.1
国有参股	28	9.7	33.8

续表

企业产权性质	数量（个）	占比（%）	累计百分比（%）
集体企业	12	4.1	37.9
民营企业	110	37.9	75.8
三资企业	70	24.2	100.0

2. 样本企业的规模分布

遵循国务院国有资产监督管理委员会最新颁布的针对不同行业的企业规模划分标准，采用从业人员数、销售额和资产总额指标来衡量企业规模。在所收集的290份问卷中，大型企业有132家，占据样本总量的45.5%；中型企业为74家，占25.5%；小型企业有84家，占29%。样本企业的规模分布如表4-3所示。

表4-3 企业规模分布

企业规模	数量（个）	占比（%）	累计百分比（%）
大型	132	45.5	45.5
中型	74	25.5	71.0
小型	84	29.0	100.0

3. 样本企业所属的行业分布

有过慈善捐赠的290家样本企业涉及机械制造、电子通信、房地产、物质流通、零售业等近20个行业领域。其中，占据前五位的行业依次是软件、电子及通信设备制造行业（56家，占19.3%）、机械制造、化工和纺织行业（40家，占13.8%）、服装、鞋类和玩具业（28家，占9.7%）、医药业（26家，占9%）、物资流通业（24家，占8.3%），约为样本总量的60%。另外金融保险业、电力、燃气及水供应业，零售商业，房地产业也占据较大比重，依次为6.2%、5.5%、5.5%、4.8%，这四个行业共占据样本总量的22%。比重较小的行业是住宿和餐饮业、石油业、文体娱乐业、建筑业，约为10%。其他领域占据样本总量的9.7%，涉及贸易、交通运输、钢铁、投资、家电、汽车等行业。如表4-4所示。

表4-4 企业所属行业分布

所属行业	数量（个）	占比（%）	累计百分比（%）
机械制造、化工和纺织	40	13.8	13.8
软件、电子及通信设备制造	56	19.3	33.1

续表

所属行业	数量（个）	占比（%）	累计百分比（%）
房地产业	14	4.8	37.9
物质流通业	24	8.3	46.2
电力、燃气及水供应业	16	5.5	51.7
服装、鞋类、玩具业	28	9.7	61.4
零售商业	16	5.5	66.9
金融保险业	18	6.2	73.1
住宿和餐饮业	8	2.8	75.9
医药业	26	9.0	84.8
文体娱乐业	6	2.1	86.9
建筑业	2	0.7	87.6
石油业	8	2.8	90.3
其他	28	9.7	100.0

4. 样本企业的成立年限分布

在290家慈善捐赠企业中，企业成立年限分布较为分散，其中有84家企业的成立年限为11~25年，占最大比重29.0%；其次有66家企业成立年限为6~10年，占22.8%；而成立年限在25年以上的企业有62家（21.4%）；成立年限为3~5年的企业有48家（16.6%）；仅有30家企业成立年限在3年以下，占样本总量的10.3%。由此显示，慈善捐赠行为普遍存在于成立年限不同的企业当中，如表4-5所示。

表4-5 企业成立年限分布

企业成立年限	数量（个）	占比（%）	累计百分比（%）
3年以下	30	10.3	10.3
3~5年	48	16.6	26.9
6~10年	66	22.8	49.7
11~25年	84	29.0	78.6
25年以上	62	21.4	100.0

5. 样本企业的发展阶段分布

在研究收集的290份问卷中，慈善捐赠样本企业的发展阶段分布总体呈现"中间大、两边小"的趋势。具体而言，共有144家企业处于成熟阶段，近样本总量的 1/2（49.7%）；有 102 家企业处于成长阶段，超过样本总量的 1/3（35.2%）；而处于创业阶段的企业只有 32 家，占样本总量的 11.0%；处于衰退阶段的企业数量最少，仅 12 家，占样本总量的 4.1%，如表 4-6 所示。同时可以看出，处于成熟阶段的企业的慈善捐赠行为最多，其次是处于成长阶段的企业，而对于创业初期企业来说，获得生存和发展需要大量的投资和成本支出，这是导致其慈善捐赠行为不多的主要原因，处于衰退期的企业，其生存尚且难以为继，更无暇顾及社会责任，慈善捐赠行为自然最少。

表 4-6 企业发展阶段分布

企业发展阶段	数量（个）	占比（%）	累计百分比（%）
创业阶段	32	11.0	11.0
成长阶段	102	35.2	46.2
成熟阶段	144	49.7	95.9
衰退阶段	12	4.1	100.0

三、变量设置和测度

变量的测量是企业慈善捐赠行为获取竞争优势定量研究的重要环节，是否正确地对相关变量进行测量直接关系到研究工作的质量。基于提出的理论概念模型，所涉及的变量包括企业慈善捐赠行为特征、企业社会资本（结构维度、关系维度和认知维度）和企业竞争优势。这些变量大多难以量化测定，即便是测度竞争优势的财务指标可以量化，但考虑到由于这些数据可能会涉及调查对象的商业机密而得不到回答或得不到真实信息，由此，用主观感知方法来评价变量仍然是一种有效的方法。Ketokivi 和 Schroeder（2004）研究发现，尽管随机误差和系统偏差解释了测量项目的不少变异，对绩效的感知测量仍然能够满足信度和效度的要求。因而，本章议题对变量的测度均采用李克特 7 分制量表打分法。根据李克特 7 分制量表打分法的原则，数字 1~7 依次表示从极为不同意（或不频繁、不密切、少、低）向非常同意（或频繁、密切、多、高）过渡，其中 4 为中性标准。为了使这些指标便于统计操作，基于大量文献对这些概念的界定及相关研究，并结合实地调研所获取的信息，设计了以下系列问题，旨在通过这些问题来对各变量进行测度。

（一）被解释变量

在本章议题中，企业竞争优势为被解释变量。虽然有关企业竞争优势的研究文献不胜枚举，但其概念界定和测度仍然是战略管理学者争议的问题焦点之一，无论在理论界还是企业界仍远未达成共识（Ma Hao，2000；Hoffman，2000）。在纷繁芜杂的企业竞争优势文献中，许多研究学者（Zajac，Kraatz & Bresser，2000）均采用诸如资产收益率（ROA）、销售收益率（ROS）等表征企业财务绩效水平的指标来对企业竞争优势水平进行测评。然而，企业的财务绩效水平并不等同于企业竞争优势水平（Ma Hao，2000；Hoffman，2000；Powell，2001；Durand，2002），单纯的财务绩效指标无法阐释企业竞争优势获取的内在逻辑。为弥补财务绩效指标测度的内在缺陷，此后又有学者采用创新绩效（Wiklund & Shepherd，2003）等非财务绩效指标来评价企业的竞争优势。鉴于许多战略管理研究工作都强调运用多指标测度经济绩效的重要性（Chakravarthy，1986；Kaplan，1984；Venkatraman & Ramanujam，1986），故采取多维度指标（Cameron，1978）对企业竞争优势进行综合衡量，以避免单纯财务绩效测度所存在的不足。

基于资产收益率、销售收益率和销售增长率（SG）等指标来测度企业绩效水平是重要而且适宜的（Chandler & Hanks，1993；Murphy et al.，1993；Venkatraman & Ramanujam，1986）。因此，主要采用ROA、ROS和SG三个财务指标来测度企业的财务绩效水平，设置如下问题：①本企业息税前总资产收益率比同行业平均水平如何；②本企业息税前总销售收益率比同行业平均水平如何；③本企业年均销售增长率比同行业平均水平如何。市场占有率是众多文献对企业竞争优势界定的核心。较高的市场占有率标志着强势的市场地位，被认为是获取竞争优势的重要手段。企业通过占据最为广大的市场范围，获得比竞争者更具强势的竞争地位。因此，市场占有率是衡量企业竞争优势的重要指标。本章议题以市场占有率作为测度企业竞争优势的非财务绩效指标，设置问题：本企业市场占有率比同行业平均水平如何（见表4-7）。

表4-7 被解释变量测度指标

序号	变量名称	测量项目	来源或依据
Q5.1~Q5.4	企业竞争优势	ROA、ROS、SG和市场占有率	Chandler 和 Hanks（1993） Venkatraman 和 Ramanujam（1986） Ansoff 和 Mcdonnel（1990）

资料来源：笔者整理。

（二）解释变量

不同的企业慈善捐赠行为特征可能是引起企业竞争优势差异的关键原因，为验证这一理论假设，并为进一步实证分析慈善捐赠行为影响企业竞争优势的作用机理奠定基础，选取了表现企业慈善捐赠行为的五个特征作为解释变量（见表4-8）。

表4-8 解释变量测度指标

序号	变量名称	测量项目	来源或依据
Q3.1.1～Q3.1.2	慈善捐赠目标	慈善捐赠目标和企业总体战略目标一致性 慈善捐赠目标体现企业实现社会责任程度	自行设计
Q3.2.1～Q3.2.3	慈善捐赠方式	慈善捐赠方式与受赠者需求的契合性 慈善捐赠方式的多样性 慈善捐赠方式的影响力	自行设计
Q3.3.1～Q3.3.3	慈善捐赠数额	企业年均慈善捐赠金额 年均慈善捐赠金额占企业销售收入的比重 年均慈善捐赠金额占企业资产总额的比重	卢汉龙（2000）
Q3.4.1～Q3.4.3	慈善捐赠指向领域	慈善捐赠领域与本行业的相关性 慈善捐赠领域的影响力 慈善捐赠领域的互动性	杨团、葛顺道（2003）
Q3.5.1～Q3.5.4	选择NPO	NPO的组织资源 NPO的业务执行能力 NPO的社会关系网络 NPO的社会公信力和影响力	自行设计

资料来源：笔者整理。

1. 慈善捐赠目标

慈善捐赠是企业履行社会责任的有效方式，也是企业竞争中重要的战略选择。企业应将慈善捐赠活动与其总体发展战略相结合，通过系统化的管理和评估来实现慈善捐赠的目标。因此，企业慈善捐赠目标必须要服从于企业总体战略目标，同时能够充分体现企业社会责任和企业公民理念。对企业慈善捐赠目标设置两个问题：Q3.1.1和Q3.1.2。

2. 慈善捐赠方式

随着慈善策略的转变，企业逐渐转变单一的慈善捐赠形式，而采取现金、产品、人力服务、专业技术等几种并行的多样化慈善捐赠方式。尽管如此，企业对慈善捐赠方式的选择和执行均以关注受赠方的需求为前提，从而保证慈善捐赠目标的达成和慈善捐赠效果的实现。相应地设置三个问题：Q3.2.1～Q3.2.3。

3. 慈善捐赠数额

卢汉龙（2000）在"上海企业慈善捐赠社会公益研究报告"中不仅将企业慈善捐赠额度划分为四档，即小额、中额、大额和巨额慈善捐赠，而且提出了企业慈善捐赠多少和企业的经济状况密切相关，由此采用慈善捐赠数额与销售收入的比率这一相对指标来测度"慈善捐赠水平"。借鉴其相关研究，对企业慈善捐赠数额设置三个问题：Q3.3.1~Q3.3.3。

4. 慈善捐赠指向领域

事实上，企业在选择市场社区慈善捐赠时，通常选择与本行业具有较大相关性的领域，以此宣传企业的产品和服务，促进企业声誉的建立（杨团、葛顺道，2003）。同时，互动性和影响力也是企业选择慈善捐赠指向领域的重要标准，互动性表现为慈善捐赠领域应该使企业更加接近社会，影响力则体现在慈善捐赠领域应该涉及更为广泛的地理范围和精神领域。相应地设置如下三个问题：Q3.4.1~Q3.4.3。

5. 对非营利组织的选择

对非营利组织的选择是企业慈善捐赠行为特征的重要组成部分。能否准确、恰当地评估和遴选非营利组织，决定着企业慈善捐赠的效果能否顺利实现。对非营利组织从组织资源、业务执行能力、社会关系网络、社会公信力和影响力四个方面予以选择和评价。相应的问题设计如下：Q3.5.1~Q3.5.4。

（三）中介变量

如前所述，本章议题从企业与外部实体之间的联系出发来划分和界定社会资本，具体包括：①企业与客户之间的联系；②企业与供应商之间的联系；③企业与其他企业之间的联系；④企业与政府部门之间的联系；⑤企业与金融机构（如银行）之间的联系；⑥企业与高校、科研院所、行业协会之间的联系。企业社会资本的三个维度：结构维度、关系维度和认知维度，是本书概念模型的中介变量，它们将对企业慈善捐赠行为特征与企业竞争优势之间的关系产生影响（见表4-9）。Leenders 和 Gabbay（1999）指出，企业社会资本的形成需要时间，信任随时间而增加，关系随时间而成熟，其收益通常需经历一段时间后方能显现。一定的时间间隔可以较好地实现长时间内观测数据的变化度与短时间内观测数据的有效性之间的较好折中。由此，考虑到企业社会资本对竞争优势影响的滞后性，采取了在调查约束情况下可用的最好的折中方法（Cooke & Clifton，2002），即均测度企业社会资本2004~2006年的平均情况。

1. 结构维度

网络联系为企业带来了广泛的信息收益，企业外部联系的频次，反映了双方的重复交互程度（McFadyen & Cannella，2004）；外部联系的密切程度和数量等，则体现企业了解对方的程度（Granovetter，1973；Uzzi，1996）。Yli-Renko 等（2001）在对关键客户关系中的社会资本对于知识获取和知识利用作用的研究中，通过考察"与此客户保持紧密的社会关系"和"在个人层面上了解客户的员工"两个方面来测量社会交互作用，这与本书所界定的企业社会资本结构维度非常相近。由此，对企业社会资本结构维度的测度分别从联系的频繁程度、联系的密切程度、联系对象的数量三个方面予以衡量,设计了三个问项:Q4.1~Q4.3。

2. 关系维度

企业社会资本关系维度的水平越高,则企业更易于从外部联系中进行信息和知识的交换与转移。联系双方之间的信任可减少对机会主义行为的担忧(Gulati,1995a;Zaheer,McEvily et al., 1998)。相互信任构成了双方持久和有效关系的基础。在对关键客户关系中的社会资本对于知识获取和知识利用作用的研究中,Yli - Renko 等(2001)设计了"在此关系中双方避免提出严重有损于对方利益的要求""在此关系中即使有机会,双方都不会利用对方""此客户通常对我们信守诺言"三个题项来测度企业与关键客户关系的质量。而 Beugelsdijk 等(2003)在研究组织文化、联盟能力与社会资本之间的关系时,从机密信息交换、判断信息的准确性、履行诺言、对技术的信心、可以信赖5个方面衡量联盟的信任维度。基于上述学者研究,对企业社会资本的关系维度分别从联系双方在合作过程中,存在损人利己的倾向、联系双方能真诚合作、联系双方能相互信守诺言三个方面进行度量,相应地设计了3个问项:Q4.4~Q4.6。

3. 认知维度

联系双方共享相同的语言到一定的程度,通过有效的沟通可促进信息、技术等的获取(Nahapiet & Ghoshal,1998)。相似的价值观对于联系双方之间的知识共享和利用具有推动作用(Tsai & Ghoshal,1998)。提炼了网络联系因有共同语言能有效沟通和联系中存在相似的价值取向两个方面对企业社会资本的认知维度进行了测度,相应地设计了2个问项:Q4.7 和 Q4.8。

表4-9 中介变量测度指标

序号	变量名称	测量项目	来源或依据
Q4.1 ~ Q4.3	结构维度	与其他企业相比,联系频繁程度 与其他企业相比,联系密切程度 与其他企业相比,联系对象的数量	Hansen(1999) Yli - Renko 等(2001) McFadyen 和 Cannella(2004)
Q4.4 ~ Q4.6	关系维度	联系双方存在损人利己倾向 联系双方能够真诚合作 联系双方能相互信守诺言	Zaheer,McEvily 等(1998) Yli - Renko 等(2001) Beugelsdijk 等(2003)
Q4.7 ~ Q4.8	认知维度	联系双方因有共同语言能有效沟通 联系双方存在相似的价值取向	Tsai 和 Ghoshal(1998)

资料来源:笔者整理。

(四)控制变量

顺承 Grant 等(1988)的研究,对可能对企业竞争优势产生较大影响的变量进行控制。这些待控制变量包括企业规模和企业成立年限。研究表明,企业规模、成立年限与企业竞争优势存在着一定的相关关系,因此在研究中需要剥离掉这两个变量对企业竞争优势的影响。

企业规模是影响企业行为和决策的重要属性(Nadler & Tushman,1988),企业规模越大,其规模效应和声誉优势就越明显,则竞争绩效就会越好(Lee 等,2001)。企业规模有多种测度指标,如员工数、资产总额、销售总额等。国务院国有资产监督管理委员会办公厅于 2003 年 11 月 12 日在《关于在财务统计工作中执行新的企业规模划分标准的通知》中指出,各企业应在财务会计统计和财务报告工作中遵照执行《统计上大中小型企业划分办法(暂行)》(国统字〔2003〕17 号)和《部分非工企业大中小型划分补充标准(草案)》,以加强企业财务会计信息统计标准管理,规范企业规模分类标准。《统计上大中小型企业划分办法(暂行)》和《部分非工企业大中小型划分补充标准(草案)》以从业人员数、销售额和资产总额三项指标为划分依据,囊括了工业、建筑业、仓储和邮政业、批发和零售业、住宿和餐饮业等多个类型的企业和部分非工企业,如附录 2 所示。依据该划分标准,采用从业人员数、销售额和资产总额来衡量企业规模。

企业成立年限会影响企业的能力和知识的积累,从而影响企业的竞争优势(Lane & Lubatkin,1998;Zahra 等,2000)。对企业成立年限的测度一般采用单一指标,以企业从创立至今的成长年限来进行测度(见表 4 – 10)。

表 4 – 10　控制变量测度指标

序号	变量名称	测量项目	来源或依据
Q1.4 ~ Q1.6	企业规模	资产总额、销售总额、员工数	2003 年国资厅通知执行的企业规模划分标准
Q1.7	企业成立年限	企业自创立至今的持续年限	Lane 和 Lubatkin(1998) Zahra 等(2000)

资料来源:笔者整理。

第四节　实证分析

一、变量的描述性统计

依照上述在变量合并中提及的数据浓缩方法,对测度同一变量的多个指标数值求取平均值，然后利用SPSS18.0中的描述性分析模块对各变量进行描述性统计分析。

1. 企业慈善捐赠行为特征的描述

本章议题构建的企业慈善捐赠行为变量包括5个特征维度，共15个指标，对样本数据进行统计分析，得到结果如表4-11所示。

表4-11 企业慈善捐赠行为特征变量描述

维度	指标数	均值	标准差
慈善捐赠目标	2	5.1000	1.15560
慈善捐赠方式	3	3.9540	0.95146
慈善捐赠数额	3	4.6966	0.86862
慈善捐赠指向领域	3	4.6115	1.05994
选择NPO	4	2.9770	1.04723

表4-11数据显示，企业慈善捐赠行为各特征之间得分在2~6，分值跨度较大。其中，企业慈善捐赠目标的均值最高，为5.1000，可以看出，企业的慈善捐赠目标大多都可以体现其社会责任，并会将其与企业总体战略综合考虑；慈善捐赠数额和慈善捐赠指向领域均值较为接近，依次为4.6966和4.6115，显示出企业慈善捐赠指向性较为明确且较多关注自身经济状况；慈善捐赠方式的均值不到4分，为3.9540，由于各企业性质及所处行业不同，其慈善捐赠方式的选择不能较好地体现多样性和契合性，略低于中等水平；得分最低的则是选择NPO，仅为2.9770，体现企业在实施慈善捐赠行为时，较少考虑对NPO各方面资质的评估与选择。

2. 企业社会资本的描述

依据Nahapiet和Ghoshal（1997）的研究，企业社会资本变量包括结构、关系和认知三个维度，共8个指标，利用样本数据进行统计分析，得到结果如表4-12所示。

表4-12 企业社会资本变量描述

维度	指标数	均值	标准差
结构维度	3	4.7103	0.98402
关系维度	3	5.2126	0.91656
认知维度	2	4.3121	0.98224

从表4-12数据报告可以看出，企业社会资本的各个维度均值都在4之上。其中，关系维度的平均得分最高，为5.2126，接下来是结构维度得分为4.7103，得分最低的为认知维度，为4.3121。相比较而言，企业对于联系双方之间在信守

诺言、联系双方存在损人利己倾向以及真诚合作方面的评价较高，而对于联系双方之间共同语言和价值观的评价，则相对较差。

3. 企业竞争优势的描述

由于单纯的财务绩效指标无法阐释企业竞争优势获取的内在逻辑（Ma Hao，2000；Hoffman，2000；Powell，2001；Durand，2002），因此，采取多维度指标对企业竞争优势进行综合衡量。企业竞争优势变量包括销售增长率、资产收益率、销售收益率以及市场占有率共4个测量指标。采用样本数据进行统计分析，其总体均值为4.4000，标准差为1.29415，由于企业竞争优势变量呈现单维度特点，因此，此均值体现了企业的总体竞争优势状况，即处于"一般"和"稍微高"之间。进一步对4个具体指标进行统计分析，结果如表4-13所示，可以看出，各个指标的均值较为接近，介于4.3~4.6，其中销售增长率均值最高，为4.5072，资产收益率最低，为4.3141。

表4-13 企业竞争优势变量各指标描述

维度	指标	均值	标准差
企业竞争优势	销售增长率	4.5072	1.28075
	资产收益率	4.3141	1.41364
	销售收益率	4.3586	1.35747
	市场占有率	4.4200	1.52023

二、信度和效度检验

信度和效度检验是实证研究过程中的一个重要环节。实证研究需满足信度和效度要求，其分析与结果方具有说服力。由此，在检验模型构建和数据收集的信度和效度水平的基础上，需要结合因子分析对本章研究涉及的变量内部测试题项进行信度和效度分析，以便于进一步研究和评价。

（一）信度检验

在进行数理统计分析之前，需要对样本数据的信度（Reliability）进行检验。检验信度的目的在于衡量变量的一致性和稳定性，信度越高，说明用于解释一个潜变量的各观测变量具有共方差的程度越高。通常采用Cronbach's α 系数作为检验样本数据信度的指标。一般认为，保留的测量题项对变量所有题项（Item - to - Total）的相关系数应大于0.35，并且测度变量的Cronbach's α 值应该大于0.70才能满足量表的信度要求。基于量表的层次化构思和编制，以Cronbach's α 系数作为判别标准，对量表的内部一致性进行检验，如表4-14所示。由检验结果可知，保留在变量测度中的题项对所有题项（Item-to-Total）的相关系数均大于 0.35，且各潜变量的测度变量的 Cronbach's α 系数值都达到了 0.7 以上，符合要求，表明量表的信度较高，变量之间具有较高的内部结构一致性。

表 4-14 变量信度检验结果

变量类别	变量	Item-to-Total 相关系数		Cronbach's α 值
		最小值	最大值	
企业慈善捐赠行为特征	慈善捐赠目标	0.7491	0.7491	0.8563
	慈善捐赠方式	0.5005	0.7544	0.8175
	慈善捐赠数额	0.6240	0.7497	0.8341
	慈善捐赠指向领域	0.4380	0.8079	0.8256
	对 NPO 选择	0.5734	0.7700	0.8813
企业社会资本	结构维度	0.3864	0.7895	0.9566
	STR1	0.5333	0.7338	0.9102
	STR2	0.4867	0.7754	0.9121
	STR3	0.4593	0.7747	0.9042
	关系维度	0.3640	0.9479	0.9583
	RE1	0.8364	0.9479	0.9812
	RE2	0.5505	0.8887	0.9287
	RE3	0.5974	0.8809	0.9222
	认知维度	0.4186	0.9065	0.9540
	CON1	0.6108	0.9065	0.9310
	CON2	0.5388	0.8504	0.9265
企业竞争优势	企业竞争优势	0.8422	0.8598	0.9569

（二）效度检验

效度用以衡量测度结果的准确性，即测量结果能够准确反映测度对象的程度。效度高表明测量结果能够较大程度地显示出测度对象的真正特征。采用内容效度和建构效度对样本数据进行分析和检验。

1. 内容效度（Face Validity）

内容效度又称表面效度，指内容的代表性，同时反映理论建构过程中量表涵盖研究主题的程度，通常需要研究者主观判断量表中的项目能否足够地覆盖测量对象的主要方面。调查问卷是依据文献研究和访谈调研内容，经相关研究学者和资深企业人士讨论审核，并在 4 个企业进行前测和修正的基础上，整理完善而得，能够保证调查问卷较为充分地涵盖所测量的内容，因此，可以认为本问卷具有较高程度的内容效度。

2. 建构效度（Construct Validity）

建构效度以理论的逻辑分析为基点，同时依据实际的数据信息来检验理论的正确性，是一种非常严谨的效度测量标准。因子分析是检验建构效度的常用方法（吴明隆，2003），同时还可用少量因子代替多个原始变量，从而达到化简数据（Data Reduction）的目的（马庆国，2002）。以因子分析检验建构效度，若能有效提取共同因子，且此共同因子与理论结构的特质较为接近，则可判断测量工具具有建构效度。通常采用KMO值来首先检验数据是否适合做因子分析，具体判别标准如下：KMO在0.9以上，非常适合；0.8~0.9，很适合；0.7~0.8，适合；0.6~0.7，不太适合；0.5~0.6，很勉强；0.5以下，不适合。按照经验判断，当KMO≥0.7，各变量的载荷均大于0.5时，可以通过因子分析将同一变量的各测试题项合并为一个因子进行后续分析（马庆国，2002）。鉴于前面已经对问卷的层次设置及各测度变量的结构进行了较为清晰的描述，现通过因子分析法分别对解释变量、被解释变量和中介变量的建构效度进行检验，具体检验结果如下：

（1）解释变量。企业慈善捐赠行为特征为解释变量。在对模型中的15个表征慈善捐赠行为特征的指标进行因子分析之前，首先进行KMO检验和巴特利特球形体检验，KMO = 0.840 > 0.7，巴特利特球形检验的 χ^2 统计值的显著性概率为0.000，小于0.001，说明数据非常适合做因子分析。运用SPSS18.0主成分分析法进行探索性因素分析，按照特征根大于1的原则和最大方差法正交旋转进行因素提取，结果得到5个因子，共解释了总体方差的80.807%，与指标设置时变量结构基本一致，说明企业慈善捐赠行为特征变量的指标设置具备建构效度，各变量所对应的负荷如表4-15所示。

表4-15 企业慈善捐赠行为特征因子分析结果

题项	旋转后的因子载荷系数				
	变量1	变量2	变量3	变量4	变量5
慈善捐赠目标					
Q3.1.1	0.857	0.143	0.232	0.162	0.182
Q3.1.2	0.862	0.209	0.028	0.177	0.260
慈善捐赠方式					
Q3.2.1	0.070	0.874	-0.004	-0.003	0.113
Q3.2.2	0.235	0.680	0.362	0.226	0.267
Q3.2.3	0.186	0.817	0.197	0.192	0.193

续表

题项	旋转后的因子载荷系数				
	变量1	变量2	变量3	变量4	变量5
慈善捐赠数额					
Q3.3.1	0.338	0.234	0.693	0.326	0.269
Q3.3.2	0.017	0.100	0.837	0.102	0.283
Q3.3.3	0.115	0.120	0.872	0.219	0.162
慈善捐赠指向领域					
Q3.4.1	0.187	0.181	0.054	0.808	0.087
Q3.4.2	0.134	0.058	0.213	0.898	0.201
Q3.4.3	0.058	0.058	0.250	0.853	0.181
选择的NPO					
Q3.5.1	0.089	0.119	0.254	0.252	0.796
Q3.5.2	0.120	0.014	0.251	0.131	0.833
Q3.5.3	0.141	0.168	0.128	0.119	0.818
Q3.5.4	0.309	0.267	0.119	0.080	0.725

（2）被解释变量。企业竞争优势为被解释变量。采用SPSS18.0对企业竞争优势指标量表中的4个指标进行因子分析，KMO=0.878>0.7，巴特利特球形检验的χ^2统计值的显著性概率为0.000，小于0.001，说明数据非常适合做因子分析。取特征值大于1的主成分作为因子，结果显示4个指标具有单维度特点，且各题项的因子载荷系数均大于0.5，得到的1个公因子共解释了总体方差的88.807%，与指标设置时变量结构基本一致，说明企业竞争优势的指标设置具有构建效度。

（3）中介变量。企业社会资本的结构、关系、认知三个维度为中介变量。本章议题用以度量企业社会资本的各题项系统地从属于三个维度，且三个特征维度之间具有较强的相关性，为避免不正确的测量模型导致混淆的结果，将采用Smallwaters公司的AMOS（Analysis of Moment Structures）软件对企业社会资本测量模型进行验证性因子分析（Confirmatory Factor Analysis，CFA），以确认变量的建构效度。

尽管对企业社会资本各维度的测量属于二阶因子模型，但其一阶结构至多包含三个因子。二阶因子模型只适用于含四个或四个以上一阶因子的模型（除非有参数相等的限制），因此企业社会资本各维度的测量不适于采用二阶CFA进行检验。随着结构方程模型的应用日益广泛，许多学者采用一些替代方法来避免测量项过多或样本量偏少所带来的模型估计不稳定的问题。Wayne 等（1997）运用探索性因子分析（EFA）精简题项且合并为单一指标对测量模型进行检验。Kishton 和 Widaman（1994）则建议，通过计算因子得分来获得复杂变量的单一度量值，即因子得分可以通过题项原始得分乘以估计的因子载荷而后加总来获得。

为便于采用 CFA 进行检验，借鉴上述处理方法，首先采用 EFA（限定提取一个因子）分别获得企业社会资本三个维度的一阶因子值；其次将一阶因子作为显变量，采用 CFA 对企业社会资本的测量模型进行检验；最后通过一阶因子值乘以相应的因子值权重估计值后加总得到二阶因子值（即各特征维度的因子值），以便于后续研究。

对企业社会资本各维度一阶因子的 EFA 分析表明，这些题项对 STR1、STR2、STR3、RE1、RE2、RE3、CON1、CON2 各测度对象均具有单维度特点，KMO 值分别为 0.899、0.863、0.841、0.883、0.840、0.852、0.863、0.834（均大于 0.7），所包含题项的载荷系数均大于 0.5（见表 4-16~表 4-18），此外，还对各题项的均值和标准离差进行了统计描述。因此，可以对各一阶因子所包含的题项值经过标准化处理产生一个单一的因子值，然后将该值作为一阶因子的样本值，采用 CFA 检验企业社会资本各维度的测量模型（见表 4-19）。

表 4-16 结构维度各题项描述性统计和因子载荷系数

题项	描述性统计		旋转后因子载荷系数		
	平均数	标准差	STR1	STR2	STR3
联系的频繁程度（STR1）					
贵企业与客户的联系	5.538	1.213	0.849		
贵企业与供应商的联系	5.428	1.206	0.839		
贵企业与其他企业的联系	4.890	1.323	0.813		
贵企业与政府部门的联系	4.807	1.386	0.865		
贵企业与金融机构的联系	4.772	1.279	0.840		
贵企业与高校、科研院所、行业协会的联系	4.221	1.299	0.784		
联系的密切程度（STR2）					
贵企业与客户的联系	5.386	1.248		0.885	
贵企业与供应商的联系	5.221	1.239		0.822	
贵企业与其他企业的联系	4.648	1.377		0.850	
贵企业与政府部门的联系	4.710	1.280		0.860	
贵企业与金融机构的联系	4.600	1.299		0.840	
贵企业与高校、科研院所、行业协会的联系	4.172	1.304		0.747	

续表

题项	描述性统计		旋转后因子载荷系数		
	平均数	标准差	STR1	STR2	STR3
联系下列对象的数量（STR3）					
贵企业与客户的联系	4.938	1.314			0.847
贵企业与供应商的联系	4.779	1.222			0.795
贵企业与其他企业的联系	4.324	1.224			0.804
贵企业与政府部门的联系	4.276	1.239			0.871
贵企业与金融机构的联系	4.193	1.215			0.863
贵企业与高校、科研院所、行业协会的联系	3.883	1.315			0.758

表4-17 关系维度各题项描述性统计和因子载荷系数

题 项	描述性统计		旋转后因子载荷系数		
	平均数	标准差	RE1	RE2	RE3
联系双方在合作中存在损人利己倾向（RE1）					
贵企业与客户的联系	5.841	1.153	0.957		
贵企业与供应商的联系	5.759	1.198	0.948		
贵企业与其他企业的联系	5.731	1.198	0.962		
贵企业与政府部门的联系	5.779	1.250	0.948		
贵企业与金融机构的联系	5.710	1.285	0.964		
贵企业与高校、科研院所、行业协会的联系	5.703	1.286	0.961		
联系双方能真诚合作（RE2）					
贵企业与客户的联系	5.276	1.070		0.855	
贵企业与供应商的联系	5.110	1.048		0.833	
贵企业与其他企业的联系	4.786	1.174		0.880	
贵企业与政府部门的联系	4.862	1.194		0.844	
贵企业与金融机构的联系	4.835	1.219		0.881	
贵企业与高校、科研院所、行业协会的联系	4.697	1.298		0.867	
联系双方能相互信守诺言（RE3）					
贵企业与客户的联系	5.269	1.016			0.853
贵企业与供应商的联系	5.138	1.045			0.871
贵企业与其他企业的联系	4.883	1.090			0.850
贵企业与政府部门的联系	4.862	1.103			0.841
贵企业与金融机构的联系	4.876	1.201			0.857
贵企业与高校、科研院所、行业协会的联系	4.710	1.230			0.833

表4-18 认知维度各题项描述性统计和因子载荷系数

题 项	描述性统计		旋转后因子载荷系数	
	平均数	标准差	CON1	CON2
联系双方因有共同语言能有效沟通(CON1)				
贵企业与客户的联系	5.103	1.147	0.870	
贵企业与供应商的联系	4.993	1.096	0.897	
贵企业与其他企业的联系	4.724	1.175	0.894	
贵企业与政府部门的联系	4.593	1.288	0.868	
贵企业与金融机构的联系	4.641	1.223	0.835	
贵企业与高校、科研院所、行业协会的联系	4.531	1.339	0.828	
联系双方存在相似的价值取向(CON2)				
贵企业与客户的联系	4.559	1.301		0.833
贵企业与供应商的联系	4.421	1.217		0.826
贵企业与其他企业的联系	4.359	1.110		0.880
贵企业与政府部门的联系	4.145	1.167		0.876
贵企业与金融机构的联系	4.069	1.153		0.887
贵企业与高校、科研院所、行业协会的联系	4.007	1.222		0.840

表4-19 企业社会资本测量模型的标准因子载荷和整体拟合优度

变量	标准因子载荷			C.R.	P
	STR	RE	CON		
结构维度(STR)					
STR1	0.879			—	
STR2	0.914			13.935	0.000
STR3	0.840			11.995	0.000
关系维度(RE)					
RE1		0.760		—	
RE2		0.861		9.577	0.000
RE3		0.859		9.545	0.000
认知维度(CON)					
CON1			0.909	—	
CON2			0.868	12.321	0.000
模型拟合指数	测量模型结果			参考值	
χ^2	20.812			>0	
df	17			>0	

续表

变量	标准因子载荷			C. R.	P
	STR	RE	CON		
模型拟合指数	测量模型结果			参考值	
χ^2/df	1.224			≤3	
NNFI	0.991			>0.90	
CFI	0.995			>0.90	
RMSEA	0.043			<0.08	
SRMR	0.025			<0.080	

注：表中一些变量因设置该负荷为1，不计算C. R. 值和P值，因此未列出。

三、相关分析

相关分析旨在考察变量之间的相互影响，反映变量间相互作用的可能性，并不反映因果关系。通过相关分析，可以初步判断模型设置或假设是否合理。

（一）Pearson 相关分析

首先，利用因子分析所提取的各个因子，运用SPSS18.0对模型中的所有潜变量做Pearson相关分析，如表4-20所示。

表4-20 Pearson 分析变量相关系数矩阵

变量名称	DA	DM	DS	DF	NPO	STR	RE	CON	CA
慈善捐赠目标（DA）	1								
慈善捐赠方式（DM）	0.458**	1							
慈善捐赠数额（DS）	0.547**	0.336**	1						
慈善捐赠指向领域（DF）	0.369**	0.253**	0.326**	1					
选择NPO（NPO）	0.402**	0.370**	0.481**	0.344**	1				
社会资本结构维度（STR）	0.435**	0.187*	0.346**	0.553**	0.429**	1			
社会资本关系维度（RE）	0.502**	0.178*	0.290**	0.338**	0.367**	0.680**	1		
社会资本认知维度（CON）	0.514**	0.248**	0.337**	0.207**	0.273**	0.713**	0.751**	1	
竞争优势（CA）	0.526**	0.210*	0.420**	0.206**	0.368**	0.767**	0.709**	0.764**	1

注：** 表示 P<0.01；* 表示 P<0.05。

从表4-20可以看出，表征企业慈善捐赠行为特征的慈善捐赠目标、慈善捐赠方式、慈善捐赠数额、慈善捐赠指向领域、对NPO的选择变量，表征企业社会资本的结构、关系、认知维度均与企业竞争优势之间存在显著的相关关系;同时企业慈善捐赠行为特征各变量与企业社会资本的三个维度的相关系数也具有正向且统计上的显著性。此外,企业慈善捐赠行为特征5个变量之间均存在正向且显著的相关关系,这说明企业慈善捐赠行为特征各变量之间相互影响,且可能共同对竞争优势的提升发挥积极的作用。这一结果使理论假设的合理性得到初步验证。

(二) 偏相关分析

鉴于企业成立年限、企业规模等可能对企业竞争优势产生影响,采用偏相关分析进一步测度在剔除各外部控制变量的影响后,企业慈善捐赠行为特征、企业社会资本及企业竞争优势等变量之间的关系,同时依据偏相关系数来比较相关性的大小,为构建结构方程的初始模型做好准备。

(1) 将企业规模作为控制变量,分别对企业慈善捐赠行为特征与企业竞争优势、企业社会资本与企业竞争优势做偏相关分析,如表4-21和表4-22所示。

表4-21 企业慈善捐赠行为特征与竞争优势的偏相关分析

变量名称	DA	DM	DS	DF	NPO	CA
慈善捐赠目标 (DA)	1					
慈善捐赠方式 (DM)	0.357**	1				
慈善捐赠数额 (DS)	0.502**	0.244**	1			
慈善捐赠指向领域 (DF)	0.298**	0.181**	0.265**	1		
选择NPO (NPO)	0.323**	0.294**	0.417**	0.273**	1	
竞争优势 (CA)	0.335**	0.151*	0.323**	0.170*	0.264**	1

注:**表示P<0.01;*表示P<0.05。

表4-22 企业社会资本与竞争优势的偏相关分析

变量名称	STR	RE	CON	CA
社会资本结构维度 (STR)	1			
社会资本关系维度 (RE)	0.537**	1		
社会资本认知维度 (CON)	0.571**	0.652**	1	
竞争优势 (CA)	0.617**	0.573**	0.642**	1

注:**表示P<0.01。

结果显示,企业慈善捐赠行为特征与企业竞争优势、企业社会资本与企业竞争优势之间仍然具有显著的相关关系,但是其偏相关系数均小于Pearson相关系数,由此可以判断,企业规模对竞争优势存在着一定程度的影响。

(2)将企业成立年限作为控制变量,依次分析企业慈善捐赠行为特征与企业竞争优势、企业社会资本和竞争优势之间的相关关系,如表4-23和表4-24所示。

表4-23 企业慈善捐赠行为特征与竞争优势的偏相关分析

变量名称	DA	DM	DS	DF	NPO	CA
慈善捐赠目标(DA)	1					
慈善捐赠方式(DM)	0.382**	1				
慈善捐赠数额(DS)	0.491**	0.277**	1			
慈善捐赠指向领域(DF)	0.305**	0.174**	0.270**	1		
选择NPO(NPO)	0.348**	0.283**	0.424**	0.261**	1	
竞争优势(CA)	0.432**	0.164*	0.381**	0.183*	0.361**	1

注:**表示P<0.01;*表示P<0.05。

表4-24 企业社会资本与竞争优势的偏相关分析

变量名称	STR	RE	CON	CA
社会资本结构维度(STR)	1			
社会资本关系维度(RE)	0.621**	1		
社会资本认知维度(CON)	0.661**	0.708**	1	
竞争优势(CA)	0.713**	0.646**	0.716**	1

注:**表示P<0.01。

从表4-23和表4-24不难看出,偏相关系数小于Pearson相关系数,说明企业成立年限在一定程度上影响着竞争优势的获取,但依然可以判定,剔除这一影响因素之后,企业慈善捐赠行为特征与企业竞争优势、企业社会资本与企业竞争优势之间存在着显著的相关关系。

四、结构方程建模分析与评价

由于影响企业竞争优势的慈善捐赠行为特征和社会资本所涉及的变量具有主观性强、直接测度难、度量误差大、因果关系复杂等特点,采用多元回归等传统方法进行数据分析效率较低且效果不甚理想,因此,将通过使用结构方程模型分析方法来验证所建立的企业慈善捐赠行为影响竞争优势的概念模型。

结构方程建模(SEM)是评价理论模型与经验数据一致性的新型程序,主要具有验证性功能,研究者可以据此对复杂的理论模型加以处理,并根据模型与数据关系的一致性程度,对理论模型做出适当评价,从而证实或证伪研究者事先构建的理论模型。目前较为流行的结构方程模型分析软件有 LISREL、AMOS、EQS 和 MPLUS 等,本章研究采用 Small Water 公司开发的 AMOS6.0 软件来实现 SEM 的分析过程。由 James L. Arbuckle 设计的 AMOS 软件是一种功能较为齐全的统计分析工具,在估计一组线性结构方程的未知系数、检验含有潜变量的模型、测量自变量对因变量的直接和间接影响等方面具有较强优势,可以实现路径分析、协方差结构分析、回归分析等多方面功能。

(一)初始模型构建

1. 初始 SEM 模型路径图

结构方程的产生模型分析针对事先建构的一个或多个基本模型,来估计整个模型是否与数据拟合,并找出模型中拟合欠佳的部分,加以调整和修正,再通过同一数据或其他样本数据检查修正模型的拟合程度,其分析目的在于通过不断的调整与修正产生并确定一个最佳模型。

依据本章前文建构的基于社会资本的企业慈善捐赠行为与竞争优势关系的概念模型,设定了初始结构方程模型,如图 4-3 所示。该模型通过设置 15 个外生显变量(da1、da2、dm1、dm2、dm3、ds1、ds2、ds3、df1、df2、df3、npo1、npo2、npo3、npo4)来对 5 个外生潜变量(DA——慈善捐赠目标、DM——慈善捐赠方式、DS——慈善捐赠数额、DF——慈善捐赠指向领域、NPO——选择的非营利组织)进行测量。设置 12 个内生显变量(str1、str2、str3、re1、re2、re3、con1、con2、ca1、ca2、ca3、ca4)来测度 4 个内生潜变量(STR——企业社会资本结构维度、RE——企业社会资本关系维度、CON——企业社会资本认知维度、CA——企业竞争优势)。同时,由于数据运算过程中可能存在测量误差,难以保证指标高度拟合于模型,为了充分准确地验证概念模型,须通过引入残余变量容许模型适度存在误差。因此,初始模型中还包括 e1~e26 共 26 个显变量的残余变量和 u1~u4 共 4 个潜变量的参差变量,其路径系数值默认为 1。此外,企业慈善捐赠行为可能通过对社会资本结构、关系、认知三个维度的直接影响,进而间接作用于企业竞争优势,据此,在图 4-3 所示的初始结构方程模型中,拟设定 18 条初始假设路径,分别表示为 5 个外生潜变量(DA、DM、DS、DF、NPO)通过对 3 个内生潜变量(STR、RE、CON)的直接影响,最终对 1 个内生潜变量(CA)产生间接影响的关系。

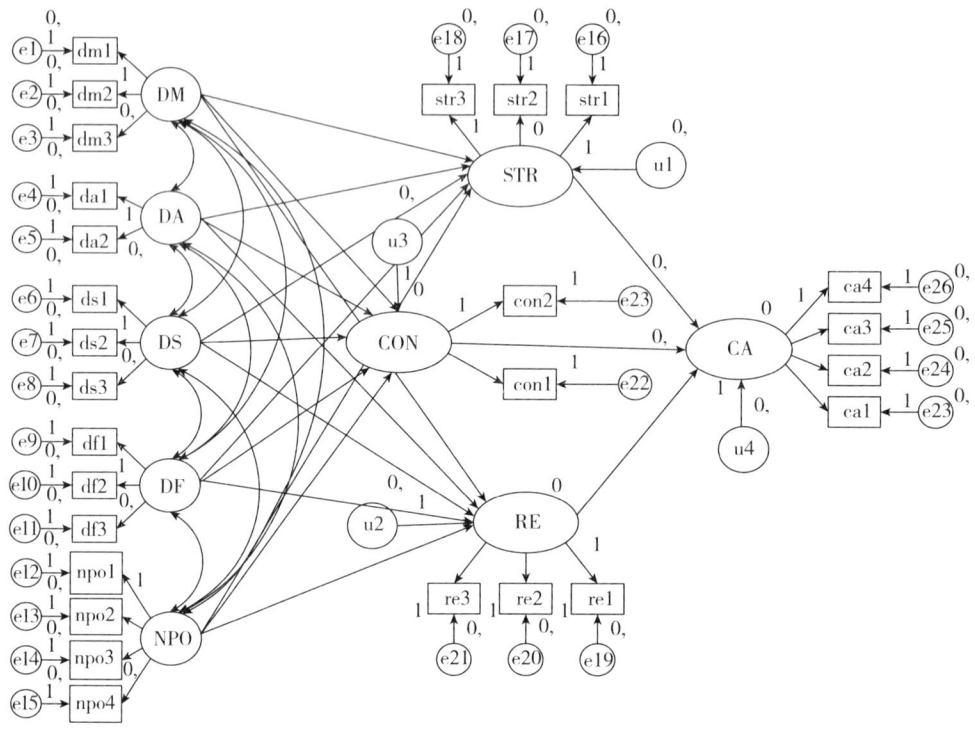

图4-3 初始结构方程模型

2. SEM 模型拟合指数的选择与确定

结构方程模型评价的核心是模型的拟合性,即研究者所提出的变量间关联的模式是否与实际数据拟合以及拟合的程度如何,借以对研究者的理论研究模型进行验证。模型对观测数据拟合良好,表明研究者对问题结构的分析与实际情况较为接近,即模型的有效性得到验证,所估计的参数是有效的;如果模型对观测数据拟合效果不好,模型的有效性得不到验证,表明研究者的理论分析与实际情况有一定差距,研究者需要对原有理论模型进行调整与修正。

为验证理论概念模型的合理性与有效性,结构方程建模分析提供了多种不同的评价指标。虽然对评价指标优劣的判别与选择方法并未达成共识,但在大量的相关文献研究中,许多学者均采用如下拟合指数用于评价和选择模型,主要有卡方检验(Chi-Square Test,χ^2)、近似误差均方根(Root Mean Square Error of Approximation,RMSEA)、标准化残差均方根(Standardized Root Mean Square Residual,SRMR)、赋范拟合指数(Nonmed Fit Index,NFI)、非范拟合指数(Non-Nonmed Fit Index,NNFI)或 TLI(Tucker-Lewis 指数)、比较拟合指数(Comparative Fit Index,CFI)、拟合优度指数(Goodness-of-Fit Index,GFI)、调整拟合

优度指数 (Adjusted Goodness – of – Fit Index, AGFI)。

由于 GFI 和 AGFI 两类指数常被批评受样本容量的影响，导致结果产生较大误差，故在研究中使用较少。曾经频繁采用的 NFI 指数也由于缺乏对模型复杂性的考虑，在近期研究中不再被推荐使用，而由 NNFI 指数代替（侯杰泰等，2004）。诸多研究表明，要保证基于拟合效果良好的模型来对理论假设进行验证，至少多于一个参数标准是必须的。基于对以上因素的综合考量，最终选取了 χ^2/df、NNFI、CFI、RMSEA 和 SRMR 5 个指标作为评价模型的拟合指数。此外，临界值 C. R. (Critical Ratio) 大于 1.96 时，表明与之对应的路径系数在 $P<0.05$ 的水平上具有统计显著性。现对 5 个拟合指数归类并具体说明，如表 4 – 25 所示。

表 4 – 25　本章研究选择的 SEM 拟合指数

指数名称	指数解释	范围	判别标准	适用情形
卡方检验				
χ^2/df	考察理论模型与观察模型的拟合程度	—	≤3	说明模型解释力，不受模型复杂度影响
适合度指标				
NNFI	比较假设模型与独立模型的卡方差异	0 ~ 1*	>0.90	说明模型较虚无模型的改善程度，不受模型复杂度影响
替代性指标				
CFI	比较假设模型与独立模型的非中央性差异	0 ~ 1	>0.90	说明模型较虚无模型的改善程度
RMSEA	比较理论模型与饱和模型的差距	0 ~ 1	<0.08	不受样本容量与模型复杂度影响
残差分析				
SRMR	标准化假设模型整体残差	0 ~ 1	<0.08	了解残差特性，具有跨研究的可比性

注：* 代表可能超出此范围。

资料来源：整理于邱皓政（2004）。

（二）模型初步拟合与评价

在 AMOS 绘制的结构方程模型初始路径图中，导入数据进行第一次迭代运算，得到 SEM 整体模型拟合及路径系数的各个指标，运算结果如表 4 – 26 和表 4 – 27 所示。

表 4-26 初始 SEM 模型拟合结果

拟合指数	测量模型	参考值
χ^2	524.382	>0
df	296	>0
χ^2/df	1.772	≤3
P	0.000	<0.05
NNFI	0.915	>0.90
CFI	0.929	>0.90
RMSEA	0.073	<0.08
SRMR	0.072	<0.08

表 4-27 初始 SEM 模型的路径参数估计结果

路径标识	路径	标准化路径系数	路径系数	C.R.	P
λ_{11}	结构维度 <-- 慈善捐赠方式	0.177	0.133	1.350	0.177
λ_{12}	结构维度 <-- 慈善捐赠目标	0.521	0.465	5.261	0.000
λ_{13}	结构维度 <-- 慈善捐赠数额	0.357	0.233	3.418	0.000
λ_{14}	结构维度 <-- 慈善捐赠指向领域	0.179	0.148	2.086	0.037
λ_{15}	结构维度 <-- 选择 NPO	0.298	0.294	3.059	0.002
λ_{21}	关系维度 <-- 慈善捐赠方式	0.167	0.126	1.189	0.234
λ_{22}	关系维度 <-- 慈善捐赠目标	0.750	0.668	6.156	0.000
λ_{23}	关系维度 <-- 慈善捐赠数额	0.227	0.148	2.036	0.042
λ_{24}	关系维度 <-- 慈善捐赠指向领域	-0.146	-0.175	1.903	0.057
λ_{25}	关系维度 <-- 选择 NPO	0.190	0.203	2.176	0.030
λ_{31}	认知维度 <-- 慈善捐赠方式	-0.075	-0.102	-0.751	0.453
λ_{32}	认知维度 <-- 慈善捐赠目标	0.772	0.707	6.999	0.000
λ_{33}	认知维度 <-- 慈善捐赠数额	0.339	0.227	3.196	0.001
λ_{34}	认知维度 <-- 慈善捐赠指向领域	0.330	0.266	3.466	0.000
λ_{35}	认知维度 <-- 选择 NPO	0.057	0.059	0.586	0.558
β_{11}	竞争优势 <-- 结构维度	0.404	0.619	4.595	0.000
β_{12}	竞争优势 <-- 关系维度	0.188	0.228	2.608	0.000
β_{13}	竞争优势 <-- 认知维度	0.430	0.641	4.004	0.000

拟合结果表明，初始模型拟合的 χ^2 值为 524.382（自由度 df=296），从 P=0.000<0.05 来看，χ^2 显著，但 χ^2/df 的值为 1.772<3，因此可对 χ^2 不显著的要求忽略不计，表明拟合效果较好；同时，该初始模型的 RMSEA 值为 0.073，在所建议的 0.05~0.08 的可接受区间内；SRMR 值为 0.072，小于 0.08 的参考值；

NNFI（TLI）和 CFI 的值分别为 0.915 和 0.929，均大于 0.90 的参考值。上述拟合指数显示，初始模型与样本数据拟合效果较好，模型可以接受。

此外，从模型的路径参数估计结果来看，除少数路径系数以外，初始 SEM 模型中大部分与路径系数相应的 C.R. 值均大于 1.96 的参考值，在 P≤0.05 的水平上具有统计显著性。其中，未达到结构方程模型拟合要求的路径如下：

λ_{11}（结构维度 <-- 慈善捐赠方式）：C.R. = 1.350 < 1.96，P = 0.177 > 0.05；

λ_{21}（关系维度 <-- 慈善捐赠方式）：C.R. = 1.189 < 1.96，P = 0.234 > 0.05；

λ_{24}（关系维度 <-- 慈善捐赠指向领域）：C.R. = 1.903 < 1.96，P = 0.057 > 0.05；

λ_{31}（认知维度 <-- 慈善捐赠方式）：C.R. = -0.751 < 1.96，P = 0.453 > 0.05；

λ_{35}（认知维度 <-- 选择 NPO）：C.R. = 0.586 < 1.96，P = 0.558 > 0.05。

诚如诸多研究显示，很少有初始模型只经过一次运算就能够拟合成功，这在产生模型的分析中尤为常见，其原因一方面可能是所构建的概念模型本身的确存在一些问题，另一方面或许是源于调查问卷所获得的数据造成的偏差。鉴于以上因素，有必要从初始 SEM 模型入手，针对以上不能通过检验的 5 条路径系数进行调整与修正，使测量模型与观测数据达到良好拟合。

（三）模型调整与修正

模型评价是模型建构的一个重要环节，它远比单纯地确定模型与数据的拟合程度更为复杂，因为模型评价需要表明在现有证据和知识限度内，所提出的模型是否是数据最好的或信息量最大的解释。这就要求把结构方程分析置于一个更广泛的证据和理论之中，同时还要讨论模型的现实可能性，并进行参数估计。

对模型进行评价的目的，不是简单地接受或拒绝一个假设的理论模型，而是根据评价的结果来寻求一个理论上和统计上都有意义的相对较好的模型。由此，当评价指数表明理论模型与数据拟合程度不好时，就需要对模型进行调整和修正。模型调整和修正遵循以下依据：①残差分析结果（Residual Analysis）。残差指实际变异量与估计变异量之间的差异，当评价结果中出现较大的正标准残差时，表示模型低估了两变量的差异，需要考虑增加路径使之更能反映两变量的真正关系；相反，较大的负标准残差代表模型高估了两变量的差异，需要删除一些路径来降低两变量估量共变量过高的情况。通过不断添加与删除路径，直到所有的标准残差均小于 2。②修改指数 MI（Modification Index）。利用 A-MOS 输出的可供参考的修改指数 MI，对模型的一个或几个受限制的固定参数进行修改，原则上将具有最大或较大 MI 的参数改为自由参数，则模型会因放松此参数而改良，同时也可依据修改指数 MI，删除残差间具有较大协方差的指标，来降低变量之间的自相关关系，模型也将得到改善。③C.R. 临界值（Critical Ratio）。临界值 C.R. 大于 1.96 时，表明与之对应的路径系数在

P<0.05的水平上具有统计显著性,可据此对不满足要求的部分路径予以删除来调整和修正模型。

1. 第一次调整与修正

综合考虑以上因素,首先依据 AMOS 提供的修改指标 MI,通过删除残差间协方差较大的指标,降低变量间的自相关关系,对模型进行第一次调整,以逐步消除模拟偏差。

从初始模型拟合结果中提供的修改指数 MI 可以看出,e15 <--> e12、e15 <--> DF、e15 <--> DA 三组参数之间的 MI 较大,依次是 9.389、8.364 和 7.980,亦即变量之间的相关关系较强,所以,删除 e15 对应的 npo4 指标,以降低自变量之间的自相关性,导入数据再次进行 AMOS 拟合运算,结果如表 4-28、表 4-29 所示。

表 4-28 第一次修正模型拟合结果

拟合指数	测量模型	参考值
χ^2	458.830	>0
df	271	>0
χ^2/df	1.693	≤3
P	0.000	<0.05
NNFI	0.927	>0.90
CFI	0.939	>0.90
RMSEA	0.069	<0.08
SRMR	0.070	<0.08

表 4-29 第一次修正模型的路径参数估计结果

路径标识	路径	标准化路径系数	路径系数	C.R.	P
λ_{11}	结构维度 <-- 慈善捐赠方式	0.071	0.034	2.083	0.037
λ_{12}	结构维度 <-- 慈善捐赠目标	0.544	0.486	5.495	0.000
λ_{13}	结构维度 <-- 慈善捐赠数额	0.348	0.227	3.233	0.001
λ_{14}	结构维度 <-- 慈善捐赠指向领域	0.251	0.168	2.104	0.015
λ_{15}	结构维度 <-- 选择 NPO	0.253	0.244	2.799	0.005
λ_{21}	关系维度 <-- 慈善捐赠方式	0.179	0.142	1.293	0.278
λ_{22}	关系维度 <-- 慈善捐赠目标	0.761	0.677	6.292	0.000

第四章 企业慈善捐赠与竞争优势

续表

路径标识	路径	标准化路径系数	路径系数	C. R.	P
λ_{23}	关系维度 <-- 慈善捐赠数额	0.219	0.144	1.992	0.003
λ_{24}	关系维度 <-- 慈善捐赠指向领域	0.189	0.158	2.018	0.040
λ_{25}	关系维度 <-- 选择 NPO	0.172	0.163	2.215	0.027
λ_{31}	认知维度 <-- 慈善捐赠方式	0.105	0.079	0.774	0.467
λ_{32}	认知维度 <-- 慈善捐赠目标	0.768	0.704	7.136	0.000
λ_{33}	认知维度 <-- 慈善捐赠数额	0.319	0.214	2.970	0.003
λ_{34}	认知维度 <-- 慈善捐赠指向领域	0.329	0.265	3.511	0.000
λ_{35}	认知维度 <-- 选择 NPO	0.084	0.083	0.737	0.349
β_{11}	竞争优势 <-- 结构维度	0.402	0.617	4.578	0.000
β_{12}	竞争优势 <-- 关系维度	0.186	0.225	2.587	0.008
β_{13}	竞争优势 <-- 认知维度	0.432	0.645	3.972	0.000

拟合结果表明,第一次修正模型拟合的 χ^2 值为 458.830(自由度 df = 271),从 P = 0.000 < 0.05 来看,χ^2 显著,χ^2/df 的值为 1.693 < 3,可对 χ^2 不显著的要求忽略不计,表明拟合效果较好,而且比初始模型的 χ^2/df 值 1.772 有所改进,表明拟合效果趋好;该模型的 RMSEA 值为 0.069,在所建议的 0.05 ~ 0.08 可接受区间内;SRMR 值为 0.070,小于 0.08 的参考值;NNFI 和 CFI 的值分别为 0.927 和 0.939,均大于 0.90 的参考值。

检验变量间路径关系,可以看出在初始模型拟合中未通过检验的 5 条路径系数,通过模型修正均比第一次模拟有所改善,路径 λ_{11}(结构维度 <-- 慈善捐赠方式)和 λ_{24}(关系维度 <-- 慈善捐赠指向领域)的 C. R. 值均已大于 1.96 的参考值,且在 P≤0.05 的水平上具有了统计显著性。但经过本次模型修正后仍有 3 条路径 λ_{21}、λ_{31}、λ_{35} 没有通过显著性检验,因此需要对模型进行再次修正。

2. 第二次调整与修正

通过分析此次模型修正后未通过检验的三条路径的 C. R. 值发现,与认知维度相联系的两条路径 λ_{31}、λ_{35},不仅其路径系数均未通过验证,而且其 C. R. 值与另一未通过验证的路径系数的 C. R. 值差异较大,距离拟合参考系数标准值要求也较远。因此,将 λ_{31}、λ_{35} 两条路径剔除,对模型进行第二次调整和修正,再次导入数据进行 AMOS 拟合运算,得到运算结果如表 4 - 30 和表 4 - 31 所示。

表 4-30 第二次修正模型拟合结果

拟合指数	测量模型	参考值
χ^2	459.959	>0
df	273	>0
χ^2/df	1.685	≤3
P	0.000	<0.05
NNFI	0.929	>0.90
CFI	0.941	>0.90
RMSEA	0.069	<0.08
SRMR	0.071	<0.08

表 4-31 第二次修正模型的路径参数估计结果

路径标识	路径	标准化路径系数	路径系数	C. R.	P
λ_{11}	结构维度 <-- 慈善捐赠方式	0.096	0.066	2.275	0.025
λ_{12}	结构维度 <-- 慈善捐赠目标	0.544	0.487	5.543	0.000
λ_{13}	结构维度 <-- 慈善捐赠数额	0.346	0.226	3.270	0.001
λ_{14}	结构维度 <-- 慈善捐赠指向领域	0.257	0.175	2.176	0.027
λ_{15}	结构维度 <-- 选择NPO	0.224	0.216	2.556	0.011
λ_{21}	关系维度 <-- 慈善捐赠方式	0.210	0.186	1.984	0.039
λ_{22}	关系维度 <-- 慈善捐赠目标	0.761	0.679	6.348	0.000
λ_{23}	关系维度 <-- 慈善捐赠数额	0.218	0.143	2.023	0.000
λ_{24}	关系维度 <-- 慈善捐赠指向领域	0.197	0.168	2.110	0.046
λ_{25}	关系维度 <-- 选择NPO	0.133	0.128	1.972	0.034
λ_{32}	认知维度 <-- 慈善捐赠目标	0.766	0.705	7.906	0.000
λ_{33}	认知维度 <-- 慈善捐赠数额	0.318	0.213	3.573	0.000
λ_{34}	认知维度 <-- 慈善捐赠指向领域	0.308	0.248	3.409	0.000
β_{11}	竞争优势 <-- 结构维度	0.405	0.620	4.634	0.000
β_{12}	竞争优势 <-- 关系维度	0.187	0.226	2.563	0.003
β_{13}	竞争优势 <-- 认知维度	0.431	0.643	4.048	0.000

拟合结果表明,第二次修正模型拟合的 χ^2 值为 459.959（自由度 df = 273）,从 P = 0.000 < 0.05 来看, χ^2 显著, χ^2/df 的值为 1.685 < 3,可对 χ^2 不显著的要求忽略不计,表明拟合效果较好;该模型的 RMSEA 值为 0.069,在所建议的 0.05～0.08 的可接受区间内;SRMR 值为 0.071,小于 0.08 的参考值;NNFI 和 CFI 的

值分别为 0.929 和 0.941，均大于 0.90 的参考值。经过本次模型修正后，所得到的结构方程模型中与路径系数相应的所有 C.R. 值均大于 1.96 的参考值，且在 $P \leqslant 0.05$ 的水平上具有统计显著性。综合以上各拟合指数的评判，对初始 SEM 模型进行第二次修正后所得模型与数据拟合通过检验。

（四）模型确定

通过两次对初始结构方程模型的调整与修正，最终形成的 SEM 模型，其各项拟合指数和变量间的路径关系均符合相应的判别标准，由此模型得以确定。在修正确认的最终 SEM 模型中，测量模型部分的各个载荷系数及相应的 C.R. 值如表 4-32 所示。可以发现，各测量模型负荷系数的各个 C.R. 值均大于 1.96 的参考值，表明各负荷系数在 $P \leqslant 0.001$ 的水平上具有统计显著性。

表 4-32 测量模型各变量的参数估计和检验结果

变量	标准载荷系数	载荷系数	C.R.	P值	变量	标准载荷系数	载荷系数	C.R.	P值
捐赠目标					结构维度				
da1	0.792	1.000	—	—	str1	0.898	1.077	14.773	0.000
da2	0.795	0.972	10.113	0.000	str2	0.913	1.104	15.219	0.000
捐赠方式					str3	0.863	1.000	—	—
dm1	0.598	1.000	—	—	关系维度				
dm2	0.896	1.670	7.601	0.000					
dm3	0.853	1.172	7.502	0.000	Re1	0.755	1.000	—	—
捐赠数额					Re2	0.848	0.961	10.281	0.000
ds1	0.898	1.000	—	—	Re3	0.836	0.893	10.132	0.000
ds2	0.749	0.658	10.769	0.000	认知维度				
ds3	0.835	0.491	12.751	0.000	Con1	0.887	1.015	14.727	0.000
捐赠领域					Con2	0.894	1.000	—	—
df1	0.595	1.000	—	—	竞争优势				
df2	0.992	1.664	7.844	0.000					
df3	0.814	1.343	7.796	0.000	Ca1	0.893	0.835	16.603	0.000
选择 NPO					Ca2	0.933	0.963	18.625	0.000
npo1	0.890	1.000	—	—	Ca3	0.886	0.879	16.291	0.000
npo2	0.859	0.976	12.750	0.000	Ca4	0.901	1.000	—	—
npo3	0.741	0.760	10.373	0.000					

为详细阐明整体概念模型中路径的全部影响，需要进行路径效应分解，并以此来比较潜变量之间的作用效果，以便更为全面清晰地分析各变量之间的关系，并为进一步解释提出的理论假设奠定基础。表4-33显示了修正模型中的直接效应（Direct Effect）、间接效应（Indirect Effect）和总效应（Total Effect）的统计显著性关系。其中，直接效应是指原因变量（外源变量或内生变量）对结果变量（内生变量）的直接影响；间接效应是指因变量通过一个或多个中介变量，而对结果变量的间接影响；总效应为直接效应和间接效应之和。

表4-33　测量模型各变量间的效应分解

	DA	DM	DS	DF	NPO	STR	RE	CON	CA
总效应									
STR	0.544	0.088	0.346	0.248	0.234	0.000	0.000	0.000	0.000
RE	0.761	0.109	0.210	0.137	0.142	0.000	0.000	0.000	0.000
CON	0.766	0.000	0.318	0.122	0.000	0.000	0.000	0.000	0.000
CA	0.550	0.173	0.305	0.146	0.209	0.405	0.364	0.431	0.000
直接效应									
STR	0.544	0.088	0.346	0.248	0.234	0.000	0.000	0.000	0.000
RE	0.761	0.109	0.210	0.137	0.142	0.000	0.000	0.000	0.000
CON	0.766	0.000	0.318	0.122	0.000	0.000	0.000	0.000	0.000
CA	0.000	0.000	0.000	0.000	0.000	0.405	0.364	0.431	0.000
间接效应									
STR	0.000	0.000	0.000	0.000	0.000	0.000	0.000	0.000	0.000
RE	0.000	0.000	0.000	0.000	0.000	0.000	0.000	0.000	0.000
CON	0.000	0.000	0.000	0.000	0.000	0.000	0.000	0.000	0.000
CA	0.550	0.173	0.305	0.146	0.209	0.000	0.000	0.000	0.000

从表4-33的效应分解结果不难看出，企业慈善捐赠行为的五个特征：慈善捐赠目标（DA）、慈善捐赠方式（DM）、慈善捐赠数额（DS）、慈善捐赠指向领域（DF）、选择NPO（NPO）分别对企业社会资本（SC）三个维度的直接效应等于总效应，间接效应为0；同时，这些慈善捐赠行为特征对企业竞争优势（CA）都只存在间接影响而没有直接影响。这表明概念模型本身是一个路径依赖关系，而不是相互作用的模式，并再一次验证了慈善捐赠行为特征、企业社会资本、竞争优势之间的关联性，以及慈善捐赠行为特征通过企业社会资本间接影响企业竞争优势获取的作用机理。

五、结果讨论

(一) 对实证研究结果的分析

根据表4-31所示的调整后的SEM模型运算结果,可以判断出,基于社会资本视角的企业慈善捐赠行为获取竞争优势的研究框架中大多数理论假设得到了验证,对具体验证结果说明如下:

(1) 慈善捐赠目标对企业社会资本的结构、关系和认知三个维度均有显著的正向影响($\lambda_{12} = 0.544$,C.R. $= 5.543$,P $= 0.000$;$\lambda_{22} = 0.761$,C.R. $= 6.348$,P $= 0.000$;$\lambda_{32} = 0.766$,C.R. $= 7.906$,P $= 0.000$),即关于慈善捐赠目标对企业社会资本因素影响路径的H41a、H41b和H41c成立,说明慈善捐赠目标对企业社会资本的结构、关系和认知三个维度的促进作用明显。

(2) 慈善捐赠方式对企业社会资本的结构和关系两个维度均有显著的正向影响($\lambda_{11} = 0.096$,C.R. $= 2.275$,P $= 0.025$;$\lambda_{21} = 0.210$,C.R. $= 1.984$,P $= 0.039$),即关于慈善捐赠方式对企业社会资本因素影响路径的H42a和H42b成立,说明慈善捐赠方式对企业社会资本的结构和关系两个维度的促进作用明显。

(3) 慈善捐赠数额对企业社会资本的结构、关系和认知三个维度均有显著的正向影响($\lambda_{13} = 0.346$,C.R. $= 3.270$,P $= 0.001$;$\lambda_{23} = 0.218$,C.R. $= 2.023$,P $= 0.000$;$\lambda_{33} = 0.318$,C.R. $= 3.573$,P $= 0.000$),即关于慈善捐赠数额对企业社会资本因素影响路径的H43a、H43b和H43c成立,说明慈善捐赠数额对企业社会资本的结构、关系和认知三个维度的促进作用明显。

(4) 慈善捐赠指向领域对企业社会资本的结构、关系和认知三个维度均有显著的正向影响($\lambda_{14} = 0.257$,C.R. $= 2.176$,P $= 0.027$;$\lambda_{24} = 0.197$,C.R. $= 2.110$,P $= 0.046$;$\lambda_{34} = 0.308$,C.R. $= 3.409$,P $= 0.000$),即关于慈善捐赠指向领域对企业社会资本因素影响路径的H44a、H44b和H44c成立,说明慈善捐赠指向领域对企业社会资本的结构、关系和认知三个维度的促进作用明显。

(5) 选择NPO对企业社会资本的结构和关系两个维度均有显著的正向影响($\lambda_{15} = 0.224$,C.R. $= 2.556$,P $= 0.011$;$\lambda_{25} = 0.133$,C.R. $= 1.972$,P $= 0.034$),即关于选择NPO对企业社会资本因素影响路径的H45a和H45b成立,说明选择NPO对企业社会资本的结构和关系两个维度的促进作用明显。

(6) 慈善捐赠企业社会资本的结构、关系和认知三个维度对慈善捐赠企业竞争优势水平均有显著的正向影响($\beta_{11} = 0.405$,C.R. $= 4.634$,P $= 0.000$;$\beta_{12} = 0.187$,C.R. $= 2.563$,P $= 0.003$;$\beta_{13} = 0.431$,C.R. $= 4.048$,P $= 0.000$),即关于慈善捐赠企业社会资本对竞争优势影响的H46、H47和H48成立,说明慈善捐赠企业社会资本各维度直接作用于企业竞争优势,且促进作用明显。

诚然，拟合良好的 SEM 分析结果基本验证了初始概念模型设定的理论假设，但仍有部分研究假设并没有得到数据的统计显著性支持，主要表现在慈善捐赠方式对企业认知维度以及选择的 NPO 对企业认知维度的影响和作用效果方面，需要依据研究理论和样本特点对其做出进一步分析和解释。

（7）慈善捐赠方式对企业社会资本的认知维度不存在显著的正向影响，即关于慈善捐赠方式对企业社会资本因素影响路径的 H42c 没有得到验证。

分析其原因：其一源于慈善捐赠方式作为企业慈善捐赠行为特征要素的特殊性，虽然慈善捐赠方式是企业慈善捐赠行为特征要素之一，但同时也是其他四项慈善捐赠行为特征要素的基础和前提，当把慈善捐赠方式与其他四项慈善捐赠行为特征要素并列研究其对企业竞争优势的作用时，慈善捐赠方式与其他慈善捐赠行为特征要素之间的这种特殊关系，使其对企业社会资本要素的作用被其他慈善捐赠行为特征要素所分解和涵盖，进而使其对企业社会资本各维度独立的影响和作用效果受到削弱，甚至不明显。由此，导致本章研究中慈善捐赠方式对企业社会资本认知维度无显著正向影响。其二在于企业慈善捐赠方式的单一性，目前绝大部分企业慈善捐赠的资源仍然以现金为主，普遍、单调的现金慈善捐赠，导致慈善捐赠方式的多样性差、影响力弱、与受赠者需求的契合性小，慈善捐赠方式本身的差异不明显，也造成了其对企业社会资本认知维度的作用不显著。

（8）选择的 NPO 对企业社会资本的认知维度不存在显著的正向影响，即关于选择 NPO 对企业社会资本因素影响路径的 H45c 并没有通过检验。

目前，我国的非营利组织发展仍处于初级阶段，大部分 NPO 仅能维持生存，有的甚至难以为继，更谈不上完成组织的使命，只有少数 NPO 具有充足的资源、强大的业务执行力、广泛的关系网络和较高的社会影响力和公信力。对于参与慈善捐赠活动的企业而言，自然倾向于选择各方面绩效均较好的 NPO，而为数不多的资质优秀的 NPO 约束并限制了企业的甄选，导致众多企业选择慈善捐赠的 NPO 极为集中且趋同，对 NPO 选择的集中性和趋同性使其对企业的声誉、社会形象等无形资源的影响效果降低或不甚明显，进而也使其对企业与外部环境各联系之间的共享语言、相似的价值取向等通畅的交互作用和沟通理解并无显著差异。因此，企业慈善捐赠对 NPO 选择的集中度高、差异性小是其对企业认知维度的促进作用并不明显的主要原因。

至此，本章议题通过对慈善捐赠行为特征的细分和量化并引入企业社会资本中介变量探讨了企业慈善捐赠行为与竞争优势之间的内在关联机制，并对初始理论概念模型设定的有关慈善捐赠行为对企业竞争优势作用机理的各项理论假设进行了检验，验证结果如表 4-34 所示。

表 4-34 慈善捐赠行为对企业竞争优势作用
机理的研究假设的验证结果

假设	内容	检验结果
H41a	慈善捐赠目标对企业社会资本的结构维度有显著的正向影响	支持
H41b	慈善捐赠目标对企业社会资本的关系维度有显著的正向影响	支持
H41c	慈善捐赠目标对企业社会资本的认知维度有显著的正向影响	支持
H42a	慈善捐赠方式对企业社会资本的结构维度有显著的正向影响	支持
H42b	慈善捐赠方式对企业社会资本的关系维度有显著的正向影响	支持
H42c	慈善捐赠方式对企业社会资本的认知维度有显著的正向影响	不支持
H43a	慈善捐赠数额对企业社会资本的结构维度有显著的正向影响	支持
H43b	慈善捐赠数额对企业社会资本的关系维度有显著的正向影响	支持
H43c	慈善捐赠数额对企业社会资本的认知维度有显著的正向影响	支持
H44a	慈善捐赠指向领域对企业社会资本的结构维度有显著的正向影响	支持
H44b	慈善捐赠指向领域对企业社会资本的关系维度有显著的正向影响	支持
H44c	慈善捐赠指向领域对企业社会资本的认知维度有显著的正向影响	支持
H45a	选择的 NPO 对企业社会资本的结构维度有显著的正向影响	支持
H45b	选择的 NPO 对企业社会资本的关系维度有显著的正向影响	支持
H45c	选择的 NPO 对企业社会资本的认知维度有显著的正向影响	不支持
H46	企业社会资本的结构维度与其竞争优势紧密相关，企业社会资本的结构维度水平越高，竞争优势越大	支持
H47	企业社会资本的关系维度与其竞争优势紧密相关，企业社会资本的关系维度水平越高，竞争优势越大	支持
H48	企业社会资本的认知维度与其竞争优势紧密相关，企业社会资本的认知维度水平越高，竞争优势越大	支持

（二）对修正后概念模型的解释

针对上述实证研究中理论假设的验证情况，修正并整理了"慈善捐赠行为对企业竞争优势作用机理概念模型"，如图 4-4 所示。

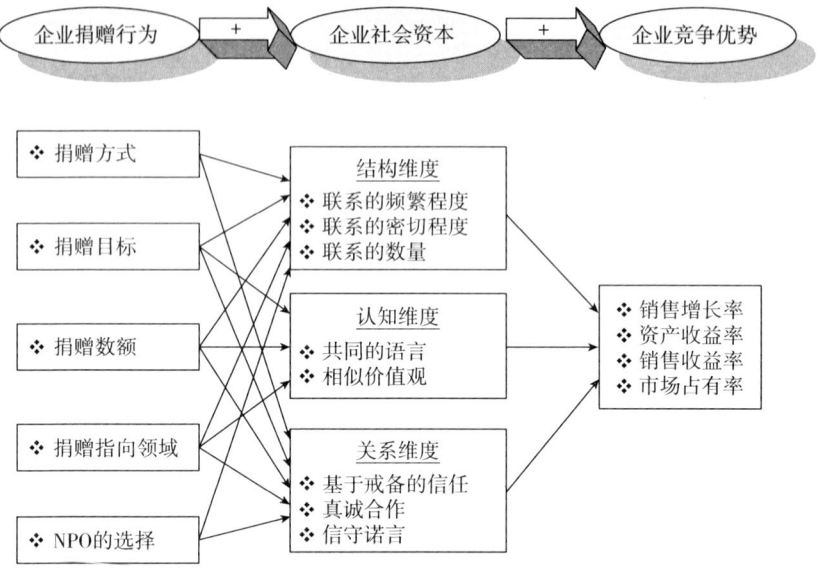

图 4-4 修正后的概念模型

修正后的概念模型表明，基于验证的企业慈善捐赠行为特征对企业社会资本各维度的影响路径和企业社会资本各维度对企业竞争优势的影响路径相互衔接，共同构成慈善捐赠行为通过企业社会资本对企业竞争优势产生正向影响的作用机理。慈善捐赠行为作为企业社会责任的重要表现形式，通过对企业社会资本各维度水平显著的促进作用，对企业竞争优势产生了极大的正向影响。企业凭借参与慈善捐赠活动树立自身形象、提升企业声誉、获得社会地位、扩大社会影响力，这些无形资源增强并扩展了企业与外部环境之间的交往和联系，从而使之可以获得有效信息、技术和知识，捕捉市场机遇，获得竞争所需的更多的稀缺资源，进而能够保持并提升企业竞争优势。由此可见，企业是否从事慈善捐赠行为是导致其在竞争优势获取方面形成差异的重要因素。

在本章议题中，慈善捐赠行为对企业竞争优势的作用机理具体体现为：慈善捐赠目标通过对企业社会资本结构、关系和认知三个维度水平的促进与提高，进而对企业竞争优势产生正向影响；慈善捐赠方式通过促进与提高企业社会资本结构和关系两个维度水平，进而对企业竞争优势产生正向影响；慈善捐赠数额通过对企业社会资本结构、关系和认知三个维度水平的促进与提高，进而对企业竞争优势产生正向影响；慈善捐赠指向领域通过促进与提高企业社会资本结构、关系和认知三个维度水平，进而对企业竞争优势产生正向影响；目标 NPO 的选择通过对企业社会资本结构和关系两个维度水平的促进与提高，进而对企业竞争优势产生正向影响。

第五节 研究结论、启示与展望

一、研究结论

随着全球经济一体化的加速推进，传统的生产或经济要素对企业竞争力的增强作用显现出了越来越多的局限性，企业必须寻找新的经济增长点和发展战略。在此过程中，"企业社会责任"成了培育企业竞争力和促进企业持续发展的又一必然选择和研究焦点。而作为一种逐渐得到普遍认同的有效表现形式，企业慈善捐赠行为的产生与发展更具有典型意义。以有过捐赠历史的企业为研究对象，围绕"捐赠行为如何影响企业竞争优势"这一核心问题，基于构建的理论分析框架，揭示了捐赠行为特征与企业竞争优势的关联机制，形成了以下主要的研究结论：

（1）企业慈善行为理论虽远未成熟但在企业竞争战略选择中的重要性日渐增强。自20世纪末期Hunt（1986），Wood（1990）以及Logsdon等（1990）的研究奠定了企业慈善行为的理论基础以来，企业慈善捐赠的动机、方式、效果和评价等一系列问题越发受到了学者们的重视。虽然目前的企业慈善行为理论体系还远未完整和统一，但随着相关实证研究方法和战略性企业慈善理论、公益—品牌战略等理论观点的大量引入，企业慈善行为理论的思想和内容不断丰富，并逐渐延伸到企业竞争战略的研究领域。在当今环境复杂多变、竞争日益激烈的大背景下，慈善行为影响企业竞争优势的研究，对于以提高综合竞争力为目标的企业具有不可忽视的理论意义和实践价值，已成为企业战略领域的重要研究内容之一。与国外研究进展相比，我国企业慈善行为与竞争力的研究总体上还处于起步阶段，但我国企业融入国际竞争环境的发展现状和活跃的企业捐赠实践，一方面对现有国外研究成果的跨国解释能力提出了挑战和要求，另一方面为我国企业捐赠行为与其竞争力的研究提供了丰富而独特的素材。因此，企业慈善行为的理论研究对指导我国企业竞争力的提升具有重要的实践功用，也将成为企业竞争战略研究中颇具理论创新空间的重要研究领域之一。

（2）不同的捐赠行为特征对企业竞争优势的影响存在差异。基于对长三角290家在2004~2006年有过捐赠的企业的问卷调查资料，将捐赠行为分解为捐赠目标、捐赠方式、捐赠数额、捐赠指向领域和选择的NPO五种不同的特征要素，并运用SPSS11.5软件中的频次分析、因子分析、相关分析等统计方法和

AMOS6.0软件的结构方程建模分析,识别出了捐赠行为不同特征对企业竞争优势的影响情况。实证研究表明,捐赠目标、捐赠方式、捐赠数额、捐赠指向领域和选择的NPO都对企业竞争优势的获取具有促进作用,其中捐赠目标对企业竞争优势的影响效应最大,主要在于捐赠目标是捐赠活动的核心,贯穿于整个捐赠过程当中,并为捐赠活动提供指导。而捐赠数额对企业竞争优势的影响效应仅次于捐赠目标,居于第二,因为捐赠数额是最为显要的捐赠行为特征,同时也是获得捐赠效果的重要影响要素。相对而言,捐赠指向领域和选择的NPO对企业竞争优势的影响效应较小,主要由于我国企业的捐赠活动缺乏策略性,选择的捐赠指向领域与企业业务的相关性不大且互动性较弱,同时我国非营利组织的发展仅处于起步阶段,大部分组织都面临生存危机,只有极少数组织资源充足、业务执行力较强、社会公信力较高,因而限制了企业的选择范围,上述因素制约了捐赠指向领域和选择的NPO这两个捐赠行为特征对企业竞争优势的促进作用。而捐赠方式这一捐赠行为特征要素作为其他特征要素存在的前提与基础,其对企业竞争优势的影响效果被其他特征要素所分解与涵盖,因此捐赠方式对企业竞争优势的影响效应最小。

(3)企业捐赠行为特征通过影响企业社会资本水平进而影响企业竞争优势的获取。在构建的"捐赠行为特征—企业社会资本—企业竞争优势"理论分析框架下,对捐赠行为特征影响企业社会资本、企业社会资本影响企业竞争优势这两个方面的假设进行了实证检验。实证研究发现,捐赠目标、捐赠方式、捐赠数额、捐赠指向领域和选择的NPO有助于企业社会资本结构维度水平的提高,捐赠目标、捐赠方式、捐赠数额、捐赠指向领域和选择的NPO有利于企业社会资本关系维度水平的提高,捐赠目标、捐赠数额和捐赠指向领域有助于企业社会资本认知维度水平的提高。而企业社会资本的结构维度、关系维度和认知维度对企业竞争优势提高均有积极作用。亦即,企业通过参与捐赠活动提升企业声誉、增强社会影响力,这些无形资源扩展了企业与各外部实体之间的交往和联系,建立了相互之间的信任和规范,并在频繁的互动中共享语言和价值观,从而使企业可以获得信息、技术和知识等竞争所需的稀缺资源,进而获取企业竞争优势。由此,理论分析框架从总体上得到了实证数据的支持,对揭示捐赠行为影响企业间竞争优势差异的形成机制具有较强的理论解释能力。

二、研究启示

企业捐赠作为企业社会责任的一种表现形式,在达到企业自身经济目标的同时,又有利于社会问题的解决,实现了社会资源的再分配,是促进企业与社会和谐发展的有效途径。因此,建立鼓励企业参与慈善捐赠的政策是非常迫切和必要的。其一，提倡企业公民理念，引导企业捐赠行为。企业公民文化植根于企业法人制度和现代国家追求公正、平等的社会发展目标。提倡企业公民理念，对于当今的中国有着不容忽视的重要意义，因此，需要鼓励企业的社会行为。在意识形态上大力弘扬企业公民的理念，积极培育企业的道德良知、社会责任。不但要为企业进入社区创造条件，而且要吸收企业进入社会公益事业规划、决策机制，以实现互利、多赢的局面。为此，需要对企业进行重新定位，建立企业社会效益的评估体系，树立企业公民的社会风范。其二，采取税收优惠政策，减轻捐赠企业负担。应当在税收上给予企业捐赠以更大的鼓励。主要由于：第一，目前我国企业的实力还不强大，参与社会公益事业的能力有限，需要政策上的鼓励和优惠。第二，我国社会问题较多，仅靠政府的力量难以应付，因而十分需要企业和社会各界共同解决。第三，企业介入熟悉的社会领域可以节省大量的社会交易成本，使资源得到有效配置，从而可以提高全社会的经济效益和社会效益。其三，规范非营利组织发展，提升其社会公信力。目前，我国非营利组织的发展尚处于起步阶段，在立法、监督、管理等方面还不能满足需要。近年来，不断的负面报道也导致企业和个人捐赠者对慈善机构失去信任。因此，对现有的慈善机构加强指导、监督和服务，促进其健康发展是尤为必要的。对已有的法律法规和政策进行梳理和修改，并结合新情况、新特点加以充实。同时，开辟社会化的途径，建立非营利组织资质评估和信用资格认证制度，加大社会监管力度，进一步规范慈善行为。

三、研究展望

企业公益影响竞争优势的相关研究层出不穷，但与蓬勃发展的慈善为企业带来的多样化战略选择相比，现有研究仍显得较为浅显和宽泛，未来可以从以下方面进行探索。

（1）拓展企业非市场行为与战略的相关研究。20世纪60年代，许多社会科学领域的学者开始大量关注企业非市场行为的研究。这些开创性的研究主要集中在企业与公共政策的关系方面，强调的是政治绩效与不同利益团体之间的权力资源配置。到了20世纪70年代，美国企业的非市场行为在数量上大幅攀升，而且在形式上亦呈现出多样化趋势（如游说、政治行动委员会捐款、议会陈述等），因此也引起了管理学领域众多学者对非市场行为的关注。实际上，管理学已经把分析非市场行为的视角从政府政策转向了企业管理和企业本身。站在企业角度，可以将企业的慈善捐赠、企业的社会公益等行为整合到企业的非市场战略当中，分析非市场行为的结构、非市场战略的类别以及与外部环境、企业特征的适配性，阐述内外部特征要素的变动对非市场战略及行为的作用和影响，为企业综合运用非市场策略（如政治力量与公共关系）、创造有利的市场环境提供决策依据和行动参考。

（2）探寻企业与非营利组织之间的相互关系。进一步达成组织目标，是激发企业与非营利组织结成联盟的最基本的要求，但因为非营利组织自身具有特殊的社会属性，由此，企业与非营利组织的合作（联盟）也必定有其不同于企业战略联盟的特异性。如何揭示出这种差异？如何将企业战略联盟理论所累积的研究成果（如组织学习和资源依赖等观点）应用于跨部门联盟的研究？对这些问题的探索可以从两方面展开：其一，借助奥斯汀（James E. Austin, 2000）的理论研究，从参与程度、使命重要性、资源多寡、活动范围、互动程度、管理的复杂性、战略价值等维度对企业与非营利组织的合作（联盟）关系属性进行区分，并将联盟经历的慈善、交易、整合三个发展阶段引入研究当中，探讨不同类型合作关系之间的动态演化过程，这有利于企业与非营利组织的决策者根据组织的需要，设定与伙伴之间的合作模式，并作为开展实际互动关系研究的依据。其二，将企业与非营利组织合作（联盟）视为开放的系统，分析合作（联盟）产生的前提、作用方式、关系属性等并提出其绩效评估体系，同时站在社会资本角度，运用网络分析方法，刻画企业与非营利组织之间的关联，对两者的合作（联盟）如何通过中间变量影响组织绩效予以论述。

第五章 企业慈善捐赠与信贷融资约束

第一节 问题提出及文献述评

一、研究问题提出

李克强总理在2016年中央经济工作会议中指出民营企业在维护社会经济稳定、缓解就业压力等方面发挥着不可替代的作用,其已成为推动中国经济发展的重要力量。然而,与民营企业对社会贡献所不匹配的是其在社会中仍处于"弱势"地位,其中,最突出的表现就是民营企业面临的"融资困境"。据调查显示:银行贷款是民营企业外源融资的主要方式,但民营企业难以获得长期贷款,银行贷款规模也远不能满足其实际需求,这表明,民企面临较高的信贷融资约束。因此,解决民企的信贷融资困境,促进其健康发展已经成为当务之急。

转型经济下,市场在资源配置中尚未完全发挥决定性作用,金融资源的主要配置权仍掌握在政府手中,导致很多民营企业并不能够完全依赖于市场来获得金融资源,而需要寻求市场替代性机制,多数民营企业选择与政府建立联系这一替代性机制以获取更多的金融资源,而慈善捐赠既符合社会公众价值观又无法律风险,成为多数民营企业建立政治关联的首选方式。与政府建立关联,企业需要付出一定的"政治成本",参与慈善捐赠事业,意味着企业要将部分利润支出用于不以获利为目的的活动中。无论是建立政治关联还是参与慈善捐赠都会造成企业资源的部分流失。为什么面临"融资困境"的民营企业仍愿意付出政治成本、捐赠企业资产?企业的政治关联、慈善捐赠是否可以缓解融资困境?为此,以江苏、浙江、上海地区的民营企业为调研对象,深入探究高管政治身份、慈善捐赠与信贷融资约束之间的关联机制,并提出促进民营企业健康发展的指导性建议,以解决民营企业发展过程中的问题,推动民营企业持续健康发展。

二、高管政治身份

(一) 高管政治身份的界定及度量方法

1. 高管政治身份的界定

近年来,企业与政府关联的相关研究引起了国内外学者的广泛关注。Fisman (2001) 以印度尼西亚企业为例,探究了企业家家族与企业之间的关系,在此研究中他首次提出了"政治关联"的说法,但他并没有对其进行具体定义。Faccio (2010) 指出政治关联是企业通过合法途径主动寻求的政治联系,若企业股东、高管或他们的亲戚在政府任职时,就界定这家企业具有政治关联。胡旭阳 (2010) 认为不同国家政治关联的表现形式各具特色,企业家的参政议政资格和政府任职背景是中国企业政治关联的重要表现形式。孙海凤和于长春 (2012) 认为判别一个公司是否具有政治关联的依据是这家公司的实际控制人或高管是否是人大代表或政协委员或现/曾任职于地方或中央政府。刘春苗 (2012) 在已有研究基础上,将公司的董事会、监事会成员在银行的任职背景考虑在内,扩展了政治关联的界定范围,丰富了已有研究。

总体来看,国外比较权威的和具有代表性的政治关联的定义为公司高管或控股股东曾任/现任政府官员或国会议员,或者某位高管与政府官员存在密切关系。国内学者大多将公司董事长或者总经理现在或者曾经在政府或军队任职,或担任人大代表、政协委员作为政治关联的界定标准。综上所述,将高管政治身份定义为:若公司的董事(不含独立董事)、监事及高级管理人员中,至少有一人是现任或曾任的人大代表、政协委员或政府官员,即视为该民营企业高管具有政治身份。

2. 高管政治身份的度量方式

通过梳理相关文献,政治关联的度量方式可概括为虚拟变量法、层次划分法(赋值法)、比例法和多维度量法四种。Matthew 等 (2014)、Huiming Zhang 等 (2014)、李维安等 (2015)、刘跃等 (2015) 采用虚拟变量法界定政治关联,他们认为如果公司的高管曾有或现有政治关系,则取1,否则取0。罗党论和唐清泉 (2009)、Roberts 和 Goss (2011)、邓新明等 (2014) 选取企业高管中具有政治背景高管的比例或企业国有股比例来界定政治关联,即比例法。吴超鹏等 (2012)、张川等 (2014)、牛晓燕 (2015) 采用赋值法界定政治关联,即对企业高管不同政治身份赋予不同分值,计算后作为公司政治关联指标。巫景飞等 (2008)、Guoping Li 和 Hong Zhou (2015) 从多个角度力求较为全面地衡量政治关联,即多维度量法。

综合以上可以看出，大多数的研究仅把政治关联视为一个虚拟变量以判断企业政治关联的有无。而后，一些学者考虑到虚拟变量方法的局限性，提出用赋值法和比例法来衡量企业政治关联的强弱。为了较为全面地衡量政治关联，一些学者尝试引入多维度量法来对企业高管政治网络中的各维度进行编码，叠加计算出最终的政治关联强度。多维度量法可以从多个角度度量企业政治关联，但这种方法因过于复杂而较少被采用。

（二）高管政治身份对企业价值的影响

国内外学者关于高管政治身份对企业价值的影响进行了广泛的实证检验，但由于选用的企业价值衡量指标不同，高管政治身份对企业价值的影响尚未得出一致结论。已有研究主要采用财务指标、估算指标、市场指标度量企业价值（Chuanxian Li，2013；臧家秀，2014）。在前人研究的基础上，将企业价值的度量指标扩展为财务绩效、市场绩效、品牌、声誉、融资成本、政府的优惠政策（如税收优惠、财政补贴、产权保护）、突破行业壁垒、投资效率、经营效率等指标。

1. 高管政治身份对企业价值的积极影响

Houston 等（2011）以美国企业为样本，探究了政治关联与企业贷款利率之间的关系，结果发现，由于银企之间存在信息不对称，银行不能全面了解企业的经营情况和偿债水平，而具有政治关联的企业拥有来自政府的隐含担保以及较低的违约可能性，因此，银行更倾向于向这类企业提供信贷支持。Infante 等（2013）发现政治关联不仅可以降低贷款成本，还可以给企业带来更优惠的贷款条件，包括获得更多的长期贷款和更长的贷款期限。罗竹凤（2014）认为，对于面临融资难的民营企业来说，作为一种替代性的非正式机制的政治关联是打破民企金融困境这一"信用困境"的重要声誉机制，民企参与政治关联能改善政企关系，进而影响银企关系。Adhikari 与 Derashid（2006）研究发现相对于非政治关联企业，政治关联企业的实际税率较低。王仲玮（2015）从理论和实证两个方面研究了我国民营上市公司通过政治关联获取税收优惠的问题。研究发现，我国民营上市公司政治关联程度越高，获取的税收优惠就越多。赵峰等（2011）指出在中国法律环境不完善的条件下，政治关联有利于民营企业获得产权保护。田祺等（2014）分析了中国转轨过程中民营企业政治关联对企业发展的影响，研究发现政治关联作为企业重要的社会资本有利于企业突破行业管制，顺利进入战略新兴产业，实现多元化经营，由此获得较好的经济效益。李璐（2015）基于高管变更的视角，进一步将政治关联划分为直接政治关联、间接政治关联和总政治关联三类，研究发现三种不同类别的政治关联对企业进入高壁垒行业和加强在高壁垒行业中的经营都起到了促进作用。

2. 民企高管政治身份对企业价值的消极影响

政治关联对企业的生存和发展可能产生正面的促进效应，也可能产生负面的影响。Bouhakri（2011）选取跨国比较的方式研究政治关联对公司业绩的影响，发现存在政治关联的公司的业绩明显比非政治关联的公司差。Aggarwal 等（2012）运用美国 1991～2004 年政治竞选数据，研究发现：公司的政治捐献与公司未来股票的市场回报率呈负相关关系。Chuanxian Li（2013）以中国民营企业为研究对象，指出中国企业治理的典型特征是实现由政府治理到经济治理的跨越，民营企业正在经历政治关系依赖的阶段，企业建立的政治关联虽然有利于提高短期绩效，但存在降低长期绩效的风险。Hainmueller（2014）专门探讨了政治关联对美国企业价值的影响。他进一步将美国企业政治关联分为与民主党建立的政治关联和与共和党建立的政治关联两类，研究发现与共和党建立的政治关联对企业价值具有积极影响，而与民主党建立的政治关联会损害企业价值。郭剑花（2011）的研究表明，建立政治关联的民营企业在经营过程中易受到政府干预，为缓解就业压力，企业会响应政府号召承担较大的雇员负担，降低了经营效率。王珍义等（2016）利用中国企业 2004～2010 年的面板数据进行实证研究，结果表明政治关联易导致企业过度投资，并降低投资效率，这一结论与同昕（2014）、许晓华（2015）的研究结果一致。

可见，高管的政治身份对企业价值既存在积极影响又有消极影响，造成结论不一的原因可能在于现有研究并未揭示其影响路径。

三、信贷融资约束

（一）企业信贷融资约束的内涵及衡量指标

Fazzari 等（1988）指出，由于外部资本市场不完善、信息不对称以及交易成本的存在，导致公司外部融资成本高于内部融资成本，最终产生了融资约束问题。信贷约束作为融资约束的一种具体形式，专指向银行贷款时所受到的融资约束。我国学者马英杰等（2009）认为，信贷融资约束的实质就是企业信贷需求得不到满足。Chakraborty（2012）界定了信贷融资约束的内涵，他指出企业期望获得的贷款水平和实际获得的贷款量之间存在差距，该差距越大，信贷融资约束越高。

国内外度量信贷融资约束程度的方式主要有三种：一是单指标判别法，常用的指标有利息支付率（李金，2007；Ataullah 等，2014）、公司规模（Chan，2012；Zhang & Li，2013）、利息保障倍数（Ryan 等，2013）、财务松弛（毕晓方、姜宝强，2010；Han & Zhang，2016）。二是多指标构造融资约束指数法，包括判别分析、二元或多元 Logistic 回归以及 Ordered Logistic 回归（Yun Yan & Ke

Peng，2013）。三是建立随机前沿方程法，从融资约束后果出发，通过建立随机前沿方程衡量由于融资约束带来的投资效率损失来度量融资约束程度（Sasidharan 等，2015）。

参照马英杰（2009）和 Chakraborty（2012）对信贷融资约束的界定，本章议题从信贷需求满足程度、贷款期限、贷款成本三个维度刻画企业的信贷融资约束程度，借以分析企业是否存在信贷需求缺口、贷款期限的长短、获得资金成本的高低，进而全面衡量企业所面临的信贷融资约束程度的高低。

(二) 企业信贷融资约束的影响因素研究

企业信贷融资约束的影响因素可以概括为三方面：宏观环境因素、企业与外界的关系因素和企业自身因素。

Yang 和 Zeng（2014）、孙晓华等（2015）研究了不同金融发展国家和地区的公司所面临的融资约束问题，发现金融市场发展较完善的国家和地区，企业外部融资成本较低。刘志远（2014）、金淑慧（2014）、程惠芳和文武（2015）等研究表明经济周期紧缩阶段加剧了公司的融资约束程度，且小规模企业受到经济周期的影响更大。谢军等（2013）剖析了宏观货币政策与融资约束的关系，研究发现，在宽松的货币政策环境下，企业为缓解融资约束会积极扩张投资。

Faccio 等（2010）、何镜清等（2013）、姚德权和章剑辉（2014）、Infante 等（2014）从不同的角度研究发现，政治关联帮助企业获得融资上的便利，不仅可以降低贷款成本，还可获得更多的长期贷款和更长的贷款期限。郭牧炫（2013）、Flor 和 Hirth（2013）、万良勇等（2015）、Christian（2016）以参股银行的上市民营企业为研究对象，发现参股银行确实可以帮助民营企业获得外部融资。

Garengo 和 Sharma（2014）基于企业集团治理结构的视角，研究发现企业集团能够通过内部资本配置缓解成员企业所面临的融资约束。顾群等（2013）、Yun Yan 和 Ke Peng（2013）实证研究发现，质量较高的信息披露能有效降低企业信贷融资约束。翟淑萍等（2015）研究发现，企业社会责任与上市公司信贷融资约束具有相关性，企业在社会责任方面的表现越好，其面临的融资约束程度越低，且这种效果在中小企业中更显著。

四、文献述评

基于对已有研究进行的梳理、归纳和总结，认为现有研究尚有很多方面值得进一步探究。

(1) 有关政治关联的研究。首先，对高管政治身份的衡量方式还有待完善。目前，多数研究仅把政治关联视为一个虚拟变量以判断企业政治关联的有无。为了弥补虚拟变量的局限性，一些学者开始引入赋值法和内容分析法（多维度量法）来衡量政治关联强度。其次，大多数学者认为企业政治关联可通过与政府互换资源提高企业价值，但也有一些研究表明，当与政府建立关联的成本高于收益时，政治关联会损害企业价值。造成政治关联对企业价值影响的研究结论出现矛盾的原因在于现有研究并未深入揭示企业政治关联对企业价值的影响机理，未来研究可以选择一个具体路径（如慈善捐赠）来剖析政治关联与企业价值的关系。

（2）有关企业慈善捐赠动机和经济效果的研究。首先，鉴于企业慈善捐赠动机的多元性，目前学术界尚未形成成熟、一致的观点。企业慈善捐赠的驱动机制依然需要进一步扩展，从而解释现实中复杂的企业捐赠行为。其次，现有企业慈善行为的大样本实证研究可谓凤毛麟角，所以不能全面深刻地揭示企业慈善行为的一般规律。最后，国内外学者对企业慈善捐赠的经济效果方面的研究已较为丰富，现有研究的焦点主要集中于企业财务绩效，并且结论不一。未来研究可以结合我国特有的制度背景，探究慈善捐赠除了对企业财务绩效产生影响外，是否还会对企业其他生产经营决策产生影响（如融资决策）。

（3）有关企业信贷融资约束的度量与其影响因素的研究。首先，国内外有关信贷融资约束的度量主要关注评价指标和评价方法的选择，而忽略了评价结果的有效性检验。其次，国内外针对信贷融资约束影响因素的研究，旨在探究缓解企业信贷融资难题的路径。已有研究主要从银企关系、政企关系来探讨其缓解信贷融资约束的机制，除此之外，是否还存在其他的作用路径有待进一步探究。

第二节　理论演绎与研究假设

一、民企高管政治身份和信贷融资约束的理论分析与假设

我国正处于市场经济转轨时期，民营企业在政治制度和金融环境中一直受到歧视，银行更倾向于向国有企业放贷，导致民营企业在信贷融资方面受到约束，但民营企业找到了一套有利于自身发展的替代机制——政治关联。我国民营企业的政治关联多是通过高管曾任或现任政府官员、人大代表、政协委员等途径建立的。马芮（2015）指出高管的政治身份是其重要的社会资本。社会资本是新型资本的一种，它是主体期望得到回报而在社会关系方面所做的投资（林南，2006）。根据林南对社会资本内涵的界定可知，企业高管与政府建立关系可以看作是企业为了获得融资便利的一种投资行为，是一种社会关系资源，这种关系资源可帮助企业获得银行的信任，改善银企关系，突破制约民营企业发展的"瓶颈"。国内

外学者也从社会资本理论的角度证实了将高管的社会资本转换为企业的社会资本的确可以缓解企业信贷融资约束的结论。

Khwaja 和 Mian（2005）指出企业高管的政治身份是一种高价值的社会资本，高管的社会资本可以转化为企业与政府之间隐性的"关系契约"，由于政府能够对银行的经营决策产生较大影响，因此政企间隐性的"关系契约"有利于企业以较低的贷款利率获得较大规模的长期贷款。Claessens 等（2008）利用巴西的经验证据发现，通过高管的政治背景形成的直接或间接的社会网络是形成社会资本的重要途径，这对于提高企业的银行贷款率和信贷需求满足程度都大有裨益。Infante 等（2013）基于社会资本理论，研究发现高管的政治背景不仅可以降低贷款成本，还能给企业带来更优惠的贷款条件（如更长的贷款期限）。国内学者研究政治关联的融资效应时，有效结合了我国具体情况。宁宇新和柯大钢（2009）立足于中国特殊国情，研究发现我国民营企业高管政治身份这一社会资本在信贷融资中发挥着隐性担保作用。由于银企之间信息不对称，银行不能全面了解企业的经营情况和偿债水平，面对众多资金需求者，银行会优先选择向有政治背景的企业放贷（李连发和辛晓岱，2012）。姚德权和章剑辉（2014）进一步考量了高管政治身份级别对贷款融资的影响，结果显示，高管的政治级别越高，任职时间越长，累积的社会资本越多，形成的政治影响力也越强。马芮（2015）以上海证券交易所民营上市企业 2008～2013 年的数据为研究对象，立足于社会资本理论，从融资规模、融资期限、融资成本三个角度入手，探究了我国民营企业高管的政治关联对信贷融资约束的影响，研究发现，企业的银行贷款有相当一部分是通过关系获取的，与非政治关联的企业相比，具有政治关联的民营企业更有能力以较低的贷款成本获取较大规模的长期贷款资金，并且政治关联越强所产生的融资效应越大。

基于以上分析，提出如下假设：

H51a：民企高管的政治身份对信贷需求满足程度有显著的正向影响，即高管政治身份级别越高企业信贷需求满足程度越高。

H51b：民企高管的政治身份对贷款期限有显著的正向影响，即高管政治身份级别越高企业贷款期限越长。

H51c：民企高管的政治身份对贷款成本有显著的正向影响，即高管政治身份级别越高企业贷款成本越低。

二、民企高管政治身份和慈善捐赠行为的理论分析与假设

现有研究多是基于资源依赖理论探究高管政治身份对企业慈善捐赠行为的影响（贾明和张喆，2010；Arthur Gautier 等，2015；孙丽华，2014）。资源依赖理

论强调任何组织或机构都需要从外部环境中获取维持其生存发展所需的资源,造成资源需求方对资源控制方产生了强烈的依赖关系(Jeffrey & Salancik,2006)。由资源依赖理论可知,企业所需的资源具有稀缺性和多样性,因此企业自身不能创造出其经营发展所需的全部资源。企业若要维持其正常运营,就必须与它所依赖的外部环境进行互动。在中国经济转轨过程中,市场的决定性作用尚未得到完全发挥,政府仍掌控着多数资源的配置权,为了获得企业发展所需资源,民营企业往往选择以慈善捐赠的方式与政府进行"互惠交换"。

贾明和张喆(2010)运用资源依赖理论,以地震后上市公司慈善捐款以及政治关联的相关数据为样本进行实证分析,研究结果表明在高管具有政治身份的公司中,提高控制公司与政府间关系资源的能力驱动着高管采用慈善方式对自然灾难做出反应。Meng Zhao(2012)研究发现,中国民营企业常以慈善捐款的方式与政府"互惠交换",既享有了政府的产权保护和税收优惠又响应了政府要求企业积极承担社会责任的号召,满足了政府的期望,从而达到稳固与强化原有政治关联的目的。Fan等(2013)指出,具有政治关联的民营企业参与慈善事业时,能够得到更多媒体、公众等利益相关者的认可及关注,放大企业的慈善行为,有利于塑造良好的企业形象,扩大社会影响力,并且政治关联的级别越高,慈善捐赠的效果越好。戴亦一等(2014)运用资源依赖理论探究了市委书记更替对企业慈善捐赠行为的影响,研究结果表明市委书记更替后,企业为了建立新的政治关联以获取政府的"恩惠",慈善捐赠的倾向和规模都会显著增加。Arthur Gautier等(2015)研究发现,相较于国有企业,民营企业在资源配置中处于弱势地位,这驱使民营企业积极参与慈善捐赠事业以得到政府关注。眭文娟(2015)立足于转型期背景,认为当政府部门遭遇发展公益事业、提供公共服务的瓶颈时,民营企业愿意积极投身于慈善捐赠等公益活动中帮助政府承担部分政治任务,并与政府达成某种"互惠互换"的非正式契约关系,以享受政府的优惠政策。在中国,高管的政治身份对企业慈善行为的影响还受到其政治身份强度的影响(潘越,2009)。企业高管政治身份的级别越高,其通过捐赠更多资产来提高企业声誉和社会影响力的意愿越强烈(张萍和梁博,2012),而且,建立了较高层级政治关联的企业,其产生的政治影响力也更大,可以从政府手中获得更多的资源,如融资便利性、政策扶持、政府补助、投资机会等(孙丽华,2014)。

基于上述分析,提出如下假设:

H52a:民企高管的政治身份对捐赠动机有显著的正向影响,即高管政治身份级别越高企业战略性捐赠动机越显著。

H52b:民企高管的政治身份对捐赠额度有显著的正向影响,即高管政治身份级别越高企业捐赠额度越大。

H52c：民企高管的政治身份对捐赠效果有显著的正向影响，即高管政治身份级别越高企业捐赠效果越好。

三、慈善捐赠行为和信贷融资约束的理论分析与假设

Fazzari等提出融资约束是由于外部资本市场不完善、信息不对称以及交易成本的存在，公司外部融资成本高于内部融资成本而形成的。然而，信号传递理论可在一定程度上降低信息不对称程度。信号传递理论是指当存在信息不对称时，企业通过各种渠道把不被公众知晓的信息传播出去，增加人们对企业的了解，达到提高财务绩效的目的。慈善捐赠行为预示着企业发展前景可观，同时也显示出企业及其产品的可靠性，因此，多数民营企业将"慈善捐赠"视作一个信号设备（李维安，2015）。选取捐赠动机、捐赠额度、捐赠效果三个维度特征来刻画企业慈善捐赠行为，下面分别分析每个维度特征对信贷融资约束的影响。

（一）捐赠动机与信贷融资约束

信贷融资约束是企业融资约束的主要表现，而降低资金供需双方之间的信息不对称已成为企业缓解信贷融资约束的关键（罗党论和唐清泉，2009）。根据信号传递机制，市场会对企业自愿披露信息的行为做出反应，以降低交易双方的信息不对称程度。鉴于此，企业会主动实施一些战略举措以向资金供给方传递积极的信号并积累声誉。首先，企业基于树立良好的社会形象、提升企业声誉、扩大社会影响力的动机而采取的慈善捐赠行为，可以形成企业的一种非常重要的无形资源——企业声誉。它传递着一个企业的社会名望，同时能够增进银行等金融机构与企业的合作和广泛联系，提高了透明度，降低了银企之间信息不对称程度，获得了金融机构的信任，进而缓解了企业的信贷融资约束。例如，Godfrey（2005）、Roberts和Goss（2011）认为，企业可以通过慈善捐赠实现增加声誉资本的目的，良好的企业声誉更容易获得银行等债权人的贷款。孙铮等（2005）指出，资金供给方认为信誉较高的企业会诚信履行债务契约，并且履约成本也相对较低。彭镇和戴亦一（2015）以民营企业为研究样本，发现企业披露的慈善捐赠信息向社会公众传递出其经济实力和可持续发展等信号，债权人对公司前景预测的不确定性随之降低，更愿意以较低的利率提供贷款。其次，我国民营企业捐赠的政治驱动力也十分显著。很多民营企业把慈善捐赠视为获取政治资源的一种手段，通过积极参与慈善事业获得政治声誉，从而更好地接近政府资源，扩展信贷渠道，获得融资便利（如以较低的贷款成本获得更长的贷款期限）。此外，在不完善的市场中，企业的政治关联传达出其贷款违约风险较低的信号，因而更容易获得银行信贷支持。

基于以上分析，提出如下假设：

H53a：捐赠动机对企业信贷需求满足程度有显著的正向影响，即战略性捐赠动机越强企业信贷需求满足程度越高。

H53b：捐赠动机对企业贷款期限有显著的正向影响，即战略性捐赠动机越强企业贷款期限越长。

H53c：捐赠动机对企业贷款成本有显著的正向影响，即战略性捐赠动机越强企业贷款成本越低。

（二）捐赠额度与信贷融资约束

捐赠额度是指企业的年均捐赠金额，包含捐赠的绝对金额和相对金额。慈善捐赠，尤其是现金捐赠，是企业一项重要财务安排。企业捐赠数额越大，传达出企业当前和未来的经营效益越好的信号，企业的经营效益是影响银行贷款的重要因素。根据信号传递理论，慈善捐赠水平的披露，可以增加企业经营情况的透明度，降低银行等债权人对企业当前的经营收益和风险评估的不确定性，从而能够缓解信贷融资约束。

Shapira（2012）立足于信号传递理论，指出慈善捐赠额度的高低是企业向银行释放出的一种信号。如果企业捐赠数额较大，预示着企业现金流较为充足，融资约束程度较低。因此，银行更愿意为该类企业提供信贷支持。企业积极捐赠公司资产往往更有利于企业的经营发展，而企业可观的发展前景不仅体现在良好的业绩指标上，同时也可能使得企业获得更优惠的贷款条件，如较低的贷款利率和较长的贷款期限（Gao，2012；Zhu，2014）。民营企业参与慈善的积极性越高，捐赠数额越大，越能迎合社会公众的诉求。同时，社会公众对企业的正面评价可以增强资金供给方对企业的信任。黄珺和朱辉（2014）研究发现，企业捐赠数额较高，显示企业经营绩效较好，为银行债务安全提供了充分的保障，银行会青睐于向这类企业放贷。高帆和汪亚楠（2015）的研究结果表明企业捐赠水平越高，获得的贷款数额越能满足其实际需求。李余和余文（2016）指出，相对于无捐赠或捐赠水平较低的民营企业，捐赠水平较高的企业能够获得更多的银行贷款，且长期贷款的比重更大。李志刚等（2016）研究发现，相对于未披露慈善捐赠的公司，披露公司获得的银行借款利率较低、期限较长、金额较大；在披露慈善捐赠信息的公司中，捐赠水平越高，企业所获得的银行借款越优惠；进一步研究发现，这一关系仅在民营企业和上市时间较短的企业中保持。

基于以上分析，提出如下假设：

H54a：捐赠额度对企业信贷需求满足程度有显著的正向影响，即捐赠额度越大企业信贷需求满足程度越高。

H54b：捐赠额度对企业贷款期限有显著的正向影响，即捐赠额度越大企业贷款期限越长。

H54c：捐赠额度对企业贷款成本有显著的正向影响，即捐赠额度越大企业贷款成本越低。

（三）捐赠效果与信贷融资约束

企业慈善捐赠效果指企业慈善捐赠行为对社会、对企业自身所带来的影响。企业慈善捐赠行为一般会产生两种效果：一种是给外部利益相关者带来的影响，即社会效果；另一种是给企业自身带来的各种影响，即经济效果。

从慈善捐赠的社会效果来看，企业积极参与慈善事业，一方面，改善了受赠对象状况，解决了捐赠计划指向的社会问题，满足了公众对企业社会责任的期望，社会公众因此会对企业有更高、更积极的评价，这对于塑造企业形象具有非常重要的作用。良好的企业声誉有利于企业以较低的成本获得较大规模的银行贷款，尤其容易获得国有银行和城市商业银行的贷款（Su & He，2010）。另一方面，企业的捐赠行为帮助政府分担了部分救灾任务，得到了政府的肯定和赞赏，不仅可以在财政或经济上享有政府优惠政策，而且受到政府赞赏的民营企业能够得到企业合约中利益相关者的信任，如降低企业与债权人之间债务契约的交易成本（丁卫萍，2015；李维安等，2015）。从慈善捐赠的经济效果来看，调查发现78%的消费者更愿意购买某种与自己关心的公益事业有关联的产品。可见积极参与慈善事业，可以增加企业的销售额，提高企业的财务绩效。企业财务绩效是投资者投资的重要依据（Kerstin，2016）。企业财务绩效指标越好，投资者的投资意愿就越强。尤其是在银行信贷政策中，财务绩效是其考虑的主要依据。银行等金融机构可以根据企业的慈善捐赠行为（尤其是现金捐赠行为）传达的信号判断企业的财务状况，以此来降低信息不对称程度，为企业带来融资便利。国内外的学者针对企业财务绩效和企业融资做了大量的研究。如 Menz（2010）发现银行的信贷政策更关注企业的财务表现和信用评级，评分越高，企业越容易得到贷款。Shapira（2012）基于信号传递理论，发现公司慈善行为彰显企业财务实力和发展前景，在信贷领域使企业获得更大的优惠（如较低的贷款利率、较长的贷款期限）。赵红建等（2016）利用 2010～2014 年我国 A 股上市民营企业的数据，立足于信号传递理论探讨了民营企业缓解融资约束问题不同途径的功效。研究结果显示：在我国企业普遍未能形成成熟慈善捐赠机制的前提下，财务绩效好、经营能力较强的企业可以有效降低信息不对称程度，有利于企业以较低的融资成本获得更多的长期贷款。

基于以上分析，提出如下假设：

H55a：捐赠效果对企业信贷需求满足程度有显著的正向影响，即捐赠效果越好企业信贷需求满足程度越高。

H55b：捐赠效果对企业贷款期限有显著的正向影响，即捐赠效果越好企业贷款期限越长。

H55c：捐赠效果对企业贷款成本有显著的正向影响，即捐赠效果越好企业贷款成本越低。

四、概念模型的构建

在分析高管政治身份、慈善捐赠和企业信贷融资约束三者之间的内在联系和相互影响的基础上，构建出本章议题的概念模型（见图5-1），尝试剖析高管政治身份缓解企业信贷融资约束的具体路径。

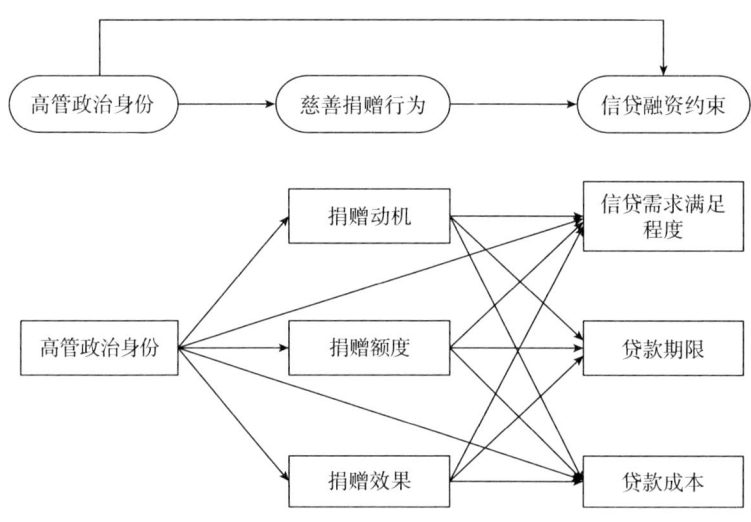

图5-1 本章议题的概念模型

第三节 研究设计

一、样本选择与数据来源

（一）调查样本选择

研究选择江苏、浙江、上海三个地区的企业为调查样本。江浙沪地区涵盖了国有、民营、外资等不同产权性质的企业且涉及化工纺织、通信设备、零售、医疗化工、建筑、石油、住宿餐饮、房地产等十几个行业领域。因此，调查样本在产权性质和行业分布方面均具有典型性。

（二）问卷设计与实施

笔者于2016年3~7月通过调研江苏、浙江、上海地区的企业搜集数据。问卷调查分为两阶段进行，第一阶段是探索性调研阶段，设计出问卷初稿后，通过问卷预测试，及时发现问题并根据填写者的反馈和建议对问卷做进一步的修改，在此基础上形成了调查问卷终稿（见附录3）。第二阶段是无记名发放调查问卷阶段，借助江浙沪高校的MBA培训班和电子邮件发放问卷，共发放806份，回收520份，回收率为64.52%，将答案雷同、空白过多的无效问卷剔除，共获得有效问卷432份，问卷有效率为83.08%。问卷发放和回收情况如表5-1所示。

表5-1 问卷发收情况明细

渠道 收发情况	发放数量（份）	回收数量（份）	回收率（%）	有效数量（份）	有效率（%）
江苏MBA班	250	167	66.80	134	80.24
浙江MBA班	250	151	60.40	129	85.43
上海MBA班	250	181	72.40	156	86.19
电子邮件	56	21	37.50	13	61.90
合计	806	520	64.52	432	83.08

二、变量的定义与测度

将高管政治身份设置为虚拟变量，高管政治身份级别设置为定序变量；对慈善捐赠、融资约束变量的测度均采用李克特5分制量表打分法，数字1~5依次表示极为不同意、不同意、一般、同意、非常同意。

（一）高管政治身份及其测度

在借鉴前人研究的基础上，将高管政治身份定义为：若企业的董事（不含独立董事）、监事及高级管理人员中，至少有一人是现任或曾任的政府官员、政协委员或人大代表，即视为该民营企业高管具有政治身份。在结构方程模型分析中，参考贾明和张喆（2010）的研究，选取民营企业高管政治身份的有无和政治身份的级别两个维度刻画高管政治身份变量（Political），其中，政治身份的有无为虚拟变量，政治身份级别为定序变量，如果公司的董事（不含独立董事）、监事及高级管理人员中，至少有一人是现任或曾任的政府官员、政协委员或人大代表将高管政治身份（Political Identity, PL1）定义为1，否则为0。政治身份的级别（Political Level, PL2）为定序变量，中央级设为5、省级设为4、市级设为3、区或县级设为2、区或县级以下设为1。在多元回归中,采用赋值法度量高管的政治身份强度(Political),中央级赋值为5、省级设为4、市级设为3、区或县级设为2、乡/镇设为1、无设为0。

(二)慈善捐赠行为及其测度

选取捐赠动机(Donation Motive,DM)、捐赠额度(Donation Amount,DA)、捐赠效果(Donation Effective,DE)来刻画企业慈善捐赠行为(见表5-2)。每一维度的取值为各测量题项得分总和的简单算术平均值(分值在1~5分)。

表5-2 企业慈善捐赠行为测度指标

变量名称	测量项目	问题序号	分值区间(分)
慈善捐赠行为	捐赠动机	Q4.1.1~Q4.1.3	1~5
	捐赠额度	Q4.2.1~Q4.2.3	1~5
	捐赠效果	Q4.3.1~Q4.3.5	1~5

(三)信贷融资约束及其测度

采用信贷需求满足程度(Credit Demand Satisfaction,CDS)、贷款期限(Loan Period,LP)、贷款成本(Loan Cost,LC)三个指标来测量企业的信贷融资约束程度,其中信贷需求满足程度越高代表其受到的融资约束程度越低;企业所获的贷款期限越长反映其受到的融资约束越低;贷款成本越低表示其面临的融资约束程度越低。三个指标的取值为各测量题项的得分总和的简单算术平均值(分值在1~5分)(见表5-3)。

表5-3 企业信贷融资约束程度测度指标

变量名称	测量项目	问题序号	分值区间(分)
信贷融资约束	信贷需求满足程度	Q5.1.1~Q5.1.3	1~5
	贷款期限	Q5.2.1~Q5.2.2	1~5
	贷款成本	Q5.3.1~Q5.3.2	1~5

(四)控制变量及其测度

企业规模越大,其规模效应和声誉优势就越明显,越能够得到银行的信任,则企业面临的融资约束就越低。企业销售收入越强,说明其发展越好,盈利能力越强,债务违约可能性较低,也更容易获得银行贷款。企业年龄会影响企业的能力和信誉,进而影响企业获得贷款的能力。因此,将企业规模(Size)、销售收入(Sales)、企业年龄(Age)设为控制变量。以2015年末资产总额来测度企业规模,以 2015 年销售总额来测度销售收入,以企业从创立至今的成长年限来测度企业年龄。

三、模型设定

为了对前文提出的假设进行检验,设定以下模型。

(一)民企高管政治身份和企业信贷融资约束

为验证 H51a、H51b、H51c,设定模型 51A、模型 51B、模型 51C,如下:

$$CDS = \beta_0 + \beta_1 Political + \beta_2 Size + \beta_3 Sales + \beta_4 Age + \varepsilon_1 \quad (51A)$$

$$LP = \beta_0 + \beta_1 Political + \beta_2 Size + \beta_3 Sales + \beta_4 Age + \varepsilon_2 \quad (51B)$$

$$LC = \beta_0 + \beta_1 Political + \beta_2 Size + \beta_3 Sales + \beta_4 Age + \varepsilon_3 \quad (51C)$$

其中,信贷需求满足程度、贷款期限、贷款成本为被解释变量,用来度量企业信贷融资约束;高管政治身份为解释变量,是度量企业高管政治身份的指标;企业规模、销售收入、企业年龄为控制变量。

(二)民企高管政治身份和企业慈善捐赠行为

为验证 H52a、H52b、H52c,设定模型 52A、模型 52B、模型 52C,如下:

$$DM = \beta_0 + \beta_1 Political + \beta_2 Size + \beta_3 Sales + \beta_4 Age + \varepsilon_4 \quad (52A)$$

$$DA = \beta_0 + \beta_1 Political + \beta_2 Size + \beta_3 Sales + \beta_4 Age + \varepsilon_5 \quad (52B)$$

$$DE = \beta_0 + \beta_1 Political + \beta_2 Size + \beta_3 Sales + \beta_4 Age + \varepsilon_6 \quad (52C)$$

其中,捐赠动机、捐赠额度、捐赠效果为被解释变量,以这三个维度来刻画企业慈善捐赠行为。

(三)慈善捐赠行为和信贷融资约束

为验证 H53a、H53b、H53c,设定模型 53A、模型 53B、模型 53C,如下:

$$CDS = \beta_0 + \beta_1 DM + \beta_2 Size + \beta_3 Sales + \beta_4 Age + \varepsilon_7 \quad (53A)$$

$$LP = \beta_0 + \beta_1 DM + \beta_2 Size + \beta_3 Sales + \beta_4 Age + \varepsilon_8 \quad (53B)$$

$$LC = \beta_0 + \beta_1 DM + \beta_2 Size + \beta_3 Sales + \beta_4 Age + \varepsilon_9 \quad (53C)$$

为验证 H54a、H54b、H54c,设定模型 54A、模型 54B、模型 54C,如下:

$$CDS = \beta_0 + \beta_1 DA + \beta_2 Size + \beta_3 Sales + \beta_4 Age + \varepsilon_{10} \quad (54A)$$

$$LP = \beta_0 + \beta_1 DA + \beta_2 Size + \beta_3 Sales + \beta_4 Age + \varepsilon_{11} \quad (54B)$$

$$LC = \beta_0 + \beta_1 DA + \beta_2 Size + \beta_3 Sales + \beta_4 Age + \varepsilon_{12} \quad (54C)$$

为验证 H55a、H55b、H55c,设定模型 55A、模型 55B、模型 55C,如下:

$$CDS = \beta_0 + \beta_1 DE + \beta_2 Size + \beta_3 Sales + \beta_4 Age + \varepsilon_{13} \quad (55A)$$

$$LP = \beta_0 + \beta_1 DE + \beta_2 Size + \beta_3 Sales + \beta_4 Age + \varepsilon_{14} \quad (55B)$$

$$LC = \beta_0 + \beta_1 DE + \beta_2 Size + \beta_3 Sales + \beta_4 Age + \varepsilon_{15} \quad (55C)$$

第四节 实证分析

一、信度和效度检验

(一) 变量信度检验

由于衡量高管政治身份的两个指标不适合采用 Cronbach's α 信度系数法，鉴于测度高管政治身份的指标选取参考了贾明和张喆（2010）的做法，可不再对高管政治身份这一变量做信度检验。采用 Cronbach's α 系数对企业慈善捐赠行为和企业信贷融资约束进行信度检验。Cronbach's α 信度系数大于 0.700 时，表明样本数据的信度满足要求，介于 0.350 与 0.700 尚可，若小于 0.350 则应将其剔除。

由表 5-4 可知，各潜变量的测度变量的系数值都达到了 0.750 以上，并且校正的测量题项对变量所有题项的相关系数均大于 0.400，符合要求，表明量表测项具有较高的可信度。

表 5-4 变量信度检验结果

变量类别	变量	Cronbach's α 值	Item-to-Total 相关系数	
			最大值	最小值
慈善捐赠行为状况	捐赠动机	0.771	0.742	0.443
	捐赠额度	0.878	0.842	0.717
	捐赠效果	0.842	0.765	0.415
企业信贷融资约束状况	信贷需求满足程度	0.908	0.838	0.785
	贷款期限	0.877	0.780	0.780
	贷款成本	0.953	0.911	0.911

(二) 结构效度检验

由于衡量高管政治身份的两个指标：不适合采用因子分析法进行结构效度检验，但可以做内容效度检验。本章研究测度高管政治身份的指标综合参考了大量的国内外相关文献，并多次与导师和相关领域的学者讨论，加以归纳整理而成，因此，可认为高管政治身份的内容效度符合要求。另外，采用因子分析法以检验企业慈善捐赠行为和信贷融资约束测项的结构效度，首先使用 KMO 统计量来判定样本数据是否适合做因子分析。KMO 取值范围是 0~1 且 KMO 取值越大效度越好,一般认为当 KMO>0.900 时效果最佳,0.700 以上时效果尚可,KMO<0.500 时不适宜做因子分析。

从表 5-5 中的检验结果可以看出,慈善捐赠和信贷融资约束的 KMO 分别为 0.855 和 0.841,巴特利特球形检验的 χ^2 统计值的显著性概率均为 0.000<0.001,说明样本数据适合做因子分析。通过最大四次方正交旋转后,以旋转后因子载荷>0.500 为标准,提取出慈善捐赠行为的 3 个因子和融资约束的 3 个因子,这一结果与指标设置时变量结构基本一致,说明量表设置具有较高的结构效度。具体检验结果如表 5-6 所示。

表 5-5 KMO 检验和巴特利特球形检验结果

结构效度检验		企业慈善捐赠行为	企业信贷融资约束
KMO 值		0.855	0.841
巴特利特球形检验	Approx. Chi-Square	2975.015	2701.318
	DF	55.000	21.000
	Sig	0.000	0.000

表 5-6 企业慈善捐赠行为测项和信贷融资约束测项的结构效度检验结果

测项	变量1	变量2	变量3	测项	变量1	变量2	变量3
捐赠动机				Q4.3.4	0.562	0.399	0.426
Q4.1.1	-0.161	0.286	0.684	Q4.3.5	0.816	0.164	0.269
Q4.1.2	0.140	0.133	0.881	信贷需求满足程度			
Q4.1.3	0.262	0.068	0.814	Q5.1.1	0.769	0.146	0.460
捐赠额度				Q5.1.2	0.778	0.023	-0.030
Q4.2.1	0.284	0.740	0.364	Q5.1.3	0.809	-0.85	0.285
Q4.2.2	0.337	0.841	0.168	贷款期限			
Q4.2.3	0.232	0.839	0.057	Q5.2.1	0.151	0.637	0.027
捐赠效果				Q5.2.2	0.374	0.740	0.368
Q4.3.1	0.743	0.398	0.492	贷款成本			
Q4.3.2	0.848	0.282	0.085	Q5.3.1	-0.346	0.452	0.792
Q4.3.3	0.852	0.240	-0.064	Q5.3.2	0.199	0.397	0.885

二、描述性统计分析

(一) 样本企业的基本情况

1. 被调查企业的总体情况

从企业产权性质来看,民营企业占被调查企业的48.84%,为本章议题研究提供了充足的样本量。从企业2015年末的资产总额和主营业务收入来看,被调查企业的规模相对较大。从企业成立年限来看,超过5年的企业占全样本的80.09%,可知被调查企业多数已步入成熟发展阶段,如表5-7所示。

表5-7 调查样本企业总体情况

项目	选项	频数(个)	百分比(%)	项目	选项	频数(个)	百分比(%)
企业所在地	江苏	145	33.56	企业产权性质	国有企业	112	25.93
	浙江	129	29.86		民营企业	211	48.84
	上海	158	36.58		外资企业	109	25.23
2015年末企业资产总额(万元)	500及以下	35	8.10	2015年主营业务收入(万元)	500及以下	25	5.79
	500~1000	51	11.81		500~1000	52	12.04
	1000~5000	89	20.60		1000~5000	84	19.44
	5000以上	257	59.49		5000以上	271	62.73
企业成立年限(年)	5及以下	86	19.91	企业所属行业	制造业	148	34.26
	5~15	138	31.94		农林牧渔	98	22.69
	15~25	95	21.99		服务业	112	25.93
	25以上	113	26.16		其他	74	17.12

2. 样本企业融资情况统计分析

由统计结果可知(见图5-2),银行贷款是企业外源融资的主要方式,在这9种融资渠道中占81.94%;其次是所有者投入,是企业内源融资的主要方式,占40.97%的比例;融资租赁所占比例最小,仅为3.24%。可见,企业融资渠道丰富,每个企业会通过多种融资方式获取资金。

由统计结果可知(见图5-3),民营企业、外资企业与国有企业相比,难以获得长期贷款。而贷款期限在一定程度上表明了企业的信贷融资约束,因此,民营企业、外资企业比国有企业面临更高的信贷融资约束。

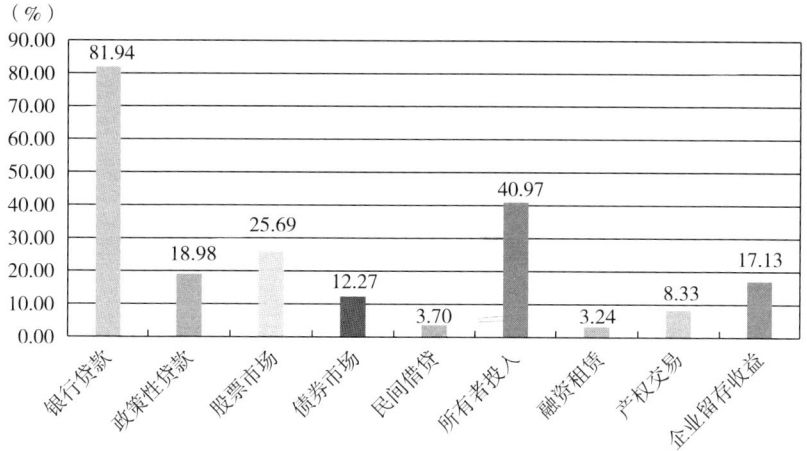

图 5-2 样本企业融资资金主要来源

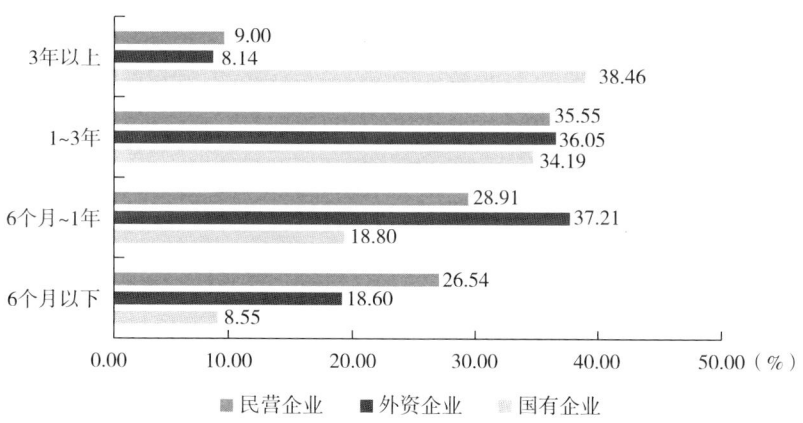

图 5-3 样本企业银行贷款期限

从图 5-4 的统计结果来看，35.54% 的民营企业的银行贷款规模仅能够满足真实需求的 20% 甚至更低，只有 8.54% 的民营企业的银行贷款规模满足其真实需求的 80% 以上；而 73.50% 的国有企业的银行贷款规模可以满足其需求的 50% 以上；65.52% 的外资企业的银行贷款规模可以满足其真实需求的 20%～50%。通过对比发现，民营企业所获得的银行贷款远不能满足其所需要的贷款额度，这也在一定程度上表明，民营企业面临较高的信贷融资约束。

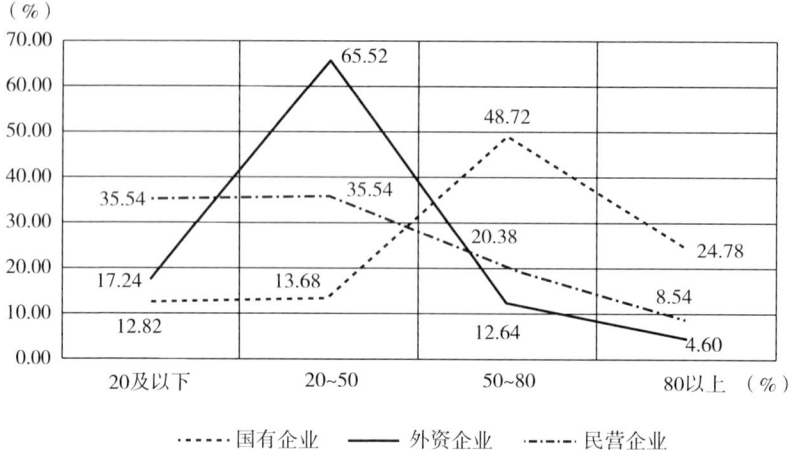

图 5-4 企业信贷融资规模满足自身需求的比例

(二) 主要变量的描述性统计

1. 高管政治身份的描述性统计

表 5-8 描述了不同类型企业政治身份的分布情况。民营企业 211 个样本中，有 36.49% 的样本与政府建立联系；国有企业 112 个样本中，83.04% 的企业高管有政治背景；外资企业 109 个样本中，仅有 9.17% 的企业高管具有政治身份。从高管政治身份的类别来看，人大代表成为企业高管获取政治身份的首选方式。

表 5-8 不同类型企业政治身份描述

企业类型 有无政治身份	民营企业		国有企业		外资企业	
	个数（个）	比重（%）	个数（个）	比重（%）	个数（个）	比重（%）
有政治身份企业	77	36.49	93	83.04	10	9.17
政府官员	30	38.96	28	30.11	2	20.00
政协委员	13	16.88	19	20.43	2	20.00
人大代表	34	44.16	46	49.46	6	60.00
无政治身份企业	134	63.51	19	16.96	99	90.83

表 5-9 报告了不同企业类型高管政治身份级别的描述性统计结果。民营企业高管政治身份级别的均值为 2.77，可以看出，民营企业高管身份级别多属

于市级，标准差为 1.28，说明相较于国有企业和外资企业，民营企业高管政治身份级别的离散程度较大；国有企业高管政治身份级别均值为 3.70，接近 4.00，说明国有企业高管政治身份级别多属于省级层次；外资企业高管政治身份级别均值为 2.10，表明外资企业高管政治身份级别普遍较低，多为区或县级层次。

表 5-9　不同类型企业政治身份级别变量描述

变量	观测值（个）	最大值	最小值	均值	标准差
民营企业高管政治身份级别	77	5.00	1.00	2.77	1.28
国有企业高管政治身份级别	93	5.00	1.00	3.70	1.03
外资企业高管政治身份级别	10	4.00	1.00	2.10	0.88

2. 企业慈善捐赠行为的描述性统计

表 5-10 数据显示，企业捐赠动机最小值为 2.33，最大值为 5.00，其中指标 Q4.1.1 的均值为 2.36，指标 Q4.1.2、Q4.1.3 的均值都接近于 4（同意），可以看出，民营企业捐赠行为并非完全出于为善理念，而是将慈善捐赠视为一种企业战略，慈善捐赠可以提高企业声誉，树立良好的社会形象，还是维持、加强与政府关系的有效途径。捐赠额度的均值为 3.01，其中指标 Q4.2.1、Q4.2.2、Q4.2.3 的均值分别为 3.97、2.62、2.44，民营企业的年均捐赠数额较大，但占企业销售收入、总资产的比例仍然很小，从标准差来看，各个企业的捐赠额度差别很大。从捐赠效果来看，企业慈善捐赠基本达到了预期的效果，其中 Q4.3.1、Q4.3.4 和 Q4.3.5 的均值相对较大，说明企业慈善捐赠行为改善了受赠者状况，提高了企业知名度，加强了企业与消费者、银行、政府、社区等利益相关者的关系；由 Q4.3.2 和 Q4.3.3 的均值较低可知，企业捐赠行为并没有显著提高其财务绩效。

表 5-10　民营企业慈善捐赠行为变量描述

变量	最大值	最小值	均值	标准差
捐赠动机	5.00	2.33	3.31	0.73
Q4.1.1	5.00	1.00	2.36	0.89
Q4.1.2	5.00	2.00	3.91	0.84
Q4.1.3	5.00	2.00	3.66	0.90
捐赠额度	5.00	1.00	3.01	0.91

续表

变量	最大值	最小值	均值	标准差
Q4.2.1	5.00	1.00	3.97	1.04
Q4.2.2	5.00	1.00	2.62	0.95
Q4.2.3	5.00	1.00	2.44	0.95
捐赠效果	4.60	1.00	2.98	0.61
Q4.3.1	5.00	1.00	3.36	0.84
Q4.3.2	5.00	1.00	2.75	0.88
Q4.3.3	5.00	1.00	2.61	0.87
Q4.3.4	5.00	1.00	3.24	0.91
Q4.3.5	5.00	1.00	2.94	0.90

3. 企业信贷融资约束的描述性统计分析

表 5-11 数据显示，民营企业信贷需求满足程度维度的最小值为 1.00，最大值为 4.33，可以看出，有的企业的信贷需求可以得到满足，有的企业的信贷需求则远不能达到预期，其中，Q5.1.1、Q5.1.2、Q5.1.3 三个指标的均值都在 3.00 左右，表明多数民营企业的信贷需求尚未满足。民营企业贷款期限的标准差为 0.95，说明样本企业所获贷款的期限长短各异，其中指标 Q5.2.1、Q5.2.2 的均值分别为 2.92、2.84，可知，样本企业所获银行贷款多为短期贷款。贷款成本的均值为 3.17，可知民营企业面临较高的贷款成本。总之，从信贷需求满足程度、贷款期限和贷款成本这三个维度的统计结果来看，江浙沪地区的民营企业面临较高的信贷融资约束。

表 5-11 民营企业信贷融资约束变量描述

变量	最大值	最小值	均值	标准差
信贷需求满足程度	4.33	1.00	2.70	0.88
Q5.1.1	4.00	1.00	2.62	0.87
Q5.1.2	5.00	1.00	2.75	0.97
Q5.1.3	5.00	1.00	2.73	1.06
贷款期限	5.00	1.00	2.88	0.95
Q5.2.1	5.00	1.00	2.92	1.07
Q5.2.2	5.00	1.00	2.84	1.02
贷款成本	5.00	2.00	3.17	0.59
Q5.3.1	4.00	1.00	3.30	0.83
Q5.3.2	5.00	1.00	3.02	0.93

三、相关分析

相关分析是研究现象之间是否存在某种依存关系,并探讨其相关方向和相关程度的一种统计方法。

(一) Pearson 相关分析

表 5-12 数据显示,高管政治身份的有无与企业信贷需求满足程度、贷款期限、贷款成本的相关系数分别为 0.426 ($P<0.01$)、0.109 ($P<0.05$)、0.642 ($P<0.05$),初步表明民企高管的政治身份与信贷融资约束呈显著的正相关关系,即民企高管的政治背景可以在一定程度上降低信贷融资约束。高管政治身份的级别与企业信贷需求满足程度、贷款期限、贷款成本的相关系数分别为 0.444 ($P<0.01$)、0.168 ($P<0.05$)、0.729 ($P<0.01$),初步表明高管政治身份的级别与企业信贷融资约束显著正相关,即高管的政治身份级别越高,企业面临的融资约束越小。高管政治身份的有无、级别与慈善捐赠行为各维度均在 1% 水平上显著正相关,这一结果说明高管的政治身份可以推动企业积极参与慈善事业。慈善捐赠动机与度量企业信贷融资约束的各指标均在 1% 水平上呈正相关关系,说明企业出于战略性目的的慈善捐赠行为有利于降低其融资约束。捐赠额度与企业贷款期限、贷款成本的相关系数也具有正向且统计上的显著性,捐赠额度与企业信贷需求满足程度的相关系数不显著。同时,捐赠效果与企业信贷需求满足程度、贷款期限、贷款成本的相关系数也具有正向且统计上的显著性 ($P<0.01$、$P<0.05$、$P<0.05$)。

表 5-12 变量 Pearson 相关系数分析矩阵

变量	PL1	PL2	DM	DA	DE	CDS	LP	LC
PL1	1							
PL2	0.898**	1						
DM	0.319**	0.354**	1					
DA	0.356**	0.381**	0.049	1				
DE	0.672**	0.736**	0.408**	0.223**	1			
CDS	0.426**	0.444**	0.311**	0.096	0.426**	1		
LP	0.109*	0.168*	0.409**	0.116*	0.101*	0.440**	1	
LC	0.642*	0.729**	0.338**	0.175**	0.113*	0.380**	0.462**	1

注:*、**分别表示在 5%、1% 水平显著;相关系数的显著性采用双侧检验。

(二) 偏相关分析

偏相关分析是指当两个变量同时与第三个变量相关时,将第三个变量的影响剔除，只分析另外两个变量之间相关程度的过程。采用偏相关分析进一步测度在剔除控制变量的影响后，高管政治身份、企业慈善捐赠行为及企业信贷融资约束变量之间的关系，结果如表 5-13 和表 5-14 所示。

表 5-13　高管政治身份与企业信贷融资约束的偏相关分析

变量	Politcal	CDS	LP	LC
Political	1			
CDS	0.395**	1		
LP	0.093	0.349**	1	
LC	0.586**	0.321**	0.409**	1

注：**表示在1%水平（双侧）显著相关。

表 5-14　慈善捐赠行为与企业信贷融资约束的偏相关分析

变量	DM	DA	DE	CDS	LP	LC
DM	1					
DA	0.031	1				
DE	0.357**	0.206**	1			
CDS	0.283**	0.081	0.391**	1		
LP	0.316**	0.108*	0.093	0.347**	1	
LC	0.261**	0.171**	0.104*	0.326**	0.409**	1

注：*、**分别表示在5%、1%水平（双侧）显著相关。

表 5-13 和表 5-14 结果显示，变量之间的相关系数均小于 Pearson 相关系数。可知，企业规模、销售收入、企业年龄对企业信贷融资约束存在一定程度的影响。在此基础上，将利用多元回归分析进一步检验民营企业高管政治身份、慈善捐赠行为和信贷融资约束间的关系。

四、回归结果及分析

（一）民企高管政治身份与信贷融资约束的关系检验

表 5-15 是以企业信贷融资约束为因变量的回归分析结果。从 F 值和 Adjust R^2 的值可以看出模型的拟合效果较好。

表 5-15　高管政治身份与信贷融资约束的回归分析

变量	模型 51A（CDS）	模型 51B（LP）	模型 51C（LC）
Political	0.426** (9.757)	0.091* (1.946)	0.642** (17.355)

续表

变量	模型51A (CDS)	模型51B (LP)	模型51C (LC)
Size	-0.269**	-0.299**	-0.128**
	(-4.995)	(-5.723)	(-2.078)
Sales	0.206***	0.193**	0.319**
	(3.395)	(3.293)	(4.601)
Age	0.199**	0.263**	0.025
	(3.397)	(4.641)	(0.368)
F-statistic	50.668**	57.459**	58.498**
Adjust R^2	0.486	0.518	0.527

注：*、**分别表示在5%、1%水平显著；标准系数下方的小括号内为t值。

回归结果显示，高管政治身份与企业信贷需求满足程度的回归系数为0.426（$P<0.01$）；高管政治身份与企业贷款期限的回归系数为0.091（$P<0.05$）；高管政治身份与企业贷款成本的回归系数为0.642（$P<0.01$）。回归结果说明，高管政治身份可以帮助民营企业以较低的贷款成本最大化地满足企业长期贷款的需求，由此可知，H51a、H51b、H51c得到验证。从控制变量的回归结果来看，企业销售收入、企业年龄大都与信贷融资约束各维度显著正相关，这一结果表明企业收入越多、经营时间越久，越能增加银行对企业还款能力的信任，银行也更愿意向盈利能力强、成立时间长的企业提供资金。企业规模对信贷融资约束各维度产生负向影响，从现实情况来看，随着企业规模的不断扩大，企业可能会扩展业务范围或者实施多元化战略，需要更多的资金支持，然而这些未知的新业务领域存在一定的经营风险，银行为保险起见一般不会轻易向企业提供资金支持，导致企业面临严重的资金"瓶颈"。

（二）民企高管政治身份与慈善捐赠行为的关系检验

表5-16中结果显示，民营企业高管政治身份与企业捐赠动机的标准化回归系数为0.240（$P<0.01$）；高管政治身份与企业捐赠额度的标准化回归系数为0.318（$P<0.01$）；高管政治身份与企业捐赠效果的标准化回归系数为0.280（$P<0.01$）。回归结果说明民企高管的政治身份可以促进其慈善捐赠行为，H52a、H52b、H52c得到验证。从控制变量的回归结果来看，企业规模对捐赠动机、捐赠额度、捐赠效果均产生负向影响，但企业规模与捐赠额度未通过显著性检验；销售收入、企业年龄均对捐赠动机、捐赠额度、捐赠效果呈现出不同程度的正向影响。

表 5-16　高管政治身份对企业慈善捐赠行为的回归分析

变量	模型 52A (DM)	模型 52B (DA)	模型 52C (DE)
Political	0.240**	0.318**	0.280**
	(9.024)	(4.349)	(4.496)
Size	-0.195**	-0.113	-0.217**
	(-3.502)	(-1.733)	(-3.906)
Sales	0.359***	0.136	0.324**
	(5.715)	(1.854)	(5.186)
Age	0.161**	0.069	0.143*
	(2.663)	(1.827)	(2.376)
F - statistic	43.960**	49.397**	44.775**
Adjust R^2	0.450	0.549	0.455

注：*、**分别表示在5%、1%水平显著；标准系数下方的小括号内为t值。

（三）慈善捐赠行为与信贷融资约束的关系检验

表 5-17 报告了民企慈善捐赠行为与信贷融资约束的回归分析结果，从 F 值和 Adjust R^2 的值可以看出模型的拟合效果较好。

表 5-17　慈善捐赠行为与信贷融资约束的回归分析

变量	CDS	LP	LC
	模型 53A	模型 53B	模型 53C
DM	0.181**	0.265**	0.192**
	(4.093)	(5.875)	(4.098)
	模型 54A	模型 54B	模型 54C
DA	0.084	0.249**	0.488**
	(1.438)	(4.518)	(8.781)
	模型 55A	模型 55B	模型 55C
DE	0.280**	0.081	0.161**
	(6.182)	(1.092)	(2.663)
Size	控制		
Sales	控制		
Age	控制		
F - statistic	60.875**	50.192**	65.701**
Adjust R^2	0.631	0.584	0.681

注：**表示在1%水平显著；标准系数下方的小括号内为t值。

模型 53A、模型 53B、模型 53C 是企业捐赠动机对信贷融资约束的回归分析，控制了企业规模、销售收入、企业年龄影响因素后，企业慈善捐赠动机与信贷需求满足程度、贷款期限、贷款成本的标准化回归系数分别为 0.181、0.265、0.192，均在 1% 的水平上显著，说明慈善捐赠动机对企业信贷需求满足程度、贷款期限、贷款成本具有显著的正向影响，即企业是出于战略性慈善的目的，认为积极参与慈善事业，履行社会责任，可以提升企业在政府、银行、公众等面前的良好形象，从而有利于获得银行的信贷支持，缓解企业的融资约束，H53a、H53b、H53c 得到验证。

模型 54A、模型 54B、模型 54C 是慈善捐赠额度对企业信贷融资约束的回归分析，控制了企业规模、销售收入、企业年龄影响因素后，从回归结果可以看出，捐赠额度与贷款期限、贷款成本的标准化回归系数分别为 0.249、0.488，均在 1% 的水平上显著为正，说明捐赠的额度越大，企业获得贷款期限越长且贷款成本较低；但捐赠额度与企业信贷需求满足程度的标准化回归系数为 0.084 且 $P>5\%$，未通过显著性检验，说明捐赠额度的高低并不能提高企业信贷需求满足程度。由此可以得出，H54b、H54c 通过验证，H54a 未通过验证。

模型 55A、模型 55B、模型 55C 是慈善捐赠效果对企业信贷融资约束的回归分析，控制了企业规模、销售收入、企业年龄影响因素后，结果显示捐赠效果与企业信贷需求满足程度、贷款成本的回归系数分别为 0.280（$P<0.01$）、0.161（$P<0.01$），说明慈善捐赠效果对企业信贷需求满足程度、贷款成本具有显著的正向影响，即企业捐赠行为产生的社会效果和经济效果有利于其以较低的成本获得更多的贷款；但捐赠效果与贷款期限的标准化回归系数为 0.081 且 $P>5\%$，未通过显著性检验，说明企业捐赠行为的效果并不能显著地延长贷款期限。这一结果支持 H55a、H55c，不支持 H55b。

五、结构方程建模分析

相关分析和多元回归分析结果证实了变量之间存在相互影响、探究了变量间的因果关系，但不能验证模型的整体适配性。因此，在以上分析的基础上，利用 AMOS17.0 进一步验证模型的整体适配度，并进一步考察高管政治身份对企业信贷融资约束的影响路径，以更加深入地剖析高管政治身份对企业信贷融资约束的影响机理。

（一）初始结构方程模型构建

依据研究的概念模型，构建初始结构方程模型（Structural Equation Modeling，SEM），拟设定 15 条初始假设路径，如图 5-5 所示。

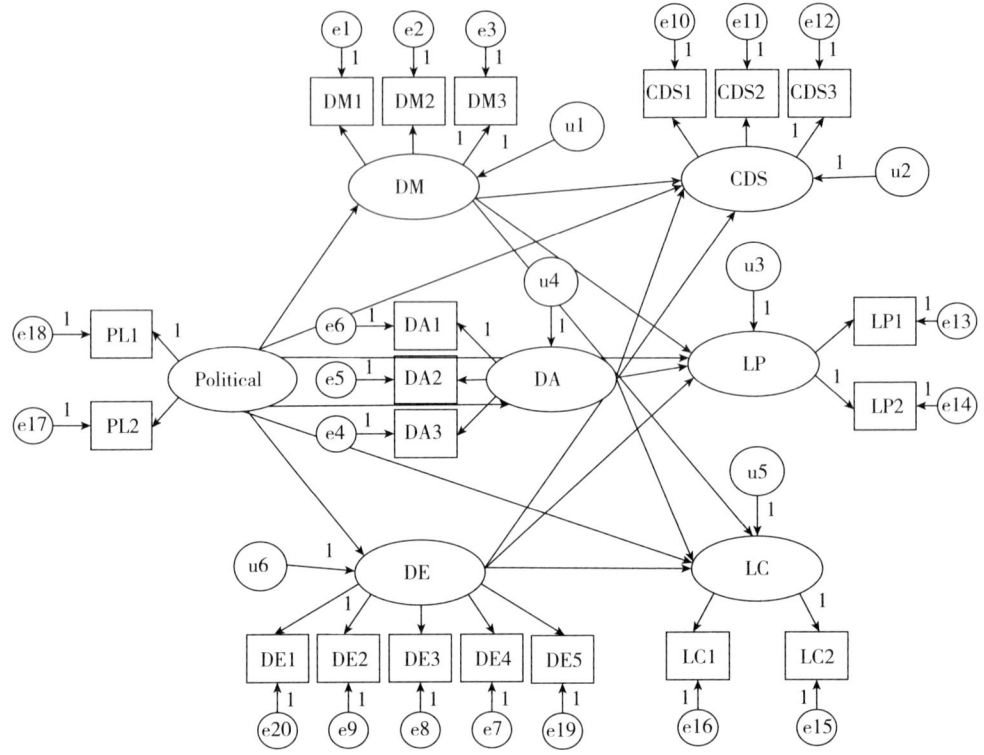

图 5-5 初始结构方程模型

(二) 初始结构方程模型的拟合结果及评价

为验证理论模型的适配度，需要根据评价指标来评价和选择模型。AMOS 提供的适配度评估统计量包括：卡方自由度比值（χ^2/df）、残差均方根（RMR）、调整拟合优度指数（AGFI）、拟合优度指数（GFI）、比较拟合指数（CFI）、赋范拟合指数（NFI）。Schreiber 等建议 RMR、GFI、CFI 三个指标一定要呈现，因此最终选取 χ^2/df、RMR、GFI、CFI 作为模型适配度的评价指标。此外，临界值比率（C. R.）>1.96 时，表明与之对应的路径系数在 $P<0.050$ 的水平上显著。

根据 SEM 初始路径图，导入数据进行第一次迭代运算，由表 5-18 可知，初始模型的 χ^2/df 的值为 2.913 < 3、RMR = 0.046 < 0.050、GFI = 0.902 > 0.900、CFI = 0.934 > 0.900，在基本可以接受的范围内。

表 5-18　初始 SEM 拟合结果

拟合指数	测量值	参考值
χ^2/df	2.913	≤3
RMR	0.046	<0.050
GFI	0.902	>0.900
CFI	0.934	>0.900

表 5-19　初始 SEM 的路径参数估计结果

路径	标准化路径系数	路径系数	临界比率值 C.R.	显著性
DM <-- Political	0.357	0.591	6.856	***
DA <-- Political	0.833	1.744	19.952	***
DE <-- Political	0.634	1.334	14.055	***
CDS <-- DM	0.319	0.400	7.167	***
LP <-- DM	0.342	0.394	6.534	***
LC <-- DM	0.108	0.133	2.949	0.003
CDS <-- DA	0.091	0.075	1.201	0.230
LP <-- DA	0.156	0.081	1.926	0.054
LC <-- DA	0.525	0.502	7.595	***
CDS <-- DE	0.239	0.236	4.583	***
LP <-- DE	0.084	0.077	1.397	0.162
LC <-- DE	0.079	0.076	1.768	0.077
CDS <-- Political	0.290	0.603	3.348	***
LP <-- Political	0.173	0.330	1.710	0.087
LC <-- Political	0.387	0.787	5.124	***

注：***表示结果在 P<0.001 水平上统计显著。

由表 5-19 可知，多数路径系数的 C.R. >1.96，且在 5% 水平上显著，只有 CDS<--DA、LP<--DA、LP<--DE、LC<--DE、LP<--Political 五条路径未达到拟合要求。因此，需要对初始模型进行修正。

（三）模型修正

根据协方差修正指数（Modification Index，MI）和 C.R. >1.96 的标准对初始模型进行修正。首先，根据初始模型拟合结果中提供的修正指数 MI（见表 5-20），通过增列 u4 与 u6 间的协方差（模型卡方值减少的差异性最大）对模型进行首次修正，导入数据进行第二次拟合运算，结果如表 5-21 和表 5-22 所示。

表5-20 协方差修正指标

	MI	Par Change
u4 <--> u6	56.138	0.174
u2 <--> u3	48.400	0.184
e7 <--> u1	50.108	0.161
e8 <--> e9	44.790	0.113

表5-21 第一次模型修正拟合结果

拟合指数	测量值	参考值
χ^2/df	2.861	≤3
RMR	0.040	<0.050
GFI	0.911	>0.900
CFI	0.947	>0.900

表5-22 第一次修正模型的路径参数估计结果

路径	标准化路径系数	路径系数	临界比率值 C.R.	显著性
DM <-- Political	0.357	0.591	6.856	***
DA <-- Political	0.833	1.744	19.952	***
DE <-- Political	0.634	1.334	14.055	***
CDS <-- DM	0.319	0.400	7.167	***
LP <-- DM	0.342	0.394	6.534	***
LC <-- DM	0.108	0.133	2.949	0.002
CDS <-- DA	0.091	0.075	1.201	0.230
LP <-- DA	0.174	0.155	1.781	0.075
LC <-- DA	0.525	0.502	7.595	***
CDS <-- DE	0.239	0.236	4.583	***
LP <-- DE	0.084	0.077	1.397	0.162
LC <-- DE	0.115	0.111	2.277	0.023
CDS <-- Political	0.290	0.603	3.348	***
LP <-- Political	0.184	0.354	2.180	0.029
LC <-- Political	0.387	0.787	5.124	***

注：*** 表示结果在 $P<0.001$ 水平上统计显著。

由表 5-21 可知，模型适配度评价指标与初始模型的值相比，均有所改进，这表明模型拟合效果得到提升。由表 5-22 可知，经过第一次修正模型，初始模型中未通过检验的 5 条路径中 LC <-- DE 和 LP <-- Political 两条路径的 C.R. > 1.96，且在 5% 水平上显著，但 CDS <-- DA、LP <-- DA、LP <-- DE 三条路径仍未通过检验，其中 CDS <-- DA、LP <-- DE 两条路径，不仅 C.R. < 1.96，而且路径系数与 LP <-- DA 的路径系数差异较大，距离拟合参考系数标准值要求较远。因此，删除 CDS <-- DA、LP <-- DE 两条路径以对模型进行第二次修正。

经过第二次修正后，由表 5-23 可知，模型适配度评价指标均达到了参考值标准，这表明模型拟合效果较好；从表 5-24 可以看出，模型中所有路径系数均达到 C.R. > 1.96 的要求，且在 5% 水平上显著。

表 5-23 第二次模型修正拟合结果

拟合指数	测量值	参考值
χ^2/df	2.794	≤3
RMR	0.032	<0.050
GFI	0.917	>0.900
CFI	0.954	>0.900

表 5-24 第二次修正模型的路径参数估计结果

路径	标准化路径系数	路径系数	临界比率值 C.R.	显著性
DM <-- Political	0.357	0.591	6.856	***
DA <-- Political	0.833	1.744	19.952	***
DE <-- Political	0.634	1.334	14.055	***
CDS <-- DM	0.319	0.400	7.167	***
LP <-- DM	0.342	0.394	6.534	***
LC <-- DM	0.108	0.133	2.949	0.002
LP <-- DA	0.212	0.191	2.497	0.013
LC <-- DA	0.525	0.502	7.595	***
CDS <-- DE	0.239	0.236	4.583	***
LC <-- DE	0.118	0.114	2.328	0.020
CDS <-- Political	0.290	0.603	3.348	***
LP <-- Political	0.192	0.354	2.261	0.024
LC <-- Political	0.387	0.787	5.124	***

注：*** 表示结果在 P<0.001 水平上统计显著。

(四) 模型确定

初始结构方程模型经过两次修正后,确认了最终模型,路径如图 5-6 所示。

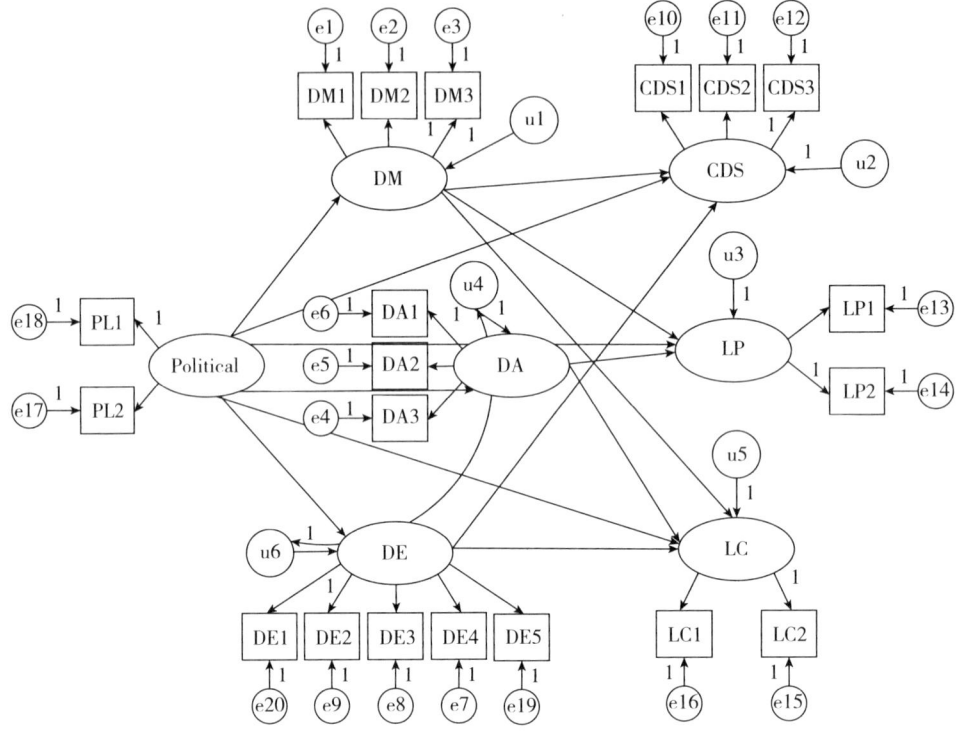

图 5-6　最终确认的结构方程模型

从表 5-25 可以看出,各测量模型载荷系数均满足 C.R. >1.96 的要求,且均在 5% 水平上显著。

表 5-25　测量模型各变量的参数估计和检验结果

变量	标准载荷系数	载荷系数	C.R.	显著性	变量	标准载荷系数	载荷系数	C.R.	显著性
高管政治身份(Political)					DE3	0.842	0.951	23.327	***
PL1	0.909	1.000			DE4	0.827	0.893	22.550	***
PL2	0.987	3.952	36.354	***	DE5	0.867	0.971	24.658	***
捐赠动机(DM)					信贷需求满足程度(CDS)				
DM1	0.503	0.629	10.362	***	CDS1	0.895	0.931	25.462	***
DM2	0.917	1.023	16.915	***	CDS2	0.900	0.980	25.697	***
DM3	0.813	1.000			CDS3	0.874	1.000		

续表

变量	标准载荷系数	载荷系数	C.R.	显著性	变量	标准载荷系数	载荷系数	C.R.	显著性
捐赠额度（DA）					贷款期限（LP）				
DA1	0.866	1.000			LP1	0.876	1.089	16.080	***
DA2	0.931	1.077	27.840	***	LP2	0.885	1.000		
DA3	0.874	1.056	24.690	***	贷款成本（LC）				
捐赠效果（DE）					LC1	0.757	0.824	18.193	***
DE1	0.588	0.585	13.452	***	LC2	0.909	1.000		
DE2	0.883	1.000							

注：*** 表示结果在 $P<0.001$ 水平上统计显著。

慈善捐赠行为是否在高管政治身份缓解企业信贷融资约束中发挥中介效应？如果存在中介效应，是部分中介还是完全中介？为此，需要进行路径效应分解。由表5-26可知，高管政治身份对企业慈善捐赠行为各维度特征的直接效应等于总效应，间接效应为零。高管政治身份对企业信贷融资约束既有直接效应，又有间接效应，高管政治身份对企业信贷融资约束的总效应等于直接效应加间接效应，其中间接效应是通过慈善捐赠行为的中介路径产生的，这说明慈善捐赠行为在高管政治身份缓解信贷融资约束的作用机制中存在部分中介作用。慈善捐赠行为对企业信贷融资约束只存在直接效应而无间接效应，在模型修正中删除了CDS <-- DA、LP <-- DE这两条路径，说明捐赠额度对企业信贷需求满足程度的影响和捐赠效果对贷款期限的影响不显著，未通过统计性检验。除了这两条路径外，慈善捐赠行为各维度对企业信贷融资约束各指标均存在显著的正向影响，即慈善捐赠行为可以在一定程度上缓解企业的信贷融资约束。

表5-26 测量模型各变量间效应分解

	Political	DM	DA	DE	CDS	LP	LC
总效应							
DM	0.341	0.000	0.000	0.000	0.000	0.000	0.000
DA	0.818	0.000	0.000	0.000	0.000	0.000	0.000
DE	0.616	0.000	0.000	0.000	0.000	0.000	0.000
CDS	0.623	0.324	0.000	0.271	0.000	0.000	0.000
LP	0.487	0.358	0.212	0.000	0.000	0.000	0.000
LC	0.812	0.112	0.572	0.118	0.000	0.000	0.000

续表

	Political	DM	DA	DE	CDS	LP	LC
直接效应							
DM	0.341	0.000	0.000	0.000	0.000	0.000	0.000
DA	0.818	0.000	0.000	0.000	0.000	0.000	0.000
DE	0.616	0.000	0.000	0.000	0.000	0.000	0.000
CDS	0.345	0.324	0.000	0.271	0.000	0.000	0.000
LP	0.192	0.358	0.212	0.000	0.000	0.000	0.000
LC	0.379	0.112	0.572	0.118	0.000	0.000	0.000
间接效应							
DM	0.000	0.000	0.000	0.000	0.000	0.000	0.000
DA	0.000	0.000	0.000	0.000	0.000	0.000	0.000
DE	0.000	0.000	0.000	0.000	0.000	0.000	0.000
CDS	0.278	0.000	0.000	0.000	0.000	0.000	0.000
LP	0.295	0.000	0.000	0.000	0.000	0.000	0.000
LC	0.433	0.000	0.000	0.000	0.000	0.000	0.000

六、实证结果讨论

（1）高管政治身份与企业信贷融资约束。从实证分析结果来看，高管政治身份对企业信贷需求满足程度、贷款期限、贷款成本均有显著的正向影响，验证了 H51a、H51b、H51c，说明高管政治身份可以帮助民营企业以较低的贷款成本最大化地满足信贷融资需求，即高管的政治身份可以在一定程度上缓解企业的信贷融资约束，并且高管政治身份的级别越高，降低融资约束的效果越显著。

（2）高管政治身份与企业慈善捐赠行为。由实证分析结果可知，民营企业高管的政治身份与企业捐赠动机、捐赠额度、捐赠效果呈显著的正相关关系，验证了 H52a、H52b、H52c，说明相对于不具有政治背景的企业，具有政治背景的企业的慈善捐赠的战略性动机更显著、捐赠额度更大、捐赠效果更好，此外，高管的政治身份的级别越高，企业参与慈善事业的积极性越高。

（3）慈善捐赠行为与企业信贷融资约束。由实证分析结果得出，慈善捐赠动机对企业信贷需求满足程度、贷款期限、贷款成本均有显著的正向影响，H53a、H53b、H53c 得到验证，说明慈善捐赠动机缓解企业信贷融资约束的作用明显。捐赠额度与贷款期限、贷款成本表现出显著的正相关关系，H54b、H54c 通过验证，说明慈善捐赠额度降低企业信贷融资约束的作用显著。慈善捐赠效果

第五章 企业慈善捐赠与信贷融资约束

对企业信贷需求满足程度、贷款成本具有显著的正向影响,这一结果验证了 H55a、H55c,说明捐赠效果缓解企业信贷融资约束的作用明显。

(4)慈善捐赠行为的中介效应检验。从表 5-26 的效应分解结果可以看出,高管政治身份对企业信贷融资约束既有直接效应,又有间接效应,其中间接效应是通过慈善捐赠行为的中介路径产生的,这说明慈善捐赠行为在高管政治身份缓解信贷融资约束的作用机制中存在部分中介作用。回归分析结果和 SEM 分析结果基本验证了前文提出的研究假设,但 H54a、H55b 未通过显著性检验,需要对其做出进一步分析和解释。

(5)捐赠额度对企业信贷需求满足程度的标准化回归系数为 0.084 且 $P > 0.05$,未通过显著性检验,H54a 未通过验证,说明企业捐赠的资产越多,获得的信贷融资未必越多。原因可能在于虽然企业捐赠额度较大,但其他方面表现较差,如盈利能力较低,增加了企业的违约可能性,因此银行等金融机构不愿向这类企业提供信贷支持。

(6)捐赠效果与贷款期限的标准化回归系数为 0.081 且 $P > 0.05$,未通过显著性检验,H55b 未通过验证,说明企业捐赠行为的效果并不能显著地延长贷款期限。原因可能存在于两方面:其一,由于调研样本限定为江浙沪地区企业,样本覆盖范围相对狭窄,未能有效地验证理论假设;其二,由捐赠行为所带来的经济效果和社会效果可能不具有持久性,时效较短,因此,银行等金融机构不愿向这类企业提供长期的信贷支持。

至此,通过引入企业慈善捐赠中介变量探讨了高管政治身份与信贷融资约束的内在关联机制,并实证检验了研究假设,检验结果如表 5-27 所示。

表 5-27 研究假设的验证结果

假设	内容	检验结果
H51a	高管政治身份对信贷需求满足程度有显著正向影响	支持
H51b	高管政治身份对贷款期限有显著正向影响	支持
H51c	高管政治身份对贷款成本有显著正向影响	支持
H52a	高管政治身份对捐赠动机有显著正向影响	支持
H52b	高管政治身份对捐赠额度有显著正向影响	支持
H52c	高管政治身份对捐赠效果有显著正向影响	支持
H53a	捐赠动机对信贷需求满足程度有显著的正向影响	支持
H53b	捐赠动机对贷款期限有显著的正向影响	支持

续表

假设	内容	检验结果
H53c	捐赠动机对贷款成本有显著的正向影响	支持
H54a	捐赠额度对信贷需求满足程度有显著的正向影响	不支持
H54b	捐赠额度对贷款期限有显著的正向影响	支持
H54c	捐赠额度对贷款成本有显著的正向影响	支持
H55a	捐赠效果对信贷需求满足程度有显著的正向影响	支持
H55b	捐赠效果对贷款期限有显著的正向影响	不支持
H55c	捐赠效果对贷款成本有显著的正向影响	支持

第五节 研究结论、启示与展望

一、研究结论

本章议题立足于转型经济的研究背景，基于构建的理论框架，深度剖析民营企业高管政治关联、慈善捐赠行为与信贷融资约束的关联机制，并利用调研数据进一步验证理论假设，得出了以下主要结论：

（1）高管政治身份可以帮助民营企业以较低的贷款成本最大化地满足信贷融资需求，即高管的政治身份可以在一定程度上缓解信贷融资约束，并且高管政治身份的级别越高，降低融资约束的效果越显著。可见，作为重要的社会资本——高管的政治身份可以改善政企关系，进而影响银企关系，帮助民营企业打破金融困境这一"信用困境"。

（2）相对于不具有政治背景的企业，具有政治背景企业的慈善捐赠的战略性动机更显著、捐赠额度更大、捐赠效果更好，此外，高管政治身份的级别越高，企业参与慈善事业的积极性越高。这一结论说明民营企业为了建立、维护和加强与政府的关系，寻求其"支持"和"保护"，往往以慈善捐赠的方式与政府进行"互惠交换"，并且政治联系越强，其产生的政治影响力也越大，民营企业可以从政府手中获得更多的资源（如政策扶持、政府补助、投资机会等），从而为企业带来更多的利益，企业也更愿意积极参与慈善活动。

（3）捐赠动机、捐赠额度、捐赠效果有助于缓解企业信贷融资约束，捐赠动机、捐赠额度、捐赠效果有利于企业获得更长的贷款期限，捐赠动机、捐赠效果有利于企业获得更多的信贷资金,捐赠动机、捐赠额度有利于降低企业的贷款成本。这一结论说明,民营企业是出于战略目的积极参与慈善事业。慈善捐赠行为预示着企业发展前景可观,同时也显示出企业及其产品的可靠性,积极参与慈善事业更容易获得银行的信贷支持,突破制约其发展的"融资瓶颈"。

(4) 慈善捐赠行为在高管政治身份缓解信贷融资约束的作用机制中存在部分中介作用。亦即,高管的政治身份一方面可以形成企业的社会资本,加强企业与银行等金融机构的沟通和联系,改善银企关系;另一方面可以促进企业的慈善捐赠行为,塑造企业的良好社会形象,而且慈善捐赠可以向外界传递出更为丰富的财务信息,银行等债权人能够据此判断企业当前和未来的财务状况、风险,降低他们在评估公司时的不确定性,为企业带来融资便利。

二、研究启示

根据本章研究结论,从科学实施企业的政治和慈善发展战略、合理发挥政府"扶持之手"的作用、完善金融市场体系三个方面提出促进民营企业健康发展的建议。

首先,民营企业应科学实施政治和慈善发展战略。本章议题的研究结论初步验证了民营企业高管政治身份、慈善捐赠行为是为寻求金融资源而与政府互惠的一种战略行为。在中国转型经济背景下,建立政治关联和积极参与慈善是中国民营企业在经济法律制度不完善的市场机制下为缓解融资约束寻求的替代性机制。但是,有些民企高管建立政治关联的方式不合理、动机不单一(不是为企业利益而是为了提高自身的政治影响力),并且这种以获得金融资源为目的的慈善行为并不具有持久性。因此,为防止高管牟求私利而通过不合理的方式建立政治关联的行为,企业应该加强对高管的监督,对其提出的决策进行评估。此外,民营企业应提高作为企业公民的道德意识,强化参与慈善事业的内在驱动力,从而保障企业制定政治战略和慈善战略的科学性。

其次,合理发挥政府"扶持之手"的作用。在经济转型过程中,我国仍然采用的是一套政商混合机制,政府手中掌控着企业发展的金融资源,国有企业与政府的先天联系,使其在获取金融资源上具有独特优势,在资源一定的情况下,民营企业只能分得少量资源,从而导致民营企业面临严重的融资约束。为解决这一问题,亟须加快由计划经济转向市场经济的进程,简政放权,构建服务型政府,合理发挥政府"扶持之手"的作用,减少政府对企业慈善行为的过度干预和对金融资源的掌控,充分发挥市场在资源配置中的决定性作用,防止政府机制对市场机制的挤出效应,保证民营企业能够依法平等使用生产要素,创造公平竞争的市场环境,最终形成市场主导、政府服务、企业自觉的和谐局面。

最后,完善金融市场体系,营造公平的融资环境氛围。现阶段,我国金融市场的"政治导向"机制日益凸显,这种机制向国有企业倾斜,而对民营企业产生信贷歧视,导致民营企业陷入"融资困境"。虽然本章研究结论证明政治关联可以在一定程度上缓解企业信贷融资约束,但政治身份的获取和维护往往需要企业承担较高的政治成本,且过度依赖高管的政治资本容易滋生官商勾结、腐败等社会问题。因此,完善金融市场体系,营造民营企业公平的融资环境才是优化金融资源配置的根本举措。其一,调整国有商业银行面向民营企业的信贷政策,发挥其对民营企业融资的主渠道功能。其二,放开政府对利率的管制,积极推进利率市场化改革进程,创造公平竞争的市场环境,切实按价格竞争机制配置信贷资源。

三、研究展望

探讨高管政治身份与企业信贷融资约束之间相互关系的研究还处于初期阶段,而立足于慈善捐赠视角剖析民营企业高管政治身份缓解信贷融资约束的作用机理更是罕见,未来可以从以下几个方面进行拓展性研究。

(1)纳入更多关键变量。未来研究中,可以将行业特征和经济发展水平考虑进去,并将其合理量化,来揭示高管政治身份、慈善捐赠和信贷融资约束之间的本质规律。因为处于不同行业、不同经济发展水平的企业,其政治联系、慈善行为、融资需求状况也许有各自的特色,不能一概而论。

(2)构建系统的政治关联测度体系。由于我国政府级别及关系网络的复杂性,政治关联的测度目前还没有统一的、科学的标准。政治关联具有时效性、层级性和规模性特征,一个系统的测度体系必须涵盖这三个特征,而本章议题只研究了政治关联的层级性,忽略了政治关联的时效性和规模性。后续研究可以通过构建政治关联指数的方法,全面测度企业政治关联,以更加细致、深入地研究政治关联问题。

(3)寻求缓解融资约束的其他路径。本章议题主要探究了民营企业高管政治身份、慈善捐赠对银行贷款的影响机理,而政治关联、慈善行为对企业其他的融资渠道(如权益融资、发行债券、商业信用、融资租赁等)是否会产生影响以及影响路径还有待深入研究。

第六章　企业慈善捐赠与消费者购买决策

第一节　问题提出及文献述评

一、研究问题提出

随着企业的社会责任意识不断提高，越来越多的企业投身到各类社会责任活动当中。慈善捐赠作为企业承担社会责任的重要方式，一直备受企业家们的青睐。然而企业参与慈善捐赠绝非仅是为了要顺应企业社会责任运动的浪潮，实现一定的社会效益。在这个竞争日益加剧的时代，产品的传统属性在实现差异化竞争优势的道路上步履维艰，企业迫切需要一种新的具有高度吸引力的营销手段来提高产品的符号价值，构建高区分度的企业形象和竞争优势。在这种市场条件下，参与慈善捐赠作为能够带来这种竞争差异化机会的定位策略受到企业的普遍关注，因此也越来越被企业看作增强竞争优势的新驱动力。企业竞争优势增强最为直观的市场绩效指标之一是销售额的提升，而销售额的高低则取决于消费者购买企业产品或服务的状况，由此，慈善捐赠作为一种非市场行为缘何推动消费者的市场购买行为，则成为需要探索的研究焦点。随着公民社会的崛起和消费观念的更新，消费者除了关注与其直接相关的企业产品和服务，对企业善尽社会责任有了更高的要求和更多的期待，并越发关注企业的慈善捐助、公益宣传等，在一定程度上，企业参与慈善公益已然成为消费者做出购买决策的重要依据。Ross等（1990）研究发现，有49%的消费者称其购买产品的主要原因是企业对慈善事业的支持，有54%的人表示未来他们很可能因为一个新品牌的慈善行为而尝试该品牌。汶川地震中加多宝集团的捐赠事件能很好地佐证此结论。原先名不见经传的加多宝集团因为在2008年汶川地震中捐赠了一亿元人民币，迅速吸引了人们的眼球，不仅赢得了社会的广泛赞誉，更使得当时旗下产品王老吉凉茶的销售额得到显著提升。随着消费者自身的社会责任意识越来越高，消费者对企业的期待与要求也不同以往，对于社会责任意识差的企业，消费者会用实际行动抵制这类企业的产品。近年来，震惊社会的苏丹红事件、双汇"瘦肉精"、三鹿"三聚氰胺"、海底捞"老鼠门"等事件曝光后，涉事企业不仅品牌形象一落千丈，更是遭到消费者的摒弃，经济损失惨重，可谓是自食恶果。由此可见，满足消费者的期望、获得消费者的支持是提高企业经济绩效的重要因素，而参与慈善捐赠恰恰可以帮助企业获得消费者的青睐，促进消费者购买。

现实的困境必然引发理论的探索。企业慈善捐赠的研究角度类型多样，主要集中在制度、组织和个体三个层面上。制度层面上主要探讨了企业慈善捐赠与政治关联、税收激励和社会环境之间的作用关系，这些研究大多数都证实了政府的推崇以及企业所处的行业或社区的监督对企业参与慈善捐赠起到一个很好的促进作用，仅有少数研究得出了相反的结论。组织层面上的研究成果是最多的，这些研究探寻了企业慈善捐赠对企业的财务绩效、内部治理、品牌资产等的影响，回答了从企业自身发展角度来看，企业是否应该参与慈善捐赠。研究结论也是有正有反，正面居多。后来有学者发现企业慈善捐赠的水平和效果还与许多个人因素有关，比如公司内部的董事会成员或管理者、公司外部的消费者等，从而衍生出了企业慈善捐赠在个体层面上的研究。对于公司内部董事会成员或管理者的研究主要是针对其个人特征进行的，比如性别、教育水平、薪酬水平和贫困经历等。但相较于公司内部人员对企业慈善捐赠的影响，企业家和学者们更加重视公司外部的消费者对企业慈善捐赠的态度与反馈，因为毕竟消费者的反应决定了企业的生死存亡。以消费者为视角对企业慈善捐赠进行研究始于20世纪90年代，学者们刚开始主要关注消费者的外部反应，比如购买、顾客忠诚和顾客满意，随着对消费者外部行为研究的加深，消费者内部心理反应的作用被渐渐发现，且不容忽视。因此，学者们逐渐将研究的焦点从消费者外部行为转向消费者内部反应，比如消费者对企业行为的归因、认同与评价等，试图从消费者内部反应的角度解释企业慈善捐赠对消费者购买行为的影响。那么，企业慈善捐赠究竟是如何影响消费者购买决策的？消费者的内部反应又是如何发挥作用的？是促进或是抑制了购买决策？目前更多的是对消费者内部反应单一维度的研究，以系统性的消费者内部反应为视角对企业慈善捐赠进行研究的文献较少，对企业慈善捐赠、消费者内部反应和消费者购买之间的影响机制的构建更是匮乏。

为了有效地解决上述问题，弥补现有研究的局限，本章议题基于消费者内部反应的视角，引入企业声誉为调节变量，采用实验法研究企业慈善捐赠对消费者购买决策的影响，试图通过分析比较不同战略性特征的企业慈善捐赠对消费者购买决策的影响，不同维度的消费者内部反应在企业慈善捐赠影响消费者购买决策过程中所起的作用，深入探究企业慈善捐赠、消费者内部反应和购买决策的关联机制，力图拓宽非市场行为影响市场绩效的机理探索的崭新研究视角，借以为企业从战略高度系统性开展慈善活动提供理论指导。

二、企业慈善捐赠的维度

企业慈善捐赠的研究在西方国家起步较早，进入中国较晚。对于企业慈善捐赠的定义，不同的学者和组织有不同的看法。通过对文献的整理，将企业慈善捐赠比较具有代表性的定义总结如表6-1所示。

表6-1 企业慈善捐赠代表性定义

年份	学者	观点
1990	Wood	一种企业蓄意将慈善捐赠与经济目标联系起来的行为
1994	Collins	一种企业在与自身没有明确利益关系的前提下做出的现金或者其他方面的捐赠行为
1996	Burlingame 和 Frishkoff	企业在一定时期内向符合其捐赠意愿的公益性非营利组织捐献实物、现金或者劳务等的一种行为
2007	钟宏武	企业无条件地、自愿地将资源送给与企业自身利益没有关联的人
2012	高勇强等	企业在履行其社会责任的基础之上，将一定数额的资金、实物或者服务捐赠给需要帮助的对象
2016	《中华人民共和国慈善法》	自然人、法人或者其他组织基于慈善目的，自愿、无偿赠与财产的活动

通过对文献的梳理可以看出，虽然学者们对于企业慈善捐赠有自己的理解，但是大多数学者都认为企业慈善捐赠具有无偿性和自愿性的特点，且初期的企业慈善捐赠一般是通过委托给慈善机构等非营利性组织进行的，后来越来越多的企业选择了直接捐赠的方式。因此，在前人的基础上将企业慈善捐赠定义为：企业自愿且无偿性地向需要帮助的对象直接或间接捐赠财产或者提供服务。

学术界对于企业慈善捐赠维度的划分大多是依据企业慈善捐赠的行为方式进行，主要包含企业慈善捐赠的资源、途径和领域。资源是指企业贡献出什么资源来解决社会问题，体现了企业解决社会问题和慈善创新的能力；途径是指慈善资源通过何种路径到达慈善领域，是联系"资源"和"领域"的纽带，反映了企业在慈善事业中的参与程度;领域是指企业慈善捐赠行为所涉及的救助方向,体现了企业对各种社会问题的态度以及不同的慈善兴趣(徐雪松,2007)。具体内容如表6-2所示。

表6-2 企业慈善捐赠行为的研究内容

研究内容	维度
资源	人、财、物、渠道
途径	全权委托型、合作开发型、单独运作型
领域	教育、科研、社区发展、环保、文体、医疗、救灾、扶贫

随着企业的目标由利润最大化向利益相关者利益最大化转变,企业的经营发展越来越讲究战略性,企业的慈善捐赠也相应地具有了战略性的特征。迈克尔·波特提出的战略性企业慈善理论对企业慈善提出了新的要求,慈善行为只有带来了良好的社会效益和经济效益,企业慈善行为才能与经济目标兼容(唐更华、许卓云,2004)。许文文和康晓光(2014)在深入分析波特的战略性慈善理论的基础上,将具有战略性的形象导向型慈善作为慈善的新维度,完善了波特战略性慈善理论的缺陷,构建了新战略性慈善理论。在具体的实证研究中,国内外的学者们从不同的角度归纳出了不同的企业慈善捐赠的战略特征,主要内容如表6-3所示。

表6-3 企业慈善捐赠战略性特征的内涵

内涵	依据	文献
慈善活动与企业业务的匹配度;慈善活动的重要程度;企业在慈善活动中的参与度;消费者的介入程度;慈善活动的时机、时间跨度;企业慈善活动宣传	慈善行为策略指标的体现	Kotler 和 Lee(2006);徐雪松(2007);崔娜(2011);徐红和王辉(2015);朱琳琳和陆雄文(2015);张红英(2018)
曝光度;持续性;慈善杠杆;消费者卷入;品牌熟悉度;对慈善捐赠事件的态度;对被捐赠事件的态度;对捐赠活动的普遍态度;感知捐赠动机;感知捐赠匹配;人口统计变量	慈善活动的影响因素	刘英(2014)
匹配度;开展动机;主题的连贯性;开展的时间;宣传策略	消费者感知到的变量	Becker-Olsen 等(2005);梁文玲(2013);曹忠鹏等(2012);袁海霞和田虹(2013);毕楠等(2016)

续表

内涵	依据	文献
熟悉度、产品类型、重要性或卷入度、匹配度（契合度）、时间选择、关联度	慈善事业的相关特征	Human 和 Terblanche（2012）；刘凤军等（2012）；朱翊敏等（2012）；孙路平（2017）；邓新明等（2017）

通过对表6-3中不同归纳依据下的企业慈善捐赠战略性特征进行筛选，可以发现目前比较受重视的企业慈善捐赠维度有契合度、宣传重点和时间选择。契合度指的是消费者感知到的企业慈善捐赠与企业的产品线、形象、市场定位、目标市场、企业使命和价值之间的一致性、相关性或相似性。宣传重点是指企业在宣传时的侧重点是公益事项还是企业品牌。时间选择是指企业对慈善事项是主动积极响应，还是被动消极响应，是先行提出，还是事后跟随。时间选择也是企业参与慈善活动主动性的重要体现。

三、企业慈善捐赠与消费者反应

Zeithaml 等（1996）在研究消费者反应时，将其概括为忠诚度、支付溢价、转换、内部反应及外部反应五个维度。但后来的学者大多是将消费者反应分成内部反应和外部反应两个维度（Bhattacharya & Sen，2004；卢东，2009；田志龙、王瑞、杨文等，2011；张宇婷、卢璐，2018）。其中消费者内部反应的内容主要包括归因、认同、评价和感知等。消费者外部反应的内容主要包括购买意愿与行为、忠诚和满意等。

（一）企业慈善捐赠与消费者内部反应

关于消费者内部反应的研究，起源于对消费者心理的研究。因为消费者的购买行为一般是从消费者需要开始的，消费需要是消费者对商品的一种心理倾向，这种倾向会促使消费者进一步了解商品、了解企业、产生态度，从而做出是否购买的决策。因此，心理学家们将消费者购买的心理过程归纳为"购买动机—购买准备—注意商品—产生兴趣—产生联想—购买决策—使用消费"。罗子明（2007）曾对国内的消费者心理研究做了一个综述，他归纳出了12个关于消费者心理行为研究的常规性项目，分别是：①消费兴趣；②消费者认知；③广告认知；④产品形象；⑤品牌形象；⑥情感与态度；⑦需要、动机、决策和购买；⑧营业环境；⑨消费经验与满意度；⑩行为变化；⑪消费群体心理；⑫外部影响因素。许多学者在研究消费者内部反应时都会将消费者的归因、认同、评价、感知等因素考虑在内，这些因素都属于消费者心理的范畴（朱翊敏，2014）。

1. 归因

消费者对于企业行为动机的归因一直是企业慈善捐赠研究项目中的一个热

门,也是在研究慈善事业与消费者反应关系时不可忽视的一个重要因素。Mohr 等(2001)认为消费者对企业发生社会责任行为的归因可分为四类:①寻求企业自身利益的回报(如增加销售、获取更多的利润,促进公共关系,建立企业声誉);②绝大部分为了企业自身利益,小部分为了社区、社会和环境的利益;③绝大部分为了社会利益,小部分为了企业自身利益;④完全是为了社会利益。消费者对企业行为原因的判断会直接影响到其对企业行为的反应,除了研究归因的中介作用(Berens 等,2005;肖海林等,2017),更有学者在归因的基础上深度剖析了消费者对企业慈善事业的抵制作用(邓新明等,2017)。Ellen 等(2006)则认为消费者不会简单地根据企业利他或是利己的动机做出积极或是消极的反应,消费者对企业慈善行为的归因是极其复杂的,包括以利他为中心的价值驱动归因、利益相关者驱动归因和以利己为中心的自利驱动归因、战略驱动归因,并且消费者对企业慈善行为的反应受这些归因的中介。卢东等(2009)对王老吉在汶川地震中的捐款行为进行实证分析也发现,消费者利他归因正向影响其对企业的态度,而利己归因负向影响对企业的态度。因此可以看出,企业的慈善捐赠行为不一定能引起消费者对企业动机产生利他性的归因,还应有其他的影响因素有待考究。

2. 认同

20 世纪 50 年代,西方心理学领域的学者开始研究认同感。Tajfel(1978)首先对社会认同进行了定义,他认为社会认同即"个体认识到自己属于特定的社会群体,同时也认识到作为群体成员带给自己的情感和价值意义"。社会认同理论强调了社会认同对群体行为的解释作用,它试图解释个体所获得的对自己所在群体成员身份的认识,是如何影响其知觉、态度和行为的。后来学者们从社会认同中演化出了另一个名词——组织认同,它是社会认同的一种特殊形式,学者们都将其视为个人和组织之间的一种心理和情感的纽带(Ashforth & Mael,1989;Dutton 等,1994)。基于社会认同理论和组织认同理论的基础,消费者企业认同逐渐发展起来。依照社会认同理论和组织认同理论,消费者企业认同是消费者和企业之间的一种心理和情感纽带,是个人价值观和感知到的组织形象之间的契合性(Marin & Ruiz,2007)。对于能够极大程度地满足消费者需求的企业,消费者往往会对其产生好感和认同,从而更愿意参与到企业的相关活动中(Sen & Bhattacharya,2001;Bhattacharya & Sen,2003)。相较于企业慈善捐赠与消费者认同关系的研究,现有文献中更多的是关于企业社会责任与消费者认同关系的研究。齐丽云等(2016)认为,消费者企业社会责任认同水平的高低在一定程度上反映了当前消费者对企业社会责任行为重要性的认识和支持程度。Pérez(2009)研究了消费者认同在企业社会责任感知与消费者行为关系中的作用,结果表明企业社会责任行为不仅可以对消费者购买意愿产生直接影响，还可以通过消费者认同对消费者购买意愿产生间接影响。我国学者李敬强和刘凤军（2017）也得出了相似结论，他们还发现消费者对企业的认同程度会受到企业社会责任特征的影响。

3. 评价

我国现有关于消费者评价的研究多是围绕着品牌与消费者购买进行的，仅有几篇探讨了企业社会责任、慈善捐赠与消费者评价的关系。赵越春和王怀明（2013）通过分析食品企业社会责任表现与消费者响应之间的关系，得出结论：消费者对不同的社会责任行为给予的评价存在差异，在食品安全和慈善捐赠两者之间，消费者更注重食品安全。消费者对于从事慈善捐赠的企业评价要显著高于对不从事慈善捐赠的企业评价。同时，企业保障食品安全和从事慈善捐赠有显著的交互效应，慈善捐赠的效应会随着食品安全情况的不同而不同。企业在能够保障食品安全的前提下从事慈善捐赠会得到更高的消费者评价；而当企业食品安全出现问题时，不管企业多么积极从事慈善捐赠，消费者的正向评价仍会大幅度下降。汪旭晖等（2015）将企业社会责任分为善因营销、企业赞助和慈善捐赠三个维度，考察了在不同类型负面网络口碑评价情境下，零售企业的社会责任行为对品牌权益的影响作用。研究发现，在产品型负面网络评价情境下，善因营销和企业赞助会对零售企业品牌权益产生相同程度的负向作用，而慈善捐赠却起到修复作用；在道德型负面网络评价情境下，善因营销和慈善捐赠可以相同程度地修复零售企业品牌权益，企业赞助对其却无显著的影响作用；且慈善捐赠在产品型和道德型负面网络评价下对零售企业品牌权益的修复程度是相同的。Singh（2016）认为，消费者对于企业社会责任的感知会严重影响到其对企业的评价与态度。因此，学者们普遍认为消费者对企业社会责任的感知会引发消费者对公司进行评价，进而影响消费者购买意愿。

4. 感知

消费者感知的内容包含很多方面，比如消费者感知到的风险、价值、质量等，与消费者评价相似的是，现有研究绝大多数都是探究了消费者感知与消费者购买之间的关系，极少数剖析了企业社会责任或企业慈善捐赠与消费者感知的关系。王仙雅和毛文娟（2015）基于消费者归因和期望理论，探索了两种企业社会责任缺失行为（故意行为和无意行为）对消费者感知的影响机制。结果表明：故意行为和无意行为均能正向影响消费者对企业社会责任缺失行为的感知，但是消费者对故意行为的感知更高；这种感知的差异性来源于消费者对两种行为负面归因的差异，负面归因起到了中介作用。殷龙等（2016）建立消费者关于企业宣传捐款额度以及实际捐款额度的购买可能性函数，考虑在两种额度不一致时消费者感知到的伪善对于购买可能性的影响，发现消费者的伪善感知与消费者对企业产品的购买可能性呈负相关变化。Chaudary 等（2016）将企业社会责任活动分为慈善、环保及道德三个维度，研究消费者感知对消费者及企业各方面的影响，包括消费者忠诚度、企业绩效、消费者依恋、回购意愿等，通过以250名CSR消费者为样本收集数据，实证分析得出了肯定的结论。

（二）企业慈善捐赠与消费者外部反应

Bhattacharya 和 Sen（2004）在研究以消费者为中心的企业社会责任时，其将顾客购买行为、价格溢酬、忠诚与满意、口碑和企业声誉、弹性以及财务绩效都归为了公司的外部产出。但从消费者的角度出发，对企业行为做出的外部反应主要是指购买意愿与行为、忠诚和满意等（Zeithaml 等，1996）。

1. 消费者购买

在现有文献中，虽然学者们对于消费者购买的称呼略有不同，如消费者购买意向（意愿），或消费者购买决策，或消费者购买行为，但其实这些研究之间并没有本质上的差别，用于测量消费者购买的量表也大同小异，对于企业慈善捐赠与消费者购买之间关系的研究结果也是大致相同的。学者们统一认为企业慈善捐赠可以直接影响消费者购买，且这种影响是正面的，但是如果存在中介变量或者调节变量，那么企业慈善捐赠与消费者购买的间接影响就不一定是正面的了，并且不同的中介变量或调节变量对企业慈善捐赠与消费者购买关系的影响是不同的。

企业慈善捐赠与消费者购买关系的研究主要体现在两个方面：一是从社会责任出发，笼统研究企业慈善捐赠对消费者购买意愿的影响。Mohr 和 Webb（2005）采用情景操控的方法来研究消费者对企业社会责任的反应。此实验将企业社会责任划分为环境和慈善事业两个维度，通过调节这两个维度水平的高低来控制社会责任水平的高低。研究结果表明，环境和慈善事业都会对消费者的评价和购买意向产生积极影响，消极的企业社会责任则会大大削弱消费者购买意向。周祖城和张漪杰（2007）的研究将企业社会责任水平根据行业划分为领先、中等、落后水平，发现企业社会责任相对水平对消费者购买意向产生正向影响。益普索公众事务研究机构（Ipsos Public Affairs）在2009年对两万余名受访者进行网上调查，并且将研究范围扩大到全球的消费者，以保证调查结论的全面性和普适性。通过研究显示，超过七成的消费者认为他们的购买决策很大程度上受到企业社会责任表现好坏的影响。与此形成鲜明对比的是，认为购买决策不受企业社会责任表现影响的消费者仅占到两成。张颢瀚和黄芮（2018）采用个案研究法，深入分析了企业社会责任对消费者的购买意愿和购买行为的影响，分析结果表明企业的社会责任履行程度与消费者购买意愿成正比，企业社会责任的履行对企业的良性发展具有重要作用。加入中介变量或调节变量后，Tung-Ju Wu 等（2016）针对星巴克连锁咖啡店，对消费者进行问卷调查，SEM分析结果表明积极的企业社会责任显著影响购买意愿，并且在这中间还存在品牌态度和品牌形象的中介作用以及买方—卖方关系的调节作用。邓新明等（2016）构建了一个包含企业社会责任、动机归因、消费者购买意愿、消费者利他倾向、企业社会责任—企业能力信念在内的复杂的研究框架。实验研究结果表明，企业社会责任不仅会对消费者购买意愿产生直接的正向影响，而且可以通过动机归因对消费者购买意愿产生间接正向影响；企业社会责任对动机归因的影响受到了消费者利他倾向的正向调节；动机归因和消费者购买意愿之间的关系受到了企业社会责任—企业能力信念的负向调节。

二是直接针对企业慈善捐赠与消费者购买意愿关系的研究。如马干平（2014）利用 ERP 实验，发现在购买决策过程中，消费者在同等条件下更愿意选择在有慈善营销行为的企业进行购买；且消费者选择在有慈善营销行为的超市购买东西时，会产生更大的认知冲突。Gautier 和 Pache（2015）回顾了大约 30 年的关于企业慈善事业的学术研究，总结了关于这种日益兴起的实践的研究现状，在几个研究空白的基础上，强调了企业慈善事业未来的研究方向之一应与消费者紧密相连。陶蕾等（2015）研究了慈善责任对消费者购买意愿的影响，并引入了企业声誉和产品质量作为调节变量，结果显示当企业声誉较高或者产品质量较高时，慈善责任对消费者购买意愿具有显著的正向作用。田敏等（2016）采用实验研究方法，指出企业慈善行为正向显著影响消费者对企业的态度，其中善因营销方式对消费者的购买意愿的正向影响最为显著。李岚（2016）对企业慈善与消费者响应关系的研究做了综述，发现国内外的学者基本一致肯定企业慈善行为可以引起消费者的积极反应，提高消费者的购买意愿。

2. 顾客忠诚

Oliver（1997）指出，顾客忠诚是顾客高度承诺在未来一贯地重复购买所偏好的产品或服务，并因此产生对同一品牌或同一品牌系列产品或服务的重复购买行为，而且不会因为市场态势的变化和竞争性产品营销努力的吸引而采取转移行为。这一定义不仅描述了顾客忠诚的行为特征是重复购买，而且也强调了顾客忠诚的态度特征，即顾客忠诚来源于顾客对产品的喜爱和依赖，是一种积极的态度，不会随外界条件的变化而改变。后来，Oliver（1999）从心理学角度出发，将顾客忠诚划分为三个阶段：认知忠诚、情感忠诚和意向忠诚，再加上行为忠诚，共分为四个组成部分。他认为，在忠诚度的形成过程中，顾客会经历认知忠诚、情感忠诚、意向忠诚和行为忠诚的阶段，顾客在前一阶段形成的忠诚度会影响他们在后一阶段的忠诚度。

薛永基等（2012）基于消费者感知视角，设计了检验慈善捐赠行为影响企业品牌资产的实验，结果表明慈善捐赠行为对企业品牌资产中的感知质量和品牌形象有显著性影响，但对品牌忠诚没有显著性影响。但是这个团队在 2013 年的研究中得出了不一样的结论,不同类型的慈善捐赠行为对品牌忠诚的提升作用是不同的。汪一璇(2016)以南京市一些大型快餐连锁店的消费者为研究对象,将企业社会责任分为消费者、员工、环境和慈善四个维度,就消费者对快餐企业社会责任的认知及快餐企业社会责任对顾客忠诚度的影响进行实证研究,结果显示企业社会责任的四个维度都对顾客忠诚度有正面影响,慈善责任可以显著地提升顾客忠诚。买生等(2017)探讨了企业慈善对顾客忠诚的内在作用机制,研究发现企业慈善对顾客忠诚的作用主要源于企业在慈善中的扶贫捐赠、救灾捐赠和教育捐赠,即扶贫捐赠、救灾捐赠和教育捐赠更能提升顾客忠诚。

3. 顾客满意

顾客满意是指一个人通过对一种产品的可感知的效果或结果与他或她的期望值相比较后,所形成的愉悦或失望的感觉状态。Hassan 等(2013)将企业社会责任分为经济、法律、伦理和慈善四个维度,检验马来西亚的外国跨国零售商所采取的企业社会责任实践或举措对顾客满意度的影响,研究结果表明企业履行慈善责任能够显著地提高顾客满意度。不少学者探讨了企业社会责任与顾客满意之间的关系,这些成果对于研究企业慈善捐赠与顾客满意的关系有着十分重要的参考作用。Luo 和 Bhattacharya(2006)发现企业社会责任有助于提高顾客满意,顾客满意对企业社会责任为企业带来的投资回报有调节作用,顾客满意在企业社会责任和企业市场价值之间起到了中介作用,在低创新能力的公司,企业社会责任会降低顾客满意水平,并通过低的顾客满意度来损害公司的市场价值。魏农建和唐久益(2009)以上海牛乳行业为研究对象,从消费者的感知和评价着手,探索了企业社会责任对顾客满意的影响作用。结果显示企业社会责任对顾客满意及顾客忠诚并没有直接的影响,而是通过影响企业声誉和顾客感知价值,对顾客满意和顾客忠诚产生显著的间接影响,从而为企业社会责任与顾客满意之间的联系搭建了新的通道。付非和赵迎欢(2016)针对医药行业的企业得出了一样的结论。韩国学者 Shin 和 Thai(2014)以消费者为研究对象,发现了航运业企业社会责任不仅会对顾客满意度产生影响,还会对顾客态度和行为忠诚产生影响。可以看出,企业社会责任对顾客满意有显著的正向影响。

四、文献述评

通过对文献的分析和研究可以发现,企业慈善捐赠的研究在国内外已取得了一定的成果。现有文献多是从企业层面研究慈善捐赠对企业财务绩效的经济影响,近年来越来越多的人开始研究企业与政府的关系对企业实施慈善捐赠的影响,以及企业参与慈善捐赠对消费者购买所产生的影响。这些研究都建立了企业慈善捐赠与其前因变量或驱动因素的影响机制,并取得了一定的成果。其中从消

费者的角度探讨企业慈善捐赠与消费者关系的研究虽然越来越多,但是现有文献仍存在以下三点不足:

第一,国内外学者虽对企业慈善捐赠的研究已较为成熟,对其概念内涵的认识、构成维度等方面也基本达成共识,但对于企业慈善捐赠战略性特征的研究尚不统一。以往的研究多是依据慈善捐赠的行为方式对企业慈善捐赠的维度进行划分,比如捐赠方式、资源、动机、领域等,但随着企业的经营发展越来越讲究战略性,越来越注重兼顾股东与利益相关者的利益,企业慈善捐赠也应当具有战略性,企业参与慈善捐赠不应当仅可以带来社会效益,还应当可以同时带来经济效益。因此,关于企业慈善捐赠战略性特征的研究还是亟待填补的空白。

第二,目前关于企业慈善捐赠与消费者内部反应的研究不够综合、系统。绝大多数都是对消费者内部反应的单一维度进行研究,比如只研究企业慈善捐赠与消费者评价或者企业慈善捐赠与归因,并没有全面而系统地论述企业慈善捐赠是如何影响消费者内部反应的,有关企业慈善捐赠与消费者内部反应之间关系的专题研究更是非常匮乏的。然而消费者内部反应作为心理研究领域的内容,其内涵是相当复杂的,若仅从单一维度对其进行研究,那么得出的结论将显得片面且薄弱。

第三,现有文献中以消费者内部反应为视角,探讨企业慈善捐赠影响购买决策的机理的研究成果较少。大多数都是单独研究企业慈善捐赠与购买决策、消费者内部反应与购买决策两两之间的关系,专门剖析企业慈善捐赠、消费者内部反应和购买决策三者关系的研究则是凤毛麟角。所以,尝试把握企业慈善捐赠与消费者的联系,搭建企业慈善捐赠与消费者购买决策的关系桥梁,构建一个关于企业慈善捐赠、消费者内部反应和购买决策的全新模型,是促进企业慈善捐赠理论深入研究和快速发展的关键。

综上所述,将针对以上三点不足,选取契合度、宣传重点和时间选择这三个特征作为企业慈善捐赠的研究维度,选取归因、企业认同及消费者评价作为维度对消费者内部反应进行描述,系统性地研究在消费者内部反应的视角下,企业慈善捐赠对购买决策的影响机理。

第二节 理论演绎与研究假设

一、企业慈善捐赠与购买决策

目前已有大量关于企业社会责任与消费者购买关系的研究,慈善捐赠作为企业社会责任的重要维度,也必然会对消费者购买决策产生影响。在研究企业慈善捐赠契合度方面,袁海霞和田虹(2015)在探讨企业慈善捐赠对消费者品牌态度的影响时,直接指出企业社会责任匹配性和社会事业亲和力作为调节变量,与慈善捐赠的交互作用可对消费者品牌态度产生重要影响。Bhattacharya 和 Sen(2004)的研究表明企业社会责任与消费者购买意向之间的正相关关系与企业社会责任的契合度有关。相较于高契合度的企业社会责任行为,低契合度的企业社会责任行为将会导致消费者产生更多的负面想法,从而降低对企业的信任度与购买意愿。王春娅等(2014)以品牌丑闻为背景,发现企业参与慈善捐助的契合度对消费者的消费意愿具有修复效应,并且较之低契合度的慈善捐助,高契合度的慈善捐助能导致更高的品牌信任重建,源于当消费者感知契合度高时,消费者将自己和该企业视为同一类别或同一群体,从而会对企业的行为产生较高的关联与信任,进而产生更高的消费意愿恢复。就企业慈善捐赠宣传重点而言,Forehand 和 Grier(2003)在研究中发现,企业在进行企业社会责任活动时,当他们特别强调捐赠企业自身时,消费者对企业的评价是负面的,因为企业过分强调自己,会促使消费者认为企业是以宣传自己为主,是在为企业做广告宣传,从而将企业的捐赠行为看成是利己的行为。因此,当企业宣传的重点是企业形象、品牌或产品时,消费者会认为企业是出于自己的利益而进行的慈善活动,故消费者对企业的慈善行为的正向态度将降低。而当企业的宣传重点是慈善活动时,根据归因理论,消费者解读企业的慈善行为时,感知企业宣传的真正目的是慈善活动以及受助对象,是利他动机。在企业慈善捐赠时间选择方面,企业社会责任时间选择的过于滞后会使消费者感知企业在履行或承担社会责任时是被动消极的响应,在一定程度上反映了企业履行社会责任是迫于外在压力,从而使得消费者产生消极心理,觉得企业的捐赠行为是伪善,并且这样的消极心理认知会最终表达在对该企业或品牌的态度与购买行为上,甚至会对该企业的产品产生抵制行为。

由上述可知,在现有的关于企业慈善捐赠与消费者购买关系的研究中,较多的是关于企业社会责任或企业慈善捐赠对消费者购买意愿的影响,鲜有关于企业慈善捐赠与购买决策的研究。郑碧强等(2011)通过多次研究探索了慈善捐赠行为对顾客购买决策行为的作用机制,结果表明,慈善捐赠行为能够提升顾客感知的公司形象,并通过提高顾客的道德认同进而积极正向地影响顾客的购买决策行为。因此可以得知,企业慈善捐赠必然会对购买决策产生影响。据此,提出以下假设:

H61a:契合度对购买决策存在显著的正向影响。

H61b:宣传重点对购买决策存在显著的正向影响。

H61c:时间选择对购买决策存在显著的正向影响。

二、企业慈善捐赠与消费者内部反应

国外对企业慈善与消费者内部反应两者关系的研究起源于20世纪70年代末,成果较丰富。我国企业的慈善行为在近年也蓬勃开展起来,尤其是2008年汶川特大地震后,国内企业的慈善意识迅速觉醒。然而关于企业慈善行为与消费者内部反应两者的关系,我国现有的研究仍然十分有限。消费者内部反应的测度存在相当大的主观性,且绝大多数学者都只选用单一维度探讨诸如归因风格与购买决策的关系、消费者品牌认同与购买决策的关系等,然而消费者内部反应作为一种复杂的心理活动,绝不可能仅有简单的一种维度,因此系统地将消费者内部反应划分为消费者对企业的归因、认同与评价维度非常必要。

Waddock 和 Graves (1997) 认为企业进行慈善捐助可能会对消费者发出某种暗示,即该企业管理水平良好且发展前景可观,进而消费者会自然而然地联想到有社会责任感的企业的产品质量和售后服务也会更加优良。消费者产生了心理认同后便容易倾向于购买该企业的产品,从而给企业的收益带来积极的影响。部分研究认为企业慈善捐赠的不同特征可能会引起消费者内部反应的差异。其中,学者们关注最多的是企业慈善捐赠的契合度(匹配度)。Haley (1996) 认为消费者倾向于那些与慈善活动高度匹配的捐赠行为并对此行为产生较好的反应,尤其是当慈善活动影响力比较大时,这种匹配性对消费者内部反应的积极影响更加显著,因为消费者认为企业参与的社会公益事业与企业自身的经营活动有关才是符合逻辑的,否则,会认为企业是出于功利性目的进行慈善捐赠,从而导致消费者对企业产生较差的态度,例如否定企业的行为,抗拒将自己与企业归为同一类群体,对企业的评价变差等。另有学者开始将目光转向企业慈善的宣传手段。梁文玲(2013)认为,企业善因营销的宣传对消费者购买意愿有显著的正向影响。在具体策略上,电视媒体、长期宣传和高频率宣传对消费者的购买意愿影响更大。但是相比于宣传的方式,宣传的内容更可能会引起消费者的注意。当宣传侧重点是慈善活动而不是企业自身时,显见企业做事的态度是积极友善的,参与慈善捐赠的动机是利他性的,而非只为了赚取利益,消费者才会对企业产生较好的评价。除了企业慈善捐赠的匹配度和宣传重点,邓新明等(2017)还加入了企业参与慈善捐赠的时间选择作为研究的刺激变量,他们以心理契约违背和折扣理论为基础,得出了并不是只要企业参与了慈善捐赠,消费者就会对其产生积极的正面反应的结论。如果企业慈善捐赠的匹配度较低或者时间选择较被动,反而会刺激消费者心理契约违背的产生,而且后者比前者刺激作用更大,更能促使消费者产生抵制行为。不难看出,时间选择也是企业参与慈善捐赠的重要因素,它体现了企业参与慈善捐赠的积极性,如果企业慈善捐赠的时间选择较晚,消费者会认为企业是迫于舆论或行业的压力，才选择被动地参与捐赠，由此，消费者便会对企业产生反感，将企业的捐赠行为归因为非利他性行为，进而对企业产生较低的认同与评价。

总体上看，当企业慈善捐赠的契合度越高、时间选择越主动、宣传重点越侧重于慈善事件时，大多数消费者对于企业慈善捐赠的内部反应是积极的，因为此时的企业慈善捐赠行为给消费者传递的是一种利他性的目的，可以积极影响消费者对企业的印象，改善消费者对企业的认同和评价，从而导致消费者产生积极的内部反应。由此可知，企业慈善捐赠极有可能对消费者内部反应产生积极的正向影响。据此，提出以下假设：

H621a：契合度对归因存在显著的正向影响。

H621b：契合度对企业认同存在显著的正向影响。

H621c：契合度对消费者评价存在显著的正向影响。

H622a：宣传重点对归因存在显著的正向影响。

H622b：宣传重点对企业认同存在显著的正向影响。

H622c：宣传重点对消费者评价存在显著的正向影响。

H623a：时间选择对归因存在显著的正向影响。

H623b：时间选择对企业认同存在显著的正向影响。

H623c：时间选择对消费者评价存在显著的正向影响。

三、消费者内部反应与购买决策

消费者购买决策的前因变量是多方面的，大致有消费者本身、企业及产品、市场环境这三方面。作为影响消费者购买的变量的个体因素之一，消费者内部反应划分为消费者对企业的归因、认同与评价维度。目前关于归因与消费者购买的研究较多，张圣亮和张结娣（2016）基于归因理论，探讨了消费者对企业行为的不同归因对自身购买行为的影响，研究结论显示，当归因越利他时，消费者的购买行为就越积极。有学者针对企业承担社会责任的捐赠行为做了研究，有的学者认为企业履行社会责任会先影响消费者的归因，继而影响消费者的购买意图（Wongpitch等，2016），而有的学者却得出了相反的结论，消费者对企业社会责任的认知、归因和态度与其购买行为之间并不存在必然的联系，消费者更多时候还是考虑维护自身的利益（李岚，2018）。随着消费者对企业的要求越来越高，大量学者认为，想要增加消费者对企业产品的购买，就必须提高消费者对企业的认同，消费者对企业的认同不仅可以直接提高消费者的购买意愿（吴定玉和辛雅洁，2018），还可以通过提高消费者对企业的支持，进而促进购买行为的产生（Rim等，2016）。当消费者对企业行为产生认同时，会自觉地将自己与企业归为同一群体，并通过信任企业的行为进而信任企业的产品，那么自然就会选择购买企业的产品，并且极有可能会产生重复购买的行为（King 等，2016）。另外，消费者对企业的评价也是在研究消费者购买决策时不可忽视的重要因素。关于消费者评价与购买决策的研究，赵越春和王怀明（2013）以电商企业为研究对象，这样就可以在企业的网店里直接获取消费者的评价以及购买情况，研究普遍发现消费者的评价与消费者的购买决策行为呈正相关关系，消费者对消费者评价越正面，消费者就越容易产生购买决策。还有学者将消费者评价细分为评价数量、评价质量、评价等级等维度，对消费者评价与购买决策的关系进行更深入的研究，发现不同的评价数量、质量和等级会对消费者的购买产生不同的影响，并且这些因素之间还会存在交互效应（冯娇和姚忠，2016；陈晓红和曾平，2016；汪旭晖等，2017）。国外学者 Boon - Long 和 Wongsurawat（2015）通过对三星手机泰国脸书粉丝页的评论进行研究，发现社交网络评论可以用来衡量社会媒体营销中消费者购买决策的情况。由此可见，消费者评价是购买决策的重要前因变量，在研究购买决策之前自然也应当先分析消费者评价的情况。据此，提出以下假设：

H63a：归因对购买决策存在显著的正向影响。

H63b：企业认同对购买决策存在显著的正向影响。

H63c：消费者评价对购买决策存在显著的正向影响。

四、企业声誉的调节作用

在探讨关于消费者购买的影响因素时，大量研究都得出了企业声誉作为企业的特征必然会对消费者购买产生重要影响的结论。大多数研究都是直接证明了声誉好的企业所获得的消费者购买意向显著地比声誉差的企业更高，这源于消费者对于声誉好的企业往往有更强烈的好感，这种好感驱使消费者对声誉好的企业产生好的印象，进而提高自身的购买意愿（Nguyen & Leblanc，2001；Jeng & Shih - Ping，2008）。Jung 和 Seock（2016）通过将负面企业声誉信息告知给消费者来观察消费者购买决策的变化，结果发现消费者在获知了负面企业声誉信息后，购买决策明显下降，反面验证了企业声誉对消费者的购买决策有显著的调节作用，越正面的企业声誉越有助于提高消费者的购买决策。此外，也有部分学者探讨了声誉对企业慈善捐赠活动影响购买决策的调节机制。陶蕾等（2015）以企业声誉为调节变量，将企业社会责任分为经济责任、道德—法律责任和慈善责任三个维度，剖析了其对消费者购买意愿的影响，发现当企业声誉较高时，慈善责任对消费者购买意愿的影响最大。声誉较高的企业往往是业内标杆，具有优秀的示范作用，因此消费者更愿意信任这类企业，也更容易对其行为产生高满意度，进而更愿意增加对这类企业产品或服务的购买（李海芹和张子刚，2010；Tahir

Islam,2017)。因此,企业声誉极有可能在企业慈善捐赠影响购买决策的过程中存在调节作用。据此,提出以下假设:

H64a:企业声誉在契合度影响购买决策的过程中起正向调节作用。
H64b:企业声誉在宣传重点影响购买决策的过程中起正向调节作用。
H64c:企业声誉在时间选择影响购买决策的过程中起正向调节作用。

五、概念模型

本章议题引入消费者内部反应(归因、企业认同、消费者评价)作为中介变量,搭建一个关于企业慈善捐赠和购买决策两者之间关系的桥梁,将企业声誉作为调节变量,构建一个全新的关于企业慈善捐赠、消费者内部反应和购买决策的模型,如图6-1所示。

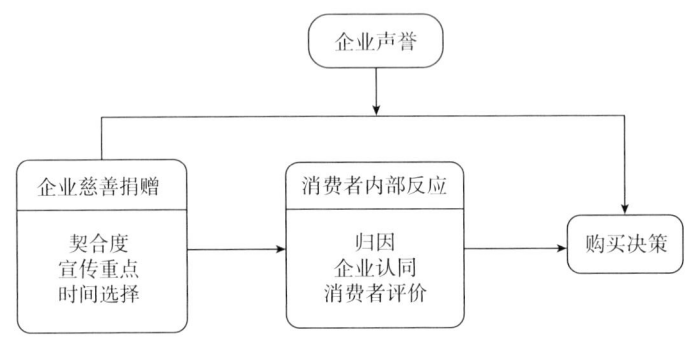

图6-1 概念模型

第三节 研究设计

一、实验情景材料的设计

采用2(契合度:高/低)×2(宣传重点:慈善事件/企业品牌)×2(时间选择:主动/被动)的组间实验设计。依据企业慈善捐赠三个维度的不同组合虚拟出了8种不同的实验情景,每位调查对象只能接触其中一种情景。情景材料以虚拟的地震灾害为背景进行设计,因为灾害救助作为企业慈善捐赠最频繁的领域之一,其突发性能够充分地考验企业进行慈善捐赠的决心。同时材料中所涉及的虚拟企业用A企业代替。具体的慈善捐赠背景以及三个刺激因素的材料如下:

慈善捐赠背景：2010年12月，我国西部某地区发生严重的地震灾害，导致5万多人遇难，3万多人受伤，1万多人失踪。灾害发生后，各行各业的企业通过各种渠道向灾区捐款捐物，纷纷伸出了救灾援助之手。由于灾情的严重性，绝大多数企业在灾害发生后的一两天内就进行了捐赠，只有极少数的企业在灾害发生了好几天后才进行捐赠。

假设您现在准备购买手机，您心中已有几个备选品牌，正犹豫不决该买哪个，A品牌（企业）的手机是您的备选之一。在现实生活中您所知道的手机品牌中，您认为哪个品牌（企业）的形象、品牌定位等与您最契合，则将A品牌（企业）替换成与您最契合的品牌（企业），如表6-4所示。

表6-4 三个刺激因素的实验材料

刺激因素	程度	具体内容
契合度	高	A企业使用自建的"无人机高空基站"为灾区恢复信号，并向灾民捐赠自家的手机，帮助灾民与外界取得联系
	低	A企业购买了大量家用净水器捐赠给灾区，供灾民使用
宣传重点	高	报道中重点突出灾区人民目前的艰难处境，鼓励广大公民共同参与捐赠
	低	报道中重点为自身的品牌及产品做了大量宣传，以吸引消费者的注意
时间选择	高	灾害发生后的一两天内立即捐赠
	低	灾害发生的好几天后才捐赠

二、问卷设计和样本选取

在文献研究的基础上，参考已有文献对相关变量的测量量表，设计各变量的测量题项，形成初始问卷。然后通过预实验净化测量题项，确定最终的测量量表及正式问卷。问卷分为三个部分：第一部分是被调查对象的性别。第二部分是企业慈善捐赠情景材料。第三部分是测量变量的相关题项。具体见附录4。

研究选用苏州某高校的本科生作为预实验和正式实验的被试者，原因如下：其一，受过良好高等教育的大学生是未来中国消费能力较强的群体，且高校学生对于社会消费心理的发展具有重要引导作用，因此了解这一人群的消费心理和行为对企业的慈善战略具有十分重要的意义。其二，高校学生相对于其他群体对情景材料中的手机品牌更为熟悉，且客观上，学生群体易于集中在一定场所进行实验，实验条件便于控制，操作较为可行，因此取得的研究结果较为准确可信。

三、变量的定义与测度

本章所涉及的测量变量有契合度、宣传重点、时间选择、归因、企业认同、消费者评价、企业声誉及购买决策,所有测项均使用李克特7级量表,1~7分别表示完全不同意、很不同意、不同意、不确定、同意、很同意、完全同意。

（一）企业慈善捐赠

已有学者对于企业慈善捐赠行为维度的划分有多种看法,不同角度划分的结果也有很大不同。通过对多位学者的观点进行研究,选取了与本章议题关联最大的慈善捐赠的三个测量维度,即契合度、宣传重点及时间选择,以这三个维度衡量企业慈善捐赠行为,并以此为依据设计问卷题项（见表6-5）。

表6-5 企业慈善捐赠的题项设计

变量	题项序号	题项内容
契合度	Q2.1.1	A企业对灾区的捐赠与其主营业务是一致的
	Q2.1.2	A企业对灾区的捐赠是有意义的
	Q2.1.3	A企业对灾区的捐赠是符合逻辑的
宣传重点	Q2.2.1	A企业在宣传时更多强调了慈善事件
	Q2.2.2	A企业在宣传时重点突出了慈善事件
	Q2.2.3	A企业在宣传时的注意力更多在慈善事件上
时间选择	Q2.3.1	A企业的捐赠要早于其他企业
	Q2.3.2	A企业参与慈善的积极性很高
	Q2.3.3	A企业是主动地参与捐赠,而非被动地参与捐赠

契合度是指消费者感知到的企业慈善捐赠与企业的产品线、形象、市场定位、目标市场、企业使命和价值之间的一致性、相关性或相似性。关于它的测度,本书参考的是袁海霞（2014）的研究,包含三个题项。宣传重点是指企业在宣传时的侧重点是公益事项还是企业品牌。关于它的测度,参考的是曹忠鹏等（2012）的研究,包含三个题项。时间选择是指企业对慈善事项是主动积极响应,还是被动消极响应,是先行提出,还是事后跟随。时间选择也是企业参与慈善活动主动性的重要体现。关于它的测度,参考了刘凤军等（2015）和邓新明等（2016）的研究,设计了三个题项。

（二）消费者内部反应

在已有研究的基础上,选取归因、企业认同及消费者评价作为消费者内部反应的维度。归因是指根据相关外部信息、线索判断人们所观察事件的内在原因,或依据外在行为表现推测行为原因的过程。在本章议题中指的是消费者对于企业参与慈善捐赠的动机的判断。关于它的测度（见表6-6）,本书参考Becker-Olsen等（2005）开发的量表,包含三个题项。参照Dutton等（1994）的定义,将企业认同定义为消费者通过感知企业的概念与自我的概念的重叠情况,从而对企业产生态度的过程。通过参考 Mael 和 Ashforth（1992）以及 Wu 和 Tsai（2007）的研究,设计了四个题项。消费者评价是消费者对企业产生了一定的态度之后做出的评估。关于它的测度,参考的是赵越春（2013）的问卷,包含三个题项。

表 6-6　消费者内部反应的题项设计

变量	题项序号	题项内容
归因	Q3.1.1	A 企业参与慈善捐赠活动更多是为了追求 （个体利益——追求社区利益）
	Q3.1.2	A 企业参与慈善捐赠活动更多关注了 （企业本身——社会上的利益相关者）
	Q3.1.3	A 企业参与慈善捐赠活动的动机更偏向于 （企业利润——改善社会）
企业认同	Q3.2.1	A 企业的慈善观念和我价值观相同
	Q3.2.2	我很赞同 A 企业的慈善捐赠行为
	Q3.2.3	购买该企业手机有助于我更好地表达自己的身份
	Q3.2.4	当有人赞赏这家公司时,会令我感受到个人赞誉
消费者评价	Q3.3.1	A 公司的慈善捐赠行为表现很好
	Q3.3.2	A 公司是个值得信任的企业
	Q3.3.3	A 公司是个有社会责任感的企业

（三）企业声誉

关于企业声誉的内涵,不同学科的学者有不同的认识。但到目前为止,学者们对于企业声誉的理解还未取得一致结论。基于 Fombrun 和 Van Riel（1997）的观点,从消费者的角度将企业声誉定义为:企业声誉是消费者基于企业过去行为与结果以及可预知的将来,对企业特征或属性做出的综合性评价。在参考了吴晓惠（2014）的基础上,设计了 3 个题项（见表 6-7）。

表 6-7　企业声誉的题项设计

维度	题项序号	题项内容
企业声誉	Q4.1	我认为 A 企业手机在市场上很流行
	Q4.2	我认为 A 企业具有很高的美誉度
	Q4.3	我认为 A 企业在同行业中具有很权威的地位

(四) 购买决策

购买决策是指消费者在谨慎地评价某一产品、品牌或服务的属性后，进行选择、购买能满足某一特定需要的产品的过程。国内外学者关于购买决策的测量指标较为统一，大多数学者都是将购买决策划分为是否购买、是否推荐购买以及购买频率等维度。在参考袁海霞（2014）和陶蕾等（2015）研究的基础上，结合本章研究需求进行了适当的调整，共设计了三个题项（见表6-8）。

表6-8 购买决策的题项设计

变量	题项序号	题项内容
购买决策	Q5.1	我购买A企业手机的可能性很大
	Q5.2	我很乐意将A企业手机推荐给朋友
	Q5.3	我愿意多次购买A企业的手机

四、预实验

(一) 预实验过程

在形成初稿问卷之后，首先邀请5名同学针对初稿问卷提出修改意见，对情景材料中语义不清的地方进行了调整。然后以40名高校学生作为小样本对拟定的问卷进行预实验。首先由实验员向被试者展示企业慈善捐赠背景及刺激因素的实验材料，并询问被试者是否清晰实验员所展示的基本信息。如果被试者存在疑义则予以解释。当被试者对实验员所展示的信息无疑义时，请被试者填写调查问卷。其中，问卷中的答题顺序为：第一，调查被试者的性别；第二，请被试者对企业慈善捐赠的契合度、宣传重点和时间选择进行评分；第三，请被试者对企业慈善捐赠的归因、认同和评价进行打分；第四，请被试者对企业的声誉进行评价；第五，请被试者对自身支持慈善捐赠的情况进行评估；第六，调查被试者的购买决策。

(二) 预实验结果

根据回收的数据，对量表进行修正与纯化，以修正的项目总相关（CITC）大于0.5为标准，低于0.5则表示该题项与其他题项的内部一致性较低，予以剔除。结果如表6-9至表6-12所示，所有测量题项的CITC都大于0.5，则都予以保留。最后用独立样本t检验验证情景材料的契合度、宣传重点和时间选择是否得到有效操控，结果如表6-13所示，三个刺激因素都得到了有效的控制。经过上述步骤，最终确定了正式的问卷。

第六章 企业慈善捐赠与消费者购买决策

表6-9 企业慈善捐赠的信度分析

测量题项	CITC	删除该题项后的α值	Cronbach's α值
契合度			0.970
A企业对灾区的捐赠与其主营业务是一致的	0.947	0.948	
A企业对灾区的捐赠是有意义的	0.934	0.957	
A企业对灾区的捐赠是符合逻辑的	0.928	0.961	
宣传重点			0.781
A企业在宣传时更多强调了慈善事件	0.662	0.811	
A企业在宣传时重点突出了慈善事件	0.773	0.702	
A企业在宣传时的注意力更多在慈善事件上	0.668	0.805	
时间选择			0.938
A企业的捐赠要早于其他企业	0.871	0.912	
A企业参与慈善的积极性很高	0.883	0.909	
A企业是主动地参与捐赠,而非被动地参与捐赠	0.884	0.911	

表6-10 消费者内部反应的信度分析

测量题项	CITC	删除该题项后的α值	Cronbach's α值
归因			0.835
A企业参与慈善捐赠活动更多是为了追求(个体利益——追求社区利益)	0.604	0.806	
A企业参与慈善捐赠活动更多关注了(企业本身——社会利益相关者)	0.767	0.729	
A企业参与慈善捐赠活动的动机更偏向于(企业利润——改善社会)	0.722	0.752	
企业认同			0.850
A企业的慈善观念和我价值观相同	0.701	0.805	
我很赞同A企业的慈善捐赠行为	0.737	0.793	
购买该企业手机有助于我更好地表达自己的身份	0.667	0.824	
当有人赞赏这家公司时,会令我感受到个人赞誉	0.682	0.813	
消费者评价			0.859
A公司的慈善捐赠行为表现很好	0.654	0.877	
A公司是个值得信任的企业	0.754	0.785	
A公司是个有社会责任感的企业	0.799	0.737	

表 6-11 企业声誉的信度分析

测量题项	CITC	删除该题项后的 α 值	Cronbach's α 值
我认为 A 企业手机在市场上很流行	0.741	0.794	0.858
我认为 A 企业具有很高的美誉度	0.753	0.751	
我认为 A 企业在同行业中具有很权威的地位	0.775	0.760	

表 6-12 购买决策的信度分析

测量题项	CITC	删除该题项后的 α 值	Cronbach's α 值
我购买 A 企业手机的可能性很大	0.868	0.818	0.891
我很乐意将 A 企业手机推荐给朋友	0.903	0.804	
我愿意多次购买 A 企业的手机	0.869	0.820	

表 6-13 刺激因素的操控检验

变量	水平	个数	平均数	标准差	t 值
契合度	高	20	5.439	0.609	18.019***
	低	20	1.644	0.610	
宣传重点	慈善事件	20	5.283	0.894	11.939***
	企业品牌	20	1.833	0.725	
时间选择	主动	20	5.030	0.891	14.592***
	被动	20	1.690	0.423	

注：*** 表示 0.001 的显著水平（双尾）。

五、正式实验的组织

正式实验的过程与预实验一致。首先由实验员向被试者展示企业慈善捐赠背景及刺激因素的实验材料，并询问被试者是否清晰实验员所展示的基本信息。如果被试者存在疑义则予以解释。当被试者对实验员所展示的信息无疑义时，请被试者填写调查问卷。其中，问卷中的答题顺序与前文预实验过程中相同。实验共收回 480 份问卷，剔除掉无效问卷 11 份，最终得到有效问卷共 469 份，问卷有效率为 97.71%。

第四节 实证分析

一、样本量的分布

从表 6-14 可以看出,被试者中男性人数占比 48%,女性人数占比 52%,性别分布较均匀,各组的样本数量分布也较均匀。

表 6-14 各组样本分布

契合度	宣传重点	时间选择	样本量(个)	男性(个)	女性(个)
低	低	低	58	28	30
低	低	高	60	29	31
低	高	低	57	31	26
低	高	高	60	25	35
高	低	低	59	26	33
高	低	高	60	31	29
高	高	低	57	32	25
高	高	高	58	21	37
总数(个)			469	223	246
占比(%)			100	48	52

二、信度和效度检验

(一)信度检验

在社会科学研究领域中,若分量表的内部一致性 Cronbach's α≥0.900,则表示分量表信度非常高,量表设计非常理想;若 0.800≤Cronbach's α≤0.899,则表示分量表信度很高,量表设计甚佳;若 0.700≤Cronbach's α≤0.799,则表示分量表信度高,量表设计佳。通过表 6-15 可知,宣传重点量表的 Cronbach's α 值大于 0.7,其他变量量表的 Cronbach's α 值都大于 0.9,表明各量表的测项均具有较高的可信度。

表6-15 信度检验

变量	题项个数（个）	Cronbach's α 值
契合度	3	0.973
宣传重点	3	0.714
时间选择	3	0.914
归因	3	0.920
企业认同	4	0.908
消费者评价	3	0.946
企业声誉	3	0.929
购买决策	3	0.915

（二）效度检验

在进行因素分析检验结构效度之前，先用KMO统计量判断量表是否适合进行因素分析，KMO值越大，表示量表越适合进行因素分析。由表6-16可知，所有分量表的KMO值都大于0.700，表示所有测项间的关系都达到了适中并接近良好的程度，显著性概率值都是0.000，达到显著水平，说明适合进行因素分析。由于文中使用的量表较多，因此可根据各题项所归属的层面进行因素分析。结果如表6-17所示，各测项的因子载荷均大于0.5，且大多数都大于0.8，同时计算出各测项的AVE值（平均提取方差值），均高于0.5，说明问卷有较好的结构效度。由于量表采用的是前人已有的成熟量表，因此可认为具有较高的内容效度。

表6-16 KMO与巴特利特球形检验

变量	KMO值	巴特利特球形检验		
		Approx. Chi-Square	DF	Sig
契合度	0.782	2290.640	3	0.000
宣传重点	0.745	1645.304	3	0.000
时间选择	0.724	1240.900	3	0.000
归因	0.759	1244.175	3	0.000
企业认同	0.795	1629.027	6	0.000
消费者评价	0.765	1650.006	3	0.000
企业声誉	0.760	1355.164	3	0.000
购买决策	0.711	1394.836	3	0.000

表 6-17 分量表的因素分析结果

变量	题项	因子载荷	AVE 值	变量	题项	因子载荷	AVE 值	变量	题项	因子载荷	AVE 值
契合度	Q2.1.1	0.978	0.948	归因	Q3.1.1	0.936	0.862	消费者评价	Q3.3.1	0.960	0.905
	Q2.1.2	0.972			Q3.1.2	0.932			Q3.3.2	0.956	
	Q2.1.3	0.971			Q3.1.3	0.918			Q3.3.3	0.938	
宣传重点	Q2.2.1	0.911	0.595	企业认同	Q3.2.1	0.916	0.788	企业声誉	Q4.1	0.947	0.876
	Q2.2.2	0.830			Q3.2.2	0.908			Q4.2	0.934	
	Q2.2.3	0.515							Q4.3	0.926	
时间选择	Q2.3.1	0.952	0.855		Q3.2.3	0.872		购买决策	Q5.1	0.902	0.825
	Q2.3.2	0.913			Q3.2.4	0.853			Q5.2	0.950	
	Q2.3.3	0.908							Q5.3	0.872	

三、相关分析

在进行回归分析之前，需要进行相关分析。因为只有通过相关分析，确定客观现象之间确实存在数量上的依存关系，接着在其关系值不确定的条件下，进行回归分析，在此基础上建立回归方程才有实际意义。假若对所研究的客观现象不进行相关分析，直接做回归分析，那么建立的回归方程往往没有实际意义。

表 6-18 显示，企业慈善捐赠的维度——契合度、宣传重点及时间选择在 0.01 水平上显著相关，相关系数全部低于 0.5，说明维度间有联系，且相关性不是很大，维度间区分度较好。同理，消费者内部反应中的归因与企业认同、归因与消费者评价、企业认同与消费者评价的相关系数全部低于 0.5，且在 0.001 水平上显著相关，说明维度间有联系，且相关性不是很大，维度间区分度较好。企业慈善捐赠的三个维度与消费者内部反应的三个维度间两两分别在 0.01 水平或 0.001 水平上显著正相关，初步表明企业慈善捐赠与消费者内部反应有显著的正相关关系。企业慈善捐赠的三个维度与购买决策两两在 0.001 水平上显著正相关，初步表明企业慈善捐赠与购买决策有显著的正相关关系。消费者内部反应的三个维度与购买决策两两在 0.001 水平上显著正相关，初步表明消费者内部反应与购买决策有显著的正相关关系。企业声誉与企业慈善捐赠的三个维度、消费者内部反应的三个维度均在 0.01 水平或 0.001 水平上显著正相关，与购买决策在 0.05 水平上显著正相关，初步表明企业声誉与企业慈善捐赠的三个维度、消费者内部反应的三个维度以及购买决策均有显著的正相关关系。

表 6-18 变量间 Pearson 相关分析

变量	契合度	宣传重点	时间选择	归因	企业认同	消费者评价	企业声誉	购买决策
契合度	1							
宣传重点	0.304**	1						
时间选择	0.382**	0.466**	1					
归因	0.603**	0.470***	0.657**	1				
企业认同	0.736***	0.408**	0.223**	0.425***	1			
消费者评价	0.642***	0.562**	0.898**	0.457***	0.253**	1		
企业声誉	0.338***	0.219***	0.487**	0.651**	0.722***	0.501**	1	
购买决策	0.429***	0.482***	0.583***	0.591***	0.391***	0.354***	0.738*	1

注：*、**、*** 分别表示 0.05、0.01、0.001 的显著水平（双尾）。

四、回归分析

（一）企业慈善捐赠与购买决策的关系检验

由表 6-19 可以看出，允差全部远大于 0 且小于 1，VIF 全部小于 2，表明自变量间多元共线性的问题不大，满足回归分析的要求。契合度、宣传重点和时间选择三个自变量与购买决策的多元相关系数 R 为 0.683，R^2 为 0.467，说明三个自变量共可解释购买决策 46.7% 的变异量。F 值为 162.876，在 0.001 的水平上显著，说明方程整体回归效果显著。三个自变量的标准化回归系数均为正数，且都在 0.01 水平或 0.001 水平上显著，表示三个自变量对购买决策的影响均为显著性正向影响。标准化回归模型为：购买决策 = 0.289 × 契合度 + 0.357 × 宣传重点 + 0.181 × 时间选择。因此，H61a、H61b、H61c 成立。

表 6-19 企业慈善捐赠对购买决策的回归分析

变量	非标准系数		标准系数 Beta	t	共线性统计量	
	B	标准误			允差	VIF
契合度	0.207	0.036	0.289	10.821**	0.738	1.356
宣传重点	0.385	0.027	0.357	7.574***	0.850	1.177
时间选择	0.165	0.041	0.181	6.456**	0.709	1.410

R = 0.683；R^2 = 0.467；ΔR^2 = 0.464；F = 162.876***；因变量为购买决策

注：**、*** 分别表示 0.01、0.001 的显著水平（双尾）。

(二) 企业慈善捐赠与消费者内部反应关系检验

表6-20中的模型1验证的是契合度、宣传重点和时间选择对归因的影响。由表可知,允差全部远大于0且小于1,VIF全部未超过10,表明进入回归方程的自变量没有线性重合的问题。契合度、宣传重点和时间选择三个自变量与归因的多元相关系数R为0.762,R^2为0.580,说明三个自变量共可解释归因58.0%的变异量。F值为235.344,在0.001的水平上显著,说明方程整体回归效果显著。三个自变量的标准化回归系数均为正数,且都在0.001的水平上显著,表示契合度、宣传重点和时间选择对归因的影响均为显著性正向影响。标准化回归模型为:归因 = 0.116 × 契合度 + 0.377 × 宣传重点 + 0.179 × 时间选择。因此,H621a、H622a、H623a成立。

表6-20 企业慈善捐赠对消费者内部反应的回归分析

模型	变量	非标准系数 B	非标准系数 标准误	标准系数 Beta	t	共线性统计量 允差	共线性统计量 VIF
1	契合度	0.136	0.031	0.116	3.784***	0.648	1.543
1	宣传重点	0.398	0.041	0.377	9.753***	0.738	1.356
1	时间选择	0.403	0.037	0.179	5.323***	0.310	3.222
	R = 0.762;R^2 = 0.580;ΔR^2 = 0.578;F = 235.344***;因变量为归因						
2	契合度	0.165	0.025	0.216	6.685**	0.519	1.927
2	宣传重点	0.420	0.033	0.445	12.835**	0.545	1.835
2	时间选择	0.547	0.086	0.211	6.320***	0.377	2.654
	R = 0.711;R^2 = 0.506;ΔR^2 = 0.503;F = 190.150***;因变量为企业认同						
3	契合度	0.166	0.025	0.206	6.768**	0.750	1.333
3	宣传重点	0.536	0.033	0.538	16.416***	0.638	1.567
3	时间选择	0.662	0.118	0.164	5.597***	0.409	2.447
	R = 0.748;R^2 = 0.559;ΔR^2 = 0.556;F = 235.587***;因变量为消费者评价						

注:**、***分别表示0.01、0.001的显著水平(双尾)。

模型2验证的是契合度、宣传重点和时间选择对企业认同的影响。由表6-20可知,允差全部远大于0且小于1,VIF全部小于3,表明自变量间多元共线性的问题不大。契合度、宣传重点和时间选择三个自变量与企业认同的多元相关系数R为0.711,R^2为0.506,说明三个自变量共可解释企业认同50.6%的变异量。F值为190.150,在0.001的水平上显著,说明方程整体回归效果显著。三个自变量的标准化回归系数均为正数,且都在0.01水平或0.001水平上显著,表示契合度、宣传重点和时间选择对企业认同的影响均为显著性正向影响。标准化回归模型为：企业认同 = 0.216 × 契合度 + 0.445 × 宣传重点 + 0.211 × 时间选择。因此，H621b、H622b、H623b 成立。

模型 3 验证的是契合度、宣传重点和时间选择对消费者评价的影响。由表 6-20 可知，允差全部远大于 0 且小于 1，VIF 全部小于 3，表明自变量间没有多元共线性的问题。契合度、宣传重点和时间选择三个自变量与消费者评价的多元相关系数 R 为 0.748，R^2 为 0.559，说明三个自变量共可解释消费者评价 55.9% 的变异量。F 值为 235.587，在 0.001 的水平上显著，说明方程整体回归效果显著。三个自变量的标准化回归系数均为正数，且都在 0.01 水平或 0.001 水平上显著，表示契合度、宣传重点和时间选择对消费者评价的影响均为显著性正向影响。标准化回归模型为：消费者评价 = 0.206 × 契合度 + 0.538 × 宣传重点 + 0.164 × 时间选择。因此，H621c、H622c、H623c 成立。

（三）消费者内部反应与购买决策的关系检验

由表 6-21 可以看出，允差全部远大于 0 且小于 1，VIF 全部小于 4，表明自变量间多元共线性的问题不大，满足回归分析的要求。归因、企业认同和消费者评价三个自变量与购买决策的多元相关系数 R 为 0.817，R^2 为 0.667，说明三个自变量共可解释购买决策 66.7% 的变异量。F 值为 373.248，在 0.001 的水平上显著，说明方程整体回归效果显著。三个自变量的标准化回归系数均为正数，归因在 0.05 的水平上不显著，说明归因对购买决策没有显著性正向影响，企业认同和消费者评价在 0.01 水平和 0.001 水平上显著，表明企业认同和消费者评价对购买决策的影响均为显著性正向影响。标准化回归模型为：购买决策 = 0.439 × 企业认同 + 0.394 × 消费者评价。因此，H63a 不成立，H63b、H63c 成立。

表 6-21 消费者内部反应对购买决策的回归分析

变量	非标准系数		标准系数 Beta	t	共线性统计量	
	B	标准误			允差	VIF
归因	0.066	0.031	0.039	1.071	0.539	1.856
企业认同	0.460	0.045	0.439	10.271**	0.326	3.066
消费者评价	0.391	0.041	0.394	9.480***	0.345	2.902

R = 0.817；R^2 = 0.667；ΔR^2 = 0.666；F = 373.248***；因变量为购买决策

注：**、*** 分别表示 0.01、0.001 的显著水平（双尾）。

（四）中介效应的分析

经过上述分析可知，企业慈善捐赠与消费者内部反应关系显著、企业慈善捐赠与购买决策关系显著、消费者内部反应中的企业认同和消费者评价与购买决策关系显著，符合中介分析的条件，而归因与购买决策关系不显著，不符合中介分析的条件，所以继续检验企业认同和消费者评价在企业慈善捐赠与购买决策之间是否起中介作用，使用分层回归。由于在前文已证明企业慈善捐赠对购买决策、企业慈善捐赠对企业认同和消费者评价、企业认同和消费者评价对购买决策均具有显著性正向影响，因此表6-22仅展示分层回归的最后一个步骤。

表6-22 中介效应分析

模型	变量	非标准系数		标准系数	t	共线性统计量	
		B	标准误	Beta		允差	VIF
1	契合度	0.100	0.046	0.088	2.154*	0.741	1.349
	宣传重点	0.123	0.033	0.125	3.701***	0.569	1.756
	时间选择	0.074	0.048	0.174	3.668***	0.551	1.815
	企业认同	0.623	0.038	0.595	16.508***	0.494	2.022
	R = 0.801；R² = 0.642；ΔR² = 0.639；F = 249.723***；因变量为购买决策						
2	契合度	0.203	0.052	0.169	3.912***	0.796	1.256
	宣传重点	0.290	0.057	0.252	5.049***	0.622	1.608
	时间选择	0.067	0.036	0.066	1.834	0.497	2.011
	消费者评价	0.494	0.039	0.479	15.334**	0.441	2.267
	R = 0.791；R² = 0.625；ΔR² = 0.622；F = 232.194***；因变量为购买决策						

注：*、**、***分别表示0.05、0.01、0.001的显著水平（双尾）。

在表6-22中，模型1检验的是企业认同在企业慈善捐赠与购买决策之间是否具有中介作用。契合度在0.05水平上显著，宣传重点、时间选择和企业认同在0.001水平上显著，契合度、宣传重点和时间选择的标准化系数相比表6-19中的都有所下降，因此，企业认同在企业慈善捐赠和购买决策之间起部分中介的作用。

模型2检验的是消费者评价在企业慈善捐赠与购买决策之间是否具有中介作用。契合度和宣传重点在0.001水平上显著，时间选择未通过显著性检验，消费者评价在0.01水平上显著，契合度和宣传重点的标准化系数相比表6-21中的都有所下降，因此，消费者评价在契合度或者宣传重点与购买决策之间起部分中介的作用，在时间选择与购买决策之间起完全中介的作用，即消费者评价在企业慈善捐赠与购买决策之间起中介作用。

综上所述，企业认同和消费者评价都在企业慈善捐赠与购买决策之间起中介作用,或完全中介,或部分中介。因此可以得出结论:企业认同和消费者评价在企业慈善捐赠与购买决策之间起中介作用。

(五) 企业声誉调节作用的检验

表6-23的效应1检验了企业声誉作为契合度与购买决策间的调节变量的作用,在自变量中加入了契合度与企业声誉的交互项后,自变量可解释因变量的变异量由75.0%变成了77.2%,两个阶层中的F值分别为291.880、195.227,都在0.001水平上显著,表明两个阶层模型整体解释变异量均达到显著水平。契合度与企业声誉的交互项在0.01水平上显著,表明契合度与企业声誉的交互项对购买决策有显著的正向影响。由此可以说明,企业声誉在契合度影响购买决策的过程中起调节作用,即H64a成立。

表6-23 企业声誉调节作用分析

效应	自变量	阶层一		阶层二	
		标准化系数	t	标准化系数	t
1	契合度	0.332	10.285***	0.141	4.156***
	企业声誉	0.404	12.535***	0.251	7.768***
	契合度×企业声誉			0.312	9.480**
	R^2	0.750		0.772	
	ΔR^2	0.102		0.003	
	F	291.880***		195.227***	
2	宣传重点	0.290	7.768***	0.211	6.320***
	企业声誉	0.312	9.480***	0.210	6.625***
	宣传重点×企业声誉			0.179	5.323***
	R^2	0.544		0.580	
	ΔR^2	0.066		0.037	
	F	355.706***		235.344***	
3	时间选择	0.310	9.339**	0.224	2.945*
	企业声誉	0.530	15.955***	0.465	7.538**
	时间选择×企业声誉			0.137	1.261
	R^2	0.547		0.587	
	ΔR^2	0.053		0.028	
	F	337.773***		225.950***	

注: *、**、***分别表示0.05、0.01、0.001的显著水平(双尾),因变量为购买决策。

效应 2 检验了企业声誉作为宣传重点与购买决策间的调节变量的作用，在自变量中加入了宣传重点与企业声誉的交互项后，自变量可解释因变量的变异量由 54.4% 变成了 58.0%，两个阶层中的 F 值分别为 355.706、235.344，都在 0.001 水平上显著，表明两个阶层模型整体解释变异量均达到显著水平。宣传重点与企业声誉的交互项在 0.001 水平上显著，表明宣传重点与企业声誉的交互项对购买决策有显著的正向影响。由此可以说明，企业声誉在宣传重点影响购买决策的过程中起调节作用，即 H64b 成立。

效应 3 检验了企业声誉作为时间选择与购买决策间的调节变量的作用，在自变量中加入了时间选择与企业声誉的交互项后，自变量可解释因变量的变异量由 54.7% 变成了 58.7%，两个阶层中的 F 值分别为 337.773、225.950，都在 0.001 水平上显著，表明两个阶层模型整体解释变异量均达到显著水平。然而在阶层二中，时间选择与企业声誉的交互项未达到显著水平，表明时间选择与企业声誉的交互项对购买决策没有显著性的影响。由此可以说明，企业声誉在时间选择影响购买决策的过程中不起调节作用，即 H64c 不成立。

五、结果分析

本章议题通过实证分析对提出的各项假设进行了有效验证，得出如下结论：

（1）企业慈善捐赠与购买决策之间呈正相关关系。从实证分析结果可以看到，企业慈善捐赠的契合度、宣传重点和时间选择都与购买决策呈正相关关系。由于惩恶扬善一直是中国人的传统美德，消费者们对实施慈善捐赠、支持慈善事业的企业给予正面的回馈，并且在实际购买行为上体现对这类企业的支持。对不参与慈善捐赠、履行社会责任的企业则给予负面的回馈，同时更会通过实际购买行为惩罚这类企业。这说明在其他因素都相同的条件下，积极的企业慈善捐赠行为很有可能会有助于提高消费者对该企业产品的购买率。

（2）消费者内部反应的企业认同和消费者评价在企业慈善捐赠影响购买决策的过程中起中介作用，归因不能在企业慈善捐赠影响购买决策的过程中起中介作用，即企业慈善捐赠会通过影响企业认同和消费者评价，进而影响购买决策。从实证分析结果可以得知，消费者内部反应的归因并不在企业慈善捐赠影响购买决策的过程中起任何作用，企业认同在契合度—购买决策、宣传重点—购买决策、时间选择—购买决策之间都起部分中介的作用，即在企业慈善捐赠与购买决策之间起部分中介的作用。消费者评价在契合度—购买决策、宣传重点—购买决策之间起部分中介的作用，在时间选择—购买决策之间起完全中介的作用。

（3）企业声誉在整个模型中起调节作用。实证分析结果显示，企业声誉在契合度—购买决策、宣传重点—购买决策之间都起调节作用，即在企业慈善捐赠影响购买决策的过程中起调节作用,企业声誉越高,企业慈善捐赠对购买决策的积极影响越显著。

假设检验的具体结果如表6-24所示。

表6-24 研究假设验证结果汇总

假设	内容	检验结果
H61a	契合度对购买决策存在显著的正向影响	支持
H61b	宣传重点对购买决策存在显著的正向影响	支持
H61c	时间选择对购买决策存在显著的正向影响	支持
H621a	契合度对归因存在显著的正向影响	支持
H621b	契合度对企业认同存在显著的正向影响	支持
H621c	契合度对消费者评价存在显著的正向影响	支持
H622a	宣传重点对归因存在显著的正向影响	支持
H622b	宣传重点对企业认同存在显著的正向影响	支持
H622c	宣传重点对消费者评价存在显著的正向影响	支持
H623a	时间选择对归因存在显著的正向影响	支持
H623b	时间选择对企业认同存在显著的正向影响	支持
H623c	时间选择对消费者评价存在显著的正向影响	支持
H63a	归因对购买决策存在显著的正向影响	不支持
H63b	企业认同对购买决策存在显著的正向影响	支持
H63c	消费者评价对购买决策存在显著的正向影响	支持
H64a	企业声誉在契合度影响购买决策的过程中起正向调节作用	支持
H64b	企业声誉在宣传重点影响购买决策的过程中起正向调节作用	支持
H64c	企业声誉在时间选择影响购买决策的过程中起正向调节作用	不支持

第五节 研究结论、启示与展望

一、研究结论

通过文献研究法提出企业慈善捐赠、消费者内部反应与购买决策的研究模型和假设,使用实验法并结合问卷调查得出研究数据,采用SPSS软件进行数据分析，验证假设，探讨三者之间的关系，得出以下结论：

（1）企业慈善捐赠对消费者购买决策有显著的正向影响，且企业慈善捐赠的契合度、宣传重点和时间选择对消费者购买决策的产生也具有积极的正向影响。相较于低契合度、宣传重点侧重于企业自身或者时间选择较被动的企业慈善捐赠，高契合度、宣传重点侧重于慈善事件或者时间选择较主动的企业慈善捐赠更能激发消费者产生购买决策。

（2）企业慈善捐赠不仅可以直接对购买决策产生积极的影响，还可以通过影响消费者内部反应的企业认同和消费者评价对购买决策产生间接的影响。个体在接受了外界的信息后，必然会先在心里产生自己的理解，才能转化为外在的表现。对于企业参与慈善捐赠的行为，消费者会先在心里思考对其有多大程度的认同，并产生评价，才能决定是否购买。但消费者对企业慈善捐赠动机的归因并不一定能对其购买决策产生影响。绝大多数学者都认为，消费者对企业慈善捐赠动机的归因趋于利他性时，往往会更愿意采取购买行为。但也有学者提出要视情况而定，比如某个企业在很久以前发生过丑闻事件，给消费者留下了极差的印象，之后该企业一直坚持主动地参与慈善捐赠，若干年后仍然会有一部分消费者认为即使该企业是出于利他性的动机参与慈善捐赠，也不愿意购买该企业的产品，因为之前的坏印象使得这批消费者无法完全信任该企业。

（3）在企业慈善捐赠契合度和宣传重点相同的情况下，相较于企业声誉差的企业，消费者更愿意购买企业声誉较好的企业的产品。由企业声誉的定义也可以知道，企业声誉本身就是由消费者对企业的综合评价形成的，企业获得的正面评价越多，企业声誉往往越高，而消费者在采取购买决策时，通常会参考他人的意见，对于声誉越高的企业，消费者往往会更愿意选择购买其产品。

二、研究启示

对企业慈善捐赠、消费者内部反应与购买决策间关系进行了实证研究，根据研究结果，为企业开展慈善捐赠活动、提高消费者的企业认同与评价、促使消费者做出购买决策、提高企业市场占有率与竞争力，提出以下三条启示：

（1）企业应当从战略高度重视慈善规划建设，注重慈善捐赠的契合度、宣传重点、时间选择。企业从事慈善捐赠活动，能够有效地促使消费者做出购买决策，这个结论也被实证研究所证实。从企业慈善捐赠各维度实证结果来看，参与慈善捐赠的契合度越高、宣传重点越侧重于慈善事件、时间选择越主动的企业，能获得更多的消费者对其产品做出购买决策。所以提高自身认识，参与慈善捐赠、履行社会责任不仅是企业的短期成本，更是重要的长期资产。企业在进行慈善捐赠之前应先充分了解目标群体的诉求，使得企业的表现能够符合消费者的期望；在进行慈善捐赠时能够积极主动，使消费者感受到企业是自愿地进行慈善捐赠；在对慈善捐赠活动进行宣传时，应将慈善事件而非企业品牌作为宣传的重点，使消费者感受到企业是出于利他性的动机才选择进行慈善捐赠。对于企业而言，这样才能有助于促使消费者做出购买决策，更大地发挥慈善捐赠的作用，有利于企业的可持续发展。

（2）企业在进行慈善捐赠的过程中，应当重视消费者对企业的认同和评价的提升，以消费者内部反应作为企业慈善捐赠战略的切入点，从营销角度揣摩消费者的内部反应。消费者对企业的认同与评价代表了消费者对企业的认知和看法，消费者对企业认同程度高、评价高，说明消费者认为该企业与自身形象和品位比较一致，或者觉得自己是企业的一分子，企业会给自己带来某种归属感，所以消费者的企业认同与消费者评价的高低会直接影响消费者对企业的态度、购买企业产品的决心与意愿。因此，企业在进行慈善捐赠的过程中，应当重视对消费者企业认同和消费者评价提升的关注，特别是随着消费者的受教育程度越来越高，消费者对企业参与慈善捐赠的要求也在不断提高，多做一些对消费者企业认同影响大的慈善捐赠活动，提升消费者的企业认同感，拉近与消费者的距离，获得更多的企业认同与支持，引导消费者对企业慈善捐赠做出正面评价，从而促使更多的消费者做出购买决策。

（3）注重企业声誉的提升。如果企业本身的声誉较差，那么企业慈善捐赠对购买决策的影响和提升就会受到影响。相反，企业声誉高的企业更容易给消费者留下好的印象，所以企业在进行慈善捐赠时，好的声誉会起到促进的作用，有助于吸引更多的潜在消费者。因此企业平时应当注重企业声誉的积累与提升，为企业形成自身的核心竞争力积蓄力量，为企业慈善捐赠效果的形成发挥辅助作用。

三、研究展望

当前，全面系统地探讨企业慈善捐赠的战略性特征和消费者购买决策的研究尚不够成熟，借助多维度的消费者内部反应对企业慈善捐赠提高购买决策作用机理的剖析和阐释更是鲜见，未来可以从以下方面开展研究。

（1）合理选择样本。在今后的研究中，可以扩大样本对象的范围和层次，对不同地区的样本进行调研，获取更多的样本，保证样本来源的多样性和差异性，从而确保数据的准确性、客观性、全面性，提高研究结论的普遍适用性。或者充分考虑不同行业间的差别，而不是将调查范围固定在某一行业范围内，从而使得样本的选择更具代表性，研究结论更具科学性。

（2）拓展企业慈善捐赠和消费者内部反应的研究维度。全面而客观地廓清企业慈善捐赠和消费者内部反应的全貌是一项浩大的工程，除了本章选取的研究维度，企业慈善捐赠和消费者内部反应很有可能还有其他重要的维度，因此后续研究可以通过挖掘其他的维度，构建企业慈善捐赠系统和消费者内部反应系统，丰富现有研究成果。

（3）寻求企业慈善捐赠影响购买决策的其他机制。本章议题以消费者内部反应为研究视角，以企业声誉作为调节变量，探讨了企业慈善捐赠影响购买决策的作用机制。然而购买决策的前因变量是非常多的，除了文中的消费者内部反应、企业声誉，许多学者也验证了品牌形象、市场环境、产品价格和质量等因素与购买决策的关系。那么，这些因素是否会在企业慈善捐赠影响购买决策的过程中发挥作用还有待尝试与探索。

第七章 社会企业：企业慈善的创新探索

第一节 社会企业的缘起与内涵解读

一、兴起背景

传统的公民社会系由政府、商业与非营利组织三个部门各司其职，但环顾全球发展趋势，绿色消费、公平贸易、人道援助等概念及其活动，渐渐打破了三个部门之间的边界，产生了不同的公民社会状态；因为对改善人类生活的渴望，在新的公民社会及全球化思维下，三个部门近年来都开始创新。创新并不一定是要无中生有，可以是在既有的基础上微调，因为新的伙伴关系、不同的探讨角度或是注入异质性的资源都会有所创新。

慈善公益的创新始于早年看到政府的不足，慈善公益组织开始倡导并提供服务，到近年来以补充而非替代性的伙伴关系，发展出新的角色与方法。然而因为社会问题愈趋多元复杂，所以公益的类型必须不断地创新以因应，综合学者们的研究归纳出不同公益创新的类型。①创业型公益（Entrepreneurial Philanthropy）。随着公益创投兴起，有愈来愈多的企业专业人士关注投入，产生了结合商业模式的公益创新类型，可能是非营利组织创业、社会企业或是企业社会责任 CSR 的实践，以有别于传统慈善模式，运用资本及商业智能提供新的机会、创造社会价值。②策略性公益（Strategic Philanthropy）。由各方角色参与的协同合作，是更有策略性、更灵活的公益资源运用模式，重点在于参与者彼此间有明确的共同任务目标，被认为是具有创新性及影响力的公益模式，但是较不具投资风险，例如，四川震灾或日本震灾时因为不同资源、部门间的合作，产生了国际捐助者和地方中介机构之间的创新合作伙伴关系。③慈善生态系统（The Philanthropy Ecosystem）联结不同利益相关者、不同系统网络间协同合作模式，生态系统的运作模式可以更有效率地解决社会问题。

同时，商业部门也开始反思，如何以创新手法，在追求股东利益时可以善尽社会责任，达到经营与环境永续。公益与商业本质上有相当大的不同，但若从表7-1的光谱中可以看到，现在已有非营利组织发展出商业模式以增加组织收入；同时在光谱的另一端，具有善尽社会责任理念的新类型商业组织正蓬勃发展。

表7-1 社会企业、非营利组织、商业部门光谱

类型		非营利组织	社会企业	商业部门
动机		呼吁声誉	混合动机	诉诸自利
方法		使命驱动	社会使命和市场导向	市场驱动
目标		创造社会价值	社会价值和经济价值	创造经济价值
主要利益相关者	受益人	无利益回报	补贴率和混合支付者；无利益回报	全额市场价
	资本	捐赠和资助	低于市场资本和混合支付者；无利益回报	市场资本利率
	劳动力	志愿者	低于市场工资和混合拿工资的职工和志愿者	市场利率补偿
	供应商	慈善捐赠	特别折扣和混合实物或全价	遵循市场价格

资料来源：以 Dees 等（2001），Christine 等（2016）为基础的自绘表。

然而，在整个光谱中最受瞩目的就是慈善创新与商业创新交集的社会企业。社会企业的本质即为运用创新的商业模式，解决社会及环境问题，它的组织类型可能是公司、非营利组织或者是合作社，在国际上往往称之为具有经济和社会双重价值的组织。对政府而言，社会企业能够直接面对社会需求，且能提供更多改善各类社会问题的解方，故可成为在非营利组织之外，另一股可协助政府改善社会问题的力量。近20年来，社会企业实践在全球风生水起，其在减少贫困、促进残障人士等边缘人群的就业、增进社会福利、创造经济收益等方面做出了卓越的贡献。

二、概念界定

20世纪80年代，有学者提出："创业者要以非利润目标进行社会创新。"由此，在之后近30年的研究中，社会创业的内涵、社会企业的社会性与经济性愿景则是学者一直着重讨论乃至争论的焦点。社会创业的最终组织结构就是社会企业。2002年，英国政府出台了首个社会企业发展战略，同年，美国政府也出台了发展社会企业的国家战略为社会企业创造良好的发展环境。随着西方国家在社

会企业领域的深入研究和社会企业家的成功实践，越来越多的发展中国家和地区也开始尝试在该领域展开社会创新的积极探索，于是，"社会企业"这一名词2002年首次出现在我国学者刘继同的文章中，2004年关于"社会企业"的研究有了专门著作，此后，这一理念开始在国内广为传播。对于社会企业概念，过去10年我国学者讨论诸多，有人将其视为非营利组织或企业组织的新形态（俞可平，2007；杨家宁，2009；丁开杰，2009），也有人将社会企业看作是一种混合体或是介于营利组织与非营利组织之间形态的组织类型（时立荣，2007；王名和朱晓红，2010）。但对社会企业本质的认识是一致的，认为社会企业是一种社会创新的企业形式，它以商业运营为手段、以社会使命为驱动，是社会公益与市场经济有机结合的产物，受经济和社会双重目标驱动，以实现经济绩效为前提，通过将经营收益再投资于社会事业中，不断创造社会价值并解决社会现实问题（傅颖等，2017；刘振等，2014；余晓敏等，2011；刘蕾和周翔宇，2017；田蓉，2016）。

三、认定标准

根据对各国社会企业立法的考察，各国政府主要从组织目标、收入来源、利润分配、资产处置、治理结构五个维度对社会企业进行认定（王世强，2013；斯晓夫等，2019）。

1. 组织目标维度

有些国家对社会企业的目标规定较窄。韩国的社会企业分为提供工作型、社会服务型、混合型。芬兰的社会企业针对的是残障人士和长期失业者两类弱势群体，如果一个社会企业30%的工作岗位提供给他们，政府将会对其给予补助。波兰的工人合作社主要支持失业者和弱势群体。立陶宛的社会企业的目标是使弱势群体回归到劳动力市场，促进社会融合以及减少社会排斥。意大利创设的"社会合作社"区分了两种类别："以提供社会、健康和教育方面服务的A类社会合作社"和"以为弱势群体提供工作整合的B类社会合作社"。有些国家对社会企业的目标规定较宽。如英国规定社区利益公司应在章程中明确追求社会公益和社区利益目标。

2. 收入来源维度

社会企业的收入主要来自产品生产和服务。各国规定，社会企业也可以接受捐赠，但不能依赖于捐赠。作为主要收入来源，各国一般都规定社会企业收入中应有一定比例来自商业活动。意大利的社会企业的主要活动是生产产品和提供服务，规定商业收入应占总收入的70%以上；芬兰的社会企业至少有50%的收入来自商业收入；韩国规定社会企业申请登记前6个月的业务收入应超过工资总额的 30%。但是，也有国家不明确规定收入来源的比例构成，只强调社会企业的商业特点。例如，英国规定社区利益公司的主要活动是生产和销售产品或服务。

3. 利润分配维度

各国普遍对社会企业的利润分配进行限制。有些国家允许所有者或投资人分配有限利润，只有个别国家不限制利润的分配。在多数采取合作社法律形式的国家，社会企业都不能分配利润。例如，意大利禁止社会企业的股东和管理者直接或间接分配利润；拉脱维亚的社会企业不允许分配利润；西班牙的社会倡议合作社不能分配利润，应储存所有盈余。也有部分国家限定社会企业利润分配的最高比例。在允许分配利润的情况下，对于具体比例的高低，各国的规定有所不同。英国规定了社区利益公司股东利润分配的最高上限，每股分红的最高上限是 20%，利润分配的累计总额不能超过可分配利润总额的 35%；法国的集体利益合作社应留存 50% 的利润，剩余利润允许有限分配；韩国规定应将至少 2/3 的利润用于社会目标，最多可分配 1/3 的利润。极少数利润分配不受限制的国家包括：芬兰的社会企业可以自由分配利润而且不受限制；在美国一些州为社会企业制定的法律中，低利有限责任公司、受益公司、弹性目标公司都不限制利润分配。

4. 资产处置维度

各国一般都规定社会企业的剩余资产也用于社会及环境目的，创办者不能收回资产，有些国家规定社会企业可以分配一定资产和自由处置资产。如英国规定社区利益公司遵循"资产锁定"原则，资产只能用于社区目的，公司注销后需要其他遵循"资产锁定原则"的使命相同的机构接管，并用于社区用途。韩国规定社会企业在解散时应将至少 2/3 的剩余资产捐赠给其他社会企业或公共基金，可以分配最多 1/3 的资产。在法国、西班牙、葡萄牙、希腊、立陶宛、美国等国家，对社会企业的资产处置方式未做出具体规定，创办者和管理者可以自由地处置剩余资产。

5. 治理结构维度

欧洲十分强调社会企业的民主管理方式。如：意大利规定社会企业的工人和受益者应通过信息咨询或参与机制来参与机构决策过程；希腊规定有限责任合作社员工的构成中应至少有 15 位是残障人士，占员工总数的 35%；法国的集体利益合作社协会中，员工和受益人必须在董事会中有代表；比利时规定社会目的公司员工有权在工作一年后成为会员；韩国规定员工和客户应参与决策过程。但这对美国等其他国家而言，并不是必须具备的。社会企业也可以采用与普通企业相同的治理方式。在这种情况下，社会企业具有与公司同样的治理结构。因此，这种形式可以为社会企业在构建治理规则方面提供较大的自由度，为所有者和管理者提供法律保护，可以吸引资本投资。

由此可见，在社会企业的认定标准上，各国存在巨大差异。如前所述，由于各国政治、经济、文化条件的巨大不同，各国甚至一国内的各个地区在社会企业的认定标准上存在巨大差异，这说明，认定标准的制定需要充分考虑国家和地区的差异。

第二节 社会企业的研究进展

作为新兴的研究领域，20年来，学术界对社会企业的关注度显著上升，研究者们从政治学、经济学、管理学、社会学、营销学、公共管理学等不同角度对其开展了研究并取得了一定的科研成果。以2002~2018年中国知网CNKI核心数据库163篇中文文献和Web of Science核心合集收录的398篇英文文献为研究对象，运用CiteSpace5.3 R3计量分析软件，同时结合人工整合和梳理，力图了解社会企业的研究缘起、发展现况，分析社会企业的研究热点、研究前沿和演进趋势，借以廓清国内外社会企业的研究脉络，展望未来的演进方向，为该领域研究学者的进一步探索提供借鉴和参考。

一、研究现况及总体分布

1. 数量分布

图7-1显示的是CNKI和WOS历年发文数量。总体而言，2002~2018年，国内外社会企业研究的文献数量均呈上升趋势，其中CNKI发文最多的年份为2016年（23篇），WOS发文最多的年份为2017年（73篇）；2002~2010年，国内发文数量较国外多，但相差不大，总量仅差12篇，但2010年后，随着社会各界对社会企业认识重要性的逐渐加深以及大量社会创新实践的蓬勃出现，相关研究迅速兴起，国内外社会企业成果数量均呈现快速增长的趋势，且国外学者发文量明显高于国内学者，2017年相差最大，达53篇。

"社会企业"作为术语虽然最早由欧洲经济与合作组织于1994年提出，但学术研究的正式开启则始于2002年。WOS核心合集文献显示，2002~2010年发文量较低，2003年、2004年、2006年、2007年、2008年这五年均为空白，2002年、2005年各1篇，2009年2篇，2010年5篇，共计9篇，属于探索的初级阶段。在此期间，英国与美国政府相继出台了社会企业国家战略，芬兰也颁布了《社会企业法》，这些政策和法律为社会企业的后续发展提供了初步的指引。2010年后，社会企业成果数量大幅增长，尤其是2011年比2010年增长了3.4倍，在

2012 年达到第一次高峰（37 篇），此后至 2014 年，发文量有小幅度下降，但 2014~2017 年再次大幅增长，于 2017 年达到新的高峰（73 篇）。

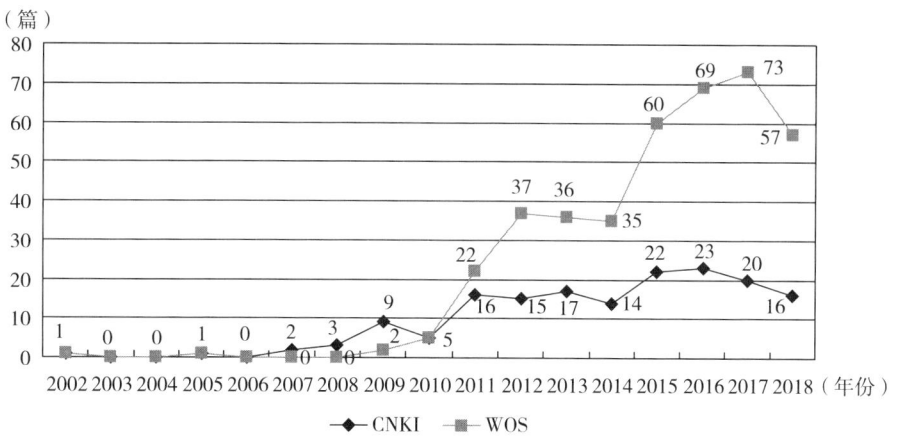

图 7-1　CNKI 和 WOS 历年发文数量

2002 年北京大学刘继同教授在《就业与福利：欧美国家的社区就业理论与政策模式》一文中首次提到了"社会企业"这一概念，他认为欧美国家的社会企业和政策模式对我国的再就业和社区服务发展具有重要的借鉴意义。该文开启了我国社会企业研究的先河，此后 2002~2010 年，与国外社会企业研究发展相似，我国社会企业研究进入探索初期，成果数量较少，共发文 21 篇，2003 年、2004 年、2006 年空白，其余年份 1~9 篇不等，2010 年后，研究成果数量开始增长，但增幅远远小于国外，发文数量在 14~23 篇不等，相对波动不大，最高峰出现在 2016 年（23 篇）。值得一提的是，国内文献虽然数量不多，但《国外社会企业理论研究综述》《国际比较视野下的中国社会企业》和《转型与整合：社会企业的性质、构成与发展》三篇文章的被引频次则较高，分别为 101 次、98 次和 78 次，表明这些核心文献为我国社会企业在内涵解读、差异比较及发展趋势等维度的初步探索，提供了重要的理论借鉴和学术基础。

2. 机构分布

图 7-2 和图 7-3 分别显示的是 WOS 和 CNKI 数据库社会企业研究机构的合作图谱。图中节点的大小表明发文数量，节点间连线的粗细代表了机构之间的合作密切程度。

WOS 数据库显示的国外社会企业研究机构数量较多，有 44 个，发文数量排名前三的机构依次是伯明翰大学、多伦多大学和格拉斯哥卡利多尼亚大学。高中心度意味着研究机构在结构上占有重要位置，换言之，它们在连接其他节点或几个不同的聚类上发挥着重要作用。图 7-2 研究机构合作网络图谱中，中心度最高的是比利时列日大学，表示其在社会企业研究领域中占据着核心的、重要的位置，取得了较好的研究进展和丰硕的研究成果。从机构合作情况来看，比利时列日大学与比利时鲁汶大学、日本大阪大学和英国牛津大学形成了最为紧密的合作研究团体。紧随其后的是，澳大利亚的墨尔本大学、拉筹伯大学和西北精神健康服务中心这三个机构形成的较紧密的研究网络。第三个合作网络由美国的马萨诸塞大学、哥伦比亚大学商学院和东北大学三个机构构成。此外，如多伦多大学、亚利桑那州立大学和皇后大学等关联度相对较弱的机构组成的合作研究团体有 8 个。由此可见，国外社会企业合作研究机构数量较多，且合作较为紧密，存在跨国合作，具体如图 7-2 所示。

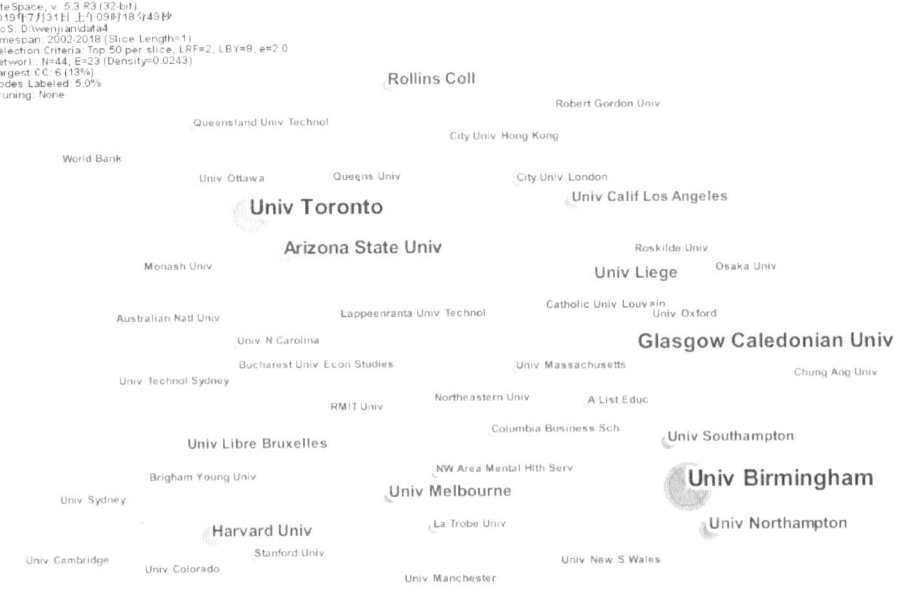

图 7-2　WOS 社会企业研究机构合作网络

相对而言，CNKI 数据库显示的国内社会企业研究机构数量较少，仅有 16 个，发文数量位列前三的机构依次是上海财经大学国际工商管理学院、湖南大学工商管理学院、南京大学社会学院。仅形成一个研究合作群体，即上海财经大学、上海对外经贸大学和山东财经大学，这三所高校联络较为密切，形成了一定规模的研究网络，取得了相对较多的研究成果。其中，中心度最高的是上海财经大学国际工商管理学院,表明上海财经大学国际工商管理学院在国内社会企业研究领域中发挥着重要作用,其他机构均呈现"单打独斗"的研究态势,具体如图7-3所示。

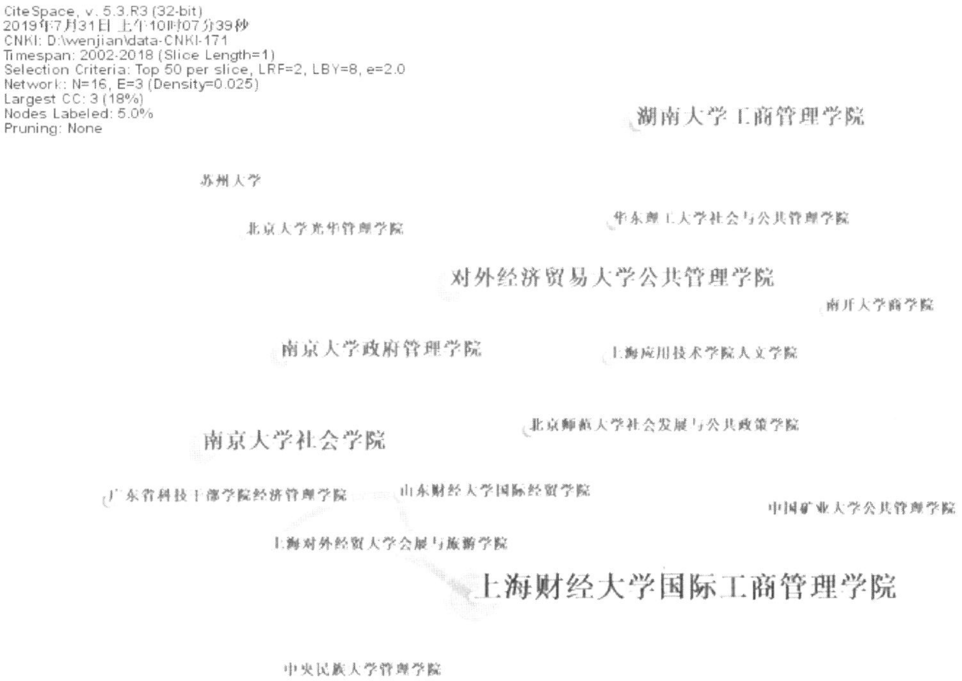

图7-3 CNKI社会企业研究机构合作网络

将发文数量大于等于4的机构视为核心研究机构,整理结果如表7-2所示。国外社会企业核心研究机构有9个,英国和美国均有3个,加拿大、比利时、澳大利亚各有1个,但各核心机构发文量差异不大,介于4~9篇,其中排名前三的依次是伯明翰大学发文9篇、多伦多大学8篇、格拉斯哥卡利多尼亚大学7篇。国内有5个社会企业核心研究机构,相对较少,其中上海财经大学国际工商管理学院排名第一,发表8篇文章,主要得益于上海财经大学国际工商管理学院近年来对创新创业发展的高度关注,积极成立创业学院,多方构建科研团队,在社会创业、社会企业发展等领域取得了较好的研究成果,学术影响力日益提升,而其他四个机构的发文量均为4篇。总体而言,国外社会企业核心研究机构数量明显多于国内,但发文量和国内相比差别不大,简言之,国外机构在该领域的研究相对国内有一定优势,但优势不够明显。

表7-2　2002~2018年WOS和CNKI核心研究机构及其发文数量

机构名称（WOS）	文献数量（篇）	机构名称（CNKI）	文献数量（篇）
伯明翰大学	9	上海财经大学国际工商管理学院	8
多伦多大学	8	湖南大学工商管理学院	4
格拉斯哥卡利多尼亚大学	7	对外经济贸易大学公共管理学院	4
亚利桑那大学	5	南京大学社会学院	4
列日大学	4	南京大学政府管理学院	4
罗林斯学院	4		
墨尔本大学	4		
北安普顿大学	4		
哈佛大学	4		

综上，对比国内外研究机构的合作情况，不难发现，国内社会企业的研究机构有16个，核心研究机构5个，研究机构数量较少，合作网络更少，仅有1个，且合作的紧密程度较低，其他机构均在该领域孤军奋战；国外研究机构有44个，数量明显多于国内，核心研究机构9个，形成的合作群体多达11个，且合作更为紧密，发文量和国内相比差别不大，机构研究优势不够明显；此外，CNKI收录的社会企业研究成果均为我国学者完成，没有国外学者参与，而WOS收录的社会企业文章存在跨国合作的现象。

3. 作者分布

图7-4显示的是WOS研究社会企业的学者合作网络，按照中心度排列，排在前三位的依次是Alcock、Hall和Ferguson，其中最核心作者是Alcock，其在结构上占据着重要位置，Alcock连接着Hall、Millar、Smith、Teasdale四位作者。由连线粗细程度可知，英国伯明翰大学的Hall、Millar等学者是合作度较高的研究团体。Hall等（2012）开始探索英国推行"Right to Request"政策背景下社会企业提供卫生和健康服务的研究。而后，Hall等探讨了寻求将公共服务从公有制转移出来的未来方案，并总结了经验与教训。2013年，Hall等又针对英国工党政府推出社会企业投资基金这一举措，考察了社会企业投资基金的有效性，他们发现，公共投资在这类市场交易中的作用是有限的。社会投资回报（SROI）是目前被鼓励用来衡量社会企业在卫生和社会保健方面绩效的一种方法。Millar等利用访谈数据分析了SROI的使用情况，发现尽管SROI是国际公认的社会企业衡量工具，但由于现实情况和意识形态的障碍，SROI的作用被低估且仍未得到充分的使用。Hall等（2016）对一个组织脱离公共部门却继续提供公共资助服务时，其公共性会发生何种变化进行了剖析。另外，有一部分核心作者是单独进行

研究的，例如与 Hall 发文数量相同的作者 Ferguson、Mook 等。Ferguson（2012）做了社会企业干预无家可归青少年的精神健康的研究，包括如何将社会企业与心理健康治疗相结合以及如何评估其对心理健康结果的影响，并提出了建议。Mook（2015）利用社会投资回报对提供就业服务给残疾人的效用进行了相关评价。2018 年，Ferguson 进一步对社会企业干预无家可归青少年就业情况进行了剖析。而后，他又以 Furniture Bank 社会企业为研究案例，运用投资的社会回报框架将传统会计和社会会计结合，衡量带给利益相关者的价值。

图 7-4　WOS 作者合作网络

图 7-5 显示了国内社会企业研究的学者合作网络，图中显示连接节点为三个或三个以上的合作团体有两个，但其合作只限于本研究机构内部。上海财经大学国际工商管理学院谢家平、刘鲁浩、梁玲、张忠伦等学者合作最为紧密。该合作群体的研究成果中引用数量最高、下载次数最多的是 2016 年发表的《社会企业：发展异质性、现状定位及商业模式创新》一文，该文从发展异质性视角分析了中国社会企业所面临的外部环境和自身模式的问题（谢家平等，2016）；而后，刘鲁浩等首次将社会企业兼顾经济效益和社会效益的双重性运用到"企业 + 农户"运作模式中，探索通过服务创新实现社会企业与农业 BOP 群体共同发展的

路径（刘鲁浩等，2016）；在此基础上，谢家平等又指出农业社会企业的加入可以提高农户生产积极性和绩效，基于高度的关系嵌入和结构嵌入能将农户利益和企业利益紧密相连，从而更好地促进农业的可持续发展（谢家平等，2017）。另一个合作较为紧密的研究群体是湖南大学工商管理学院汪忠、胡兰、袁丹等学者，他们主要运用 BP 神经网络、DEA、模糊综合评价法等定量手段对社会企业的动态能力、绩效评价和合作伙伴的选择进行了初步的探索（汪忠等，2013，2016）。

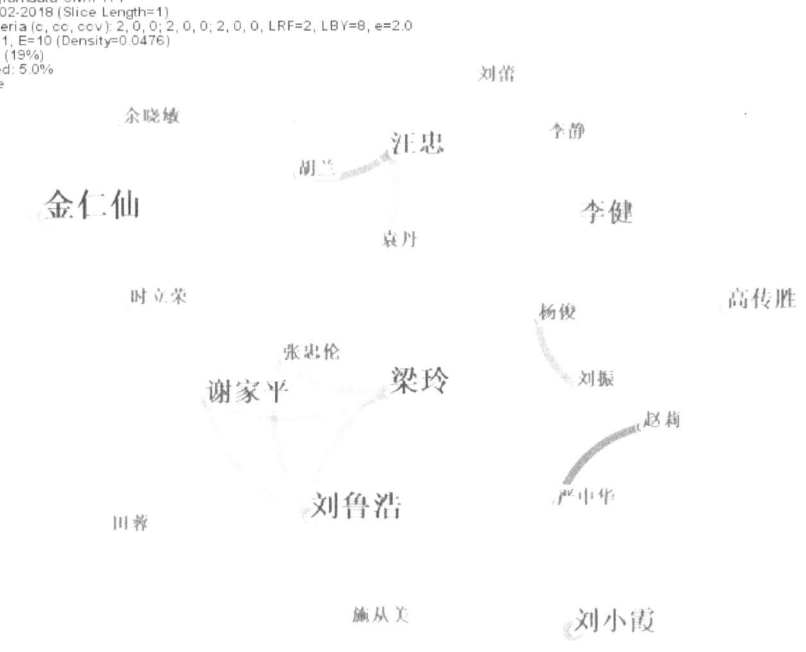

图 7 - 5　CNKI 作者合作网络

将发文数量大于或等于 3 的作者视为核心作者，表 7 - 3 所示为 WOS 核心作者发文数量及其所属机构。排名第一的是英国伯明翰大学的 Hall 和美国亚利桑那大学的 Ferguson，分别发文 4 篇。结合表 7 - 2 可知，所有核心作者均来自美国或英国，说明英美两国学者在社会企业研究领域中占据重要地位，但所有核心作者发文量均不高，为 3 ~ 4 篇，均非高产作者。

表 7-3　WOS 核心作者及发文数量

作者	出现年份	机构名称	发文数量（篇）
Hall	2012	伯明翰大学	4
Ferguson	2012	亚利桑那大学	4
Mook	2015	亚利桑那大学	3
Teasdale	2012	伯明翰大学	3
Roy	2017	格拉斯哥卡利多尼亚大学	3
Alcock	2012	伯明翰大学	3

表 7-4 所示为 CNKI 核心作者发文数量及机构，8 位核心作者中有 5 位是来自核心研究机构。金仁仙和李健都以国外社会企业发展的案例来研究政府如何促进社会企业的发展以及对我国的借鉴意义。值得一提的是，金仁仙于 2015~2016 年发文 6 篇，主要研究了日本、韩国社会企业的发展经验，以及我国社会企业的发展现状，指出韩国颁布的《社会企业育成法》极大地促进了韩国社会企业的发展，日本将发展社会企业视为解决现有体制弊病、推动社会创新的主要方案，由此可见政府对社会企业发展的支持作用（金仁仙，2015）。

表 7-4　CNKI 核心作者及发文数量

作者	出现年份	机构名称	发文数量（篇）
金仁仙	2015	北京大学光华管理学院	6
李健	2015	中央民族大学管理学院	6
梁玲	2015	上海财经大学国际工商管理学院	6
刘鲁浩	2015	上海财经大学国际工商管理学院	5
谢家平	2016	上海财经大学国际工商管理学院	4
刘小霞	2012	华东理工大学社会与公共管理学院	4
汪忠	2013	湖南大学工商管理学院	4
高传胜	2015	南京大学政府管理学院	4

综上，WOS 和 CNKI 关于社会企业作者合作图谱的网络整体密度分别为 0.0397、0.0467，表明作者间的合作较少，多是独自探索，研究力量较为分散，还未形成研究能力较强的科研合作群体，另外，国内核心作者数量和发文数量都高于国外，但差距甚微。由此不难看出，有关社会企业的研究在国内和国外均处于初级阶段，合作研究急需加强。

二、研究热点及核心文献

1. 研究热点

以关键词为节点类型，设置阈值为 Top N = 50，运行 CiteSpace 生成关键词共现分析图谱。图7-6显示的是WOS社会企业文献关键词共现图谱，图谱中有214个节点，796条连线，网络密度为0.0349，节点反映关键词的出现频次，连线代表关键词间的共现关系（叶楠和张潇，2018）。WOS关键词共现网络结构交错庞杂、密度较大，表明WOS数据库文献中社会企业的研究主题较为集中。按关键词出现的频次整理，排在前十位的关键词分别为：Social Enterprise、Entrepreneurship、Social Entrepreneurship、Performance、Organization、Model、Innovation、Hybrid Organization、Policy、Perspective，这些高频关键词在一定程度上反映出国外社会企业的研究热点，亦即国外学者对于社会企业的研究主要集中于社会企业、创业、社会创业、绩效、组织、模型、创新、混合组织、政策、视角等方面，他们分别从个人、组织、制度等多层面多视角探索了社会企业的发展。

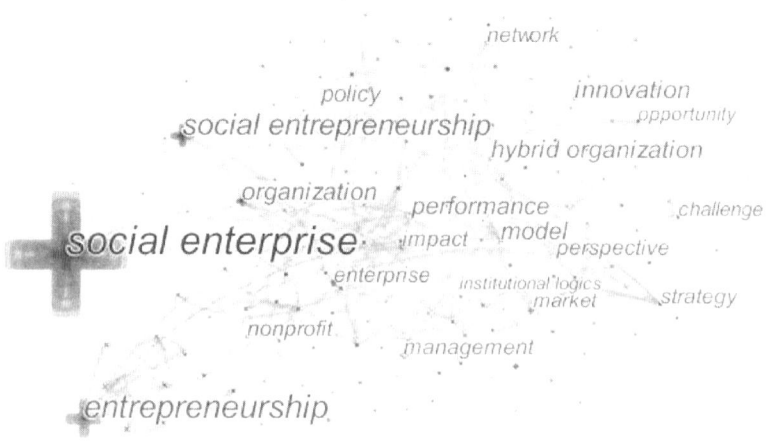

图7-6　WOS关键词共现知识图谱

关键词的中心度反映了其在整个关键词共现网络中的重要性，中心度高的节点与其他节点联系较为紧密，代表了一定时期内核心的研究主题，也是连接不同研究主题的关键节点。取频次最高的前17个关键词及其中心度情况整理在表7-

第七章 社会企业：企业慈善的创新探索

5 中。可以看出，除了研究领域"社会企业"本身的关键词以外，"创业""社会创业""绩效""组织"频次较高，在 2010 年后成为最受学界关注的研究焦点；中心度大于 0.10 的有 8 个，它们在连接其他节点上发挥着重要作用，这些高中心度的关键词可以看作是具有里程碑意义的研究热点，表 7-5 中除了研究领域"社会企业"本身的中心度为 0.44 外，"网络"关键词中心度为 0.22，可以看出从网络视角探讨社会企业最为集中，它的地位和关注度在社会企业研究中最高，其后按照中心度大小排列，研究依次集中在"服务""绩效""组织""影响"等层面。

表 7-5 国外社会企业研究热点词汇

排名	高频关键词	频次	出现年份	高中心性关键词	中心度	出现年份
1	Social Enterprise	238	2009	Social Enterprise	0.44	2007
2	Entrepreneurship	80	2012	Network	0.22	2014
3	Social Entrepreneurship	57	2011	Service	0.19	2012
4	Performance	27	2012	Performance	0.17	2012
5	Organization	27	2012	Organization	0.16	2012
6	Model	26	2013	Impact	0.15	2014
7	Innovation	23	2015	Entrepreneurship	0.14	2012
8	Hybrid Organization	23	2013	Health	0.14	2012
9	Policy	19	2014	Strategy	0.09	2013
10	Perspective	18	2015	Market	0.09	2014
11	Management	18	2016	Social Value	0.08	2012
12	Enterprise	16	2014	Civil Society	0.08	2012
13	Network	16	2014	Nonprofit Sector	0.07	2014
14	UK	16	2012	Hybrid Organization	0.06	2013
15	Sector	15	2012	Enterprise	0.06	2014
16	Impact	15	2014	UK	0.06	2012
17	Strategy	15	2013	Community	0.06	2016

由上述分析可见，2002~2010 年国外社会企业研究处于萌芽阶段，并未形成研究热点，2010 年之后文献量急剧增长，研究热点开始集聚在社会企业、社会创业、绩效、组织等方面，基于这些研究热点不断拓展，相继引发了对社会企业影响、创新、政策等问题的探讨。

图7-7为CNKI数据库社会企业文献关键词共现图谱，首先，社会企业与第三部门关键词的连线最粗，颜色最深，表明国内学者以社会企业为研究中心，研究成果首先集中在非营利组织发展、与企业的关系以及第三部门的转型研究。其次，探讨较多的是社会企业与企业及管理关联和差异的研究。最后，一部分学者将目光聚焦在韩国、日本这些同被亚洲文化所影响的国家，重点研究了日本与韩国等政府对社会企业发展的作用以及社会企业制度和创新，以为促进我国社会企业发展提供借鉴。

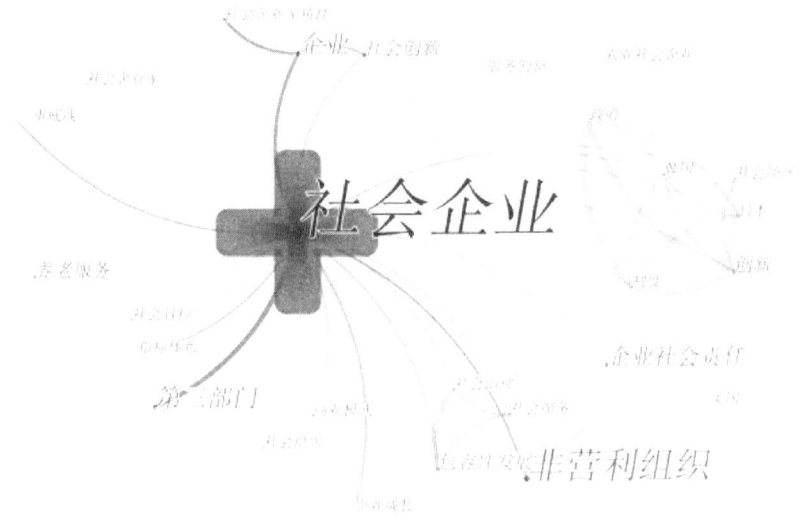

图7-7　CNKI关键词共现知识图谱

按关键词出现的频次和中心性高低对其进行整理，结果如表7-6所示。"社会企业"一词以132次的出现频率占据第一位，第二位"非营利组织"出现频次明显减少（13次），其后依次是"企业""第三部门""创新""养老服务"和"包容性发展"，但其出现频次极少，均介于3~6次；中心度除"社会企业"和"企业"分别为1.67和0.31外，其他均为0.03。

第七章 社会企业：企业慈善的创新探索

表7-6 国内社会企业研究热点词汇

排名	高频关键词	频次	出现年份	高中心性关键词	中心度	出现年份
1	社会企业	132	2007	社会企业	1.67	2007
2	非营利组织	13	2011	企业	0.31	2009
3	企业	6	2009	创新	0.03	2016
4	第三部门	5	2009	制度	0.03	2016
5	创新	3	2016	社会经济	0.03	2016
6	养老服务	3	2017	日本	0.03	2016
7	包容性发展	3	2015	政府	0.03	2016

综合来看，国内社会企业的研究内容主要聚焦于社会企业、非营利组织、第三部门和企业几种组织间的界定、区隔和关联，在此基础上少量涉及了创新、养老服务、包容性发展、政府、制度等，研究热点极少，研究主题分散，这些研究为后续社会企业的进一步探索提供了一定的条件和基础，但未来立足中国情境以"社会企业"为中心的多主题辐射探索，以及在特定领域的深度挖掘则显得尤为迫切。

2. 核心文献

为了弥补软件自身对文献筛选和解读的疏漏，本书对社会企业研究的核心文献进行人工整理，力图从微观、中观、宏观三个层面剖析社会企业发展的研究热点，具体如表7-7所示。

表7-7 社会企业研究内容及其代表文献

分析层次	研究的主要内容	代表性文献
微观层面 个人	心理因素	Miller 等（2012）；Arend（2012）；Renko（2013）；Wood（2012）；Grimes 等（2012）；Hockerts（2017）；McMullen 等（2017）；张秀娥等（2018）
	个体特质	Katre 和 Salipante（2012）；Datta 和 Gailey（2012）；肖建忠（2010）
	社会环境影响	Dees 等（2012）；Wood 等（2012）；Gibbons 等（2017）；Wry 等（2017）；汪忠（2017）
中观层面 组织	商业模式创新	丁敏（2010）；刘志阳等（2015）；谢家平（2016）；余晓敏等（2017）；Bocken 等（2014）；Santos 等（2015）；Olofsson 等（2018）；Dobson 等（2018）；Wilson 等（2013）；Shrimali 等（2011）；Cooney 等（2011）
	绩效测量	孙世敏等（2010，2011）；汪忠等（2013，2016）；Hynes（2009）；Bagnoli 等（2011）；Millar 等（2013）；Davies 等（2018）；Liu（2015）；Battilana 等（2015）；Andre 等（2018）；Cordes（2017）
	创业导向	张秀娥和张坤（2018）；盛南等（2008）
	资源拼凑与调动能力	李华晶等（2010）；彭伟等（2018）；Desa 和 Basu（2013）

续表

分析层次	研究的主要内容	代表性文献
宏观层面制度	国际比较	余晓敏等（2011，2012）；金仁仙（2016）；涂智苹（2018）
	政策设计	Park 等（2013）；Sepulveda 等（2013）；Nicholles 等（2017）；王世强（2013）；李健（2018）；Mason 等（2018）
	国家制度支持和监管	金锦萍（2009）；金仁仙（2015，2016）；李健（2016，2017）；Estrin 等（2013）；Autio 和 Fu（2015）；Mendoza-Abarca 等（2015）；Bhatt 等（2017）

从微观层面来看，学者们主要从个人特征、心理因素和社会环境影响三方面探讨社会创业者或社会企业家的创业动机。其中个人特质维度：Katre 和 Salipante（2012）对个体社会创业动机进行了再细分，指出除了心理原因，社会创业者的年龄、种族、收入等也可能成为其潜在推动因素。肖建忠（2010）认为社会企业家必定有坚强的意志和决心，永恒的创造力和甘愿默默无闻、低调的行事风格。心理因素维度：Corner 和 Ho（2010）、Miller（2012）、Arend（2013）和 Renko 等（2013）认为社会企业创业者大多都具有利他主义心理、同情心、共情能力，早年苦难经历也是使其产生利他心理并创办企业的重要动因。Hockerts（2017）对 Mair 和 Noboa 提出的模型进行了实证检验，发现先前经验可以预测社会创业者的意图，社会企业家自我效能感对意图的影响最大，对先前经验的反应也最灵敏。社会环境维度：Dess 等（2012）指出社会创业的成功需要社会创业家将传统的慈善文化和现代的企业问题解决文化融合起来。Gibbons 等（2017）通过分析 Goodwill（DSE 类型的企业）的组织管理和其平衡经济效益与社会目标的手段，发现 Goodwill 持久的成功取决于领导文化的力量。汪忠（2017）则认为社会资本、创业警觉性和创业机会维度的丰富程度会影响到个体对创业机会的识别。

从中观层面来看，国内外学者们更关注社会企业组织的商业模式创新、绩效测量、创业导向、资源拼凑与调动能力等研究主题。①商业模式创新方面：丁敏（2010）阐述了社会企业商业模式创新过程和演进机制。刘志阳等（2015）将社会企业商业模式划分为四类，并推演了四种商业模式演进的路径。谢家平（2016）从目标定位、运营创新和理念更新三个方面重构了社会企业商业模式。Bocken 等（2014）利用可持续商业模式（SBM）来验证创新方法是否有助于业务模型实现可持续性。Olofsson 等（2018）运用个案研究探讨了可持续问题驱动的商业模式创新问题。②绩效测量方面：在社会企业目标达成的双重逻辑下，国内外学术界对社会企业成长绩效的研究基本趋于一致，认为社会企业的成长包含经济与社会两个层面，但对具体特征指标的选取和测度存在差异。社会企业经济层面成长与商业企业类似，通常基于经济指标来定量测度，但社会层面成长目前只能采取主观评价，客观性与说服力均存在不足（孙世敏、张兰、贾建锋，2011）。③创业导向方面：盛南等（2008）认为社会创业导向是反映企业社会型创业核心内涵的构思，发现社会创业导向由企业社会匹配、共赢规则创新和边缘资源整合三个两两相关的维度构成。张秀娥等（2018）发现创业导向通过正向影响资源拼凑来提高新创社会企业的社会绩效和经济绩效。④资源拼凑和调动能力方面：李华晶等（2010）探讨了社会创业的内在机理，并认为资源获取和整合是社会创业三个基本环节之一；Desa 和 Basu（2013）引入社会资源基础观，发现在社会创业过程中，企业往往会因为资源限制而舍弃最优配置，并通过资源拼凑整合使其获得成长，但并未阐述资源拼凑的作用机制。彭伟等（2018）基于扎根理论的多案例研究，发现不同类型的资源拼凑可以帮助社会创业企业获得不同的组织合法性，进而促进其成长。

从宏观层面来看，国内外社会企业研究的焦点都集中在国际社会企业发展比较、政策设计、国家制度支持和监管。①国际比较维度：余晓敏等（2011，2012）通过比较欧美、东亚等地区的社会企业实践情况，探讨社会企业在中国发展的特殊性。金仁仙（2016）从文化整合的角度，对中国、日本、韩国的社会企业发展进行比较研究。涂智苹（2018）在前人研究的基础上对英国、美国、日本、韩国的社会企业进行了全面梳理和横向比较。②政策设计维度：王世强（2013）认为我国社会企业发展存在结构性约束，从而从发展战略、法律规制、财政支持、税收政策支持等方面设计了一系列政策措施。Park 等（2013）探讨了英国和韩国的政府政策对社会企业发展的影响。Mason 等（2018）通过解读英国和澳大利亚的社会企业政策，比较了两国决策者所采用的不同理念策略。李健（2018）对全球30个国家促进社会企业发展的政策展开比较分析，探讨政策设计要素之间的匹配关系及对促进社会企业发展的作用路径。③国家制度支持和监管维度：学者们的研究大都表明，明晰的产权制度和低的政府规制（Estrin, Mickiewicz & Stephan, 2013），规范（Normative）、调控（Regulative）和认知合法性的制度（Desa & Geoffrey, 2012），健全的政治与经济制度（Autio & Fu, 2015；Bhatt, Qureshi & Riaz, 2017）相关。学者金仁仙（2015，2016）和李健（2016，2017）运用国外社会企业案例来探究政府如何促进其发展及对我国的借鉴意义。

三、研究前沿及演进趋势

1. 研究前沿

CiteSpace 软件中的文献共被引分析功能，通过分析共被引网络中的聚类和关键节点,能够揭示出某个研究领域的知识结构,掌握学科领域的研究前沿、知识基础和研究前沿演变,并统计出演变过程中起重要作用的文献(马海群和吕红,2012)。因 CNKI 数据库中的引文数据未全部开放,CiteSpace 无法对其进行引文处理,故只对 WOS 数据库收录的文献进行共被引分析。

以 Top N = 30 设置阈值,选择"Reference"功能运行 CiteSpace,对运行结果进行聚类,用标题词标记聚类,显示节点数大于等于 5 的聚类,黑色字体标注共被引文献,红色字体标注聚类标签,聚类标签显示研究前沿主题,轮廓值反映轮廓内部节点的紧密程度(王梓懿等,2017)。图 7-8 显示了获得的 8 个聚类标签,聚类#0 为 Advancing research(前沿探索),包含节点数为 36 个,轮廓值是 0.642;聚类#1 为 Social Enterprise Investment Fund(社会企业投资基金),包含节点数为 30 个,轮廓值是 0.779;聚类#2 为 Social Enterprise(社会企业),包含节点数为 30 个,轮廓值是 0.606;聚类#3 为 Medium Social Enterprises(中型社会企业),包含 23 个节点,轮廓值为 0.847;聚类#4 为 Conceptual Framework(概念框架),节点个数为 16,轮廓值为 0.742;聚类#5 为 Biographical Antecedent(前因后果),包含 13 个节点,轮廓值为 0.798;聚类#7 为 Sustainable Entrepreneurship(可持续创业),包含 8 个节点,轮廓值为 0.938;聚类#9 为 Turning Social Return(转变社会回报),包含 5 个节点,轮廓值为 0.972。由此可见,社会企业研究前沿主要体现在社会企业的前沿探索、社会企业投资基金、社会企业、中型社会企业、概念框架、前因后果、可持续创业、转变社会回报等方面。

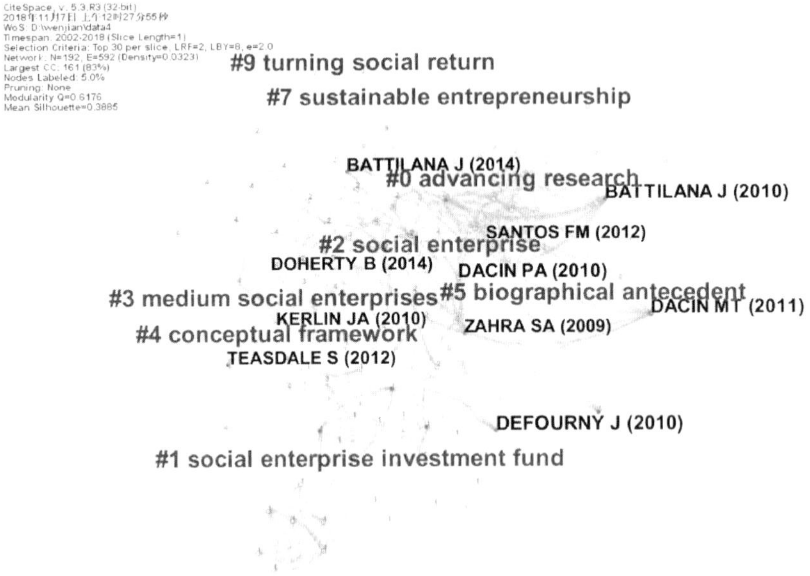

图 7-8 WOS 文献共被引网络

2. 演进趋势

时间线图谱可以展示聚类之间的关系和聚类中文献的历史跨度。选择 Timeline 之后，同一聚类的节点会按照时间顺序排列在时间线上，展示该聚类的历史成果，节点越大表示被引频次越多（王梓懿等，2017）。因 CiteSpace 无法对 CNKI 数据库进行引文处理，故只对 WOS 数据库收录的文献绘制共引聚类的时间线图谱，如图 7-9 所示。

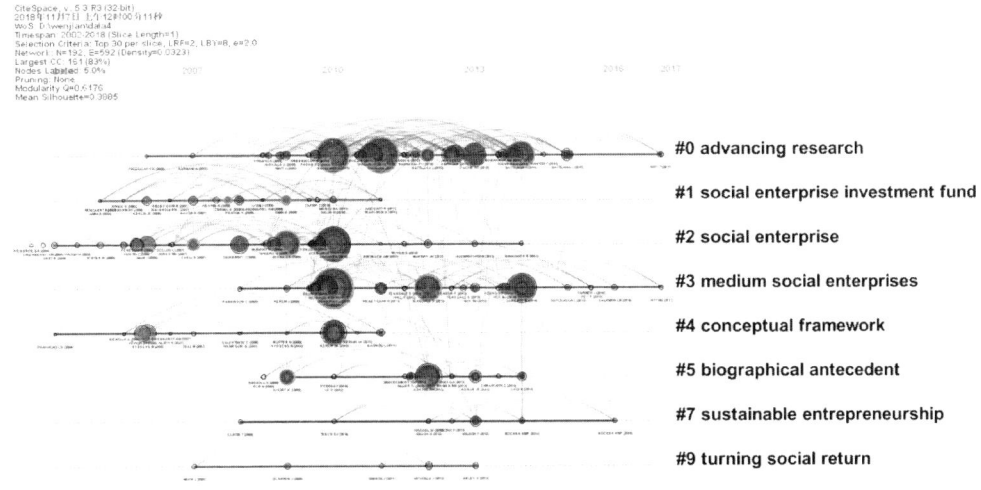

图 7-9 WOS 共引聚类的时间线图谱

对每个聚类进行详细解读，聚类#0Advancing Research（前沿探索）中第一篇参考文献出现在 2006 年，一直到 2017 年持续受到学者们的关注，2010 年、2011 年出现了高被引频次的标志性文献，2015 年后研究热度趋冷；聚类#1Social Enterprise Investment Fund（社会企业投资基金）时间线上被引频次高的文献并不多，但包含的节点数量较多，说明该聚类中的文献对其他聚类的影响较小，只有"Amin-2009"和"Carmel-2008"两篇文献与其他聚类或该聚类文献有较密集的联系；聚类#2Social Enterprise（社会企业）从时间线上的节点看，2010 年之后该聚类的研究热度开始降低，其中被引次数最多的文献为"Dacin-2010"；聚类#3Medium Social Enterprises（中型社会企业）时间线上也出现了较多的大节点，其中被引频次最高的文献为"Defourny-2010"，被引 34 次，也是所有文献中被引频次最高的；聚类#4Conceptual Framework（概念框架）中较大节点只有三个，其中最关键的节点为"Kerlin-2010"，查看其引用历史可知 2015～2016 年该文献的被引次数直线上升，且这之后该文献每年的被引次数都大于或等于 3 次；聚类#5 Biographical Antecedent（前因后果）在 2012~2014 年出现了最大节点"Santos-2012"；聚类#7 Sustainable Entrepreneurship（可持续创业）文献的数量不多，也没有高频节点出现；聚类#9 Turning Social Return（转向社会回报）的文献量更少，一直都未有较大的研究热度，具体释义如表 7-8 所示。

表 7-8 聚类释义

序号	聚类名称	时间跨度	解释
#0	Advancing Research（前沿研究）	2006~2017 年	2009 年开始节点密集，成果开始变多，2010 年出现大节点。2015 年后研究热度趋冷
#1	Social Enterprise Investment Fund（社会企业投资基金）	2001~2011 年	最早出现的聚类之一，节点数量多，高被引文献不多，有一定研究热度
#2	Social Enterprise（社会企业）	2004~2014 年	2010 年前节点很多，2010 年出现此聚类最高频被引文献，2010 年之后研究热度降低
#3	Medium Social Enterprises（中型社会企业）	2008~2017 年	研究开始后在较短时间内就出现了高被引文献，研究热度趋于平稳
#4	Conceptual Framework（概念框架）	2004~2011 年	关键节点不多，只有三个，研究热度一直比较低
#5	Biographical Antecedent（前因后果）	2009~2014 年	2012~2014 年间研究热度比较大，且出现最大节点
#7	Sustainable Entrepreneurship（可持续创业）	2008~2016 年	节点数量不多，无高被引文献和突现性文献
#9	Turning Social Return（转向社会回报）	2007~2013 年	文献数量最少，无高被引文献和突现性文献

总之，关键文献主要集中在聚类#0、聚类#2 和聚类#3 中，其中聚类#2 中包含了大量高突现性文献和高被引文献。从时间图谱来看，2010 年是社会企业研究的分水岭，2010 年以前属于研究初期，节点量少且稀疏，几乎无标志性文献，2010 年后，节点数量大幅增加，且节点附近的连线越发密集，出现了许多研究进程中的标志性文献。从时间跨度梳理演进趋势，大体可以排列为：2001~2009 年，节点较大的关键词为"社会企业"，期间也出现"概念框架""转向社会回报""社会企业投资基金"等研究主题，但热度较低；2010~2013 年，除"社会企业"外，节点较大的关键词激增，"前沿研究""中型社会企业""概念框架"均大量出现；2012~2014 年，社会企业产生发展的"前因后果"研究达到最高热度；2015 年至今，"前沿研究""中型社会企业"研究节点较大，热度依旧较高，而"可持续创业"方面研究虽然热度不高，但一直有所涉猎。

参考文献

[1] Abagail McWilliams, Donald Siegel. Corporate social responsibility and financial performance: Correlation or misspecification [J]. Strategic Management Journal, 2000, 21 (5): 603-609.

[2] Adhikari, A., Derashid, C., Zhang, H. Public policy, political connections, and effective tax rates: Longitudinal evidence from Malaysia [J]. Journal of Accounting & Public Policy, 2006, 25 (5): 574-595.

[3] Adler, P., Kwon, S. Social capital: Prospects for a new concept [J]. Academy of Management Review, 2002, 27 (1): 17-40.

[4] Aggarwal, R. K., Meschke, F., Wang, T. Corporate political contributions: Investment or agency? [J]. Business & Politics, 2012, 14 (1): 1469-3569.

[5] Aguinis, H., Glavas, A. What we know and don't know about corporate social responsibility [J]. Journal of Management, 2012, 38 (4): 932-968.

[6] Alter, C., Hage, J. Organizations working together [M]. London: Sage, 1993.

[7] Anand, V., Glick, W. H., et al. Thriving on the knowledge of outsiders: Tapping organizational social capital [J]. Academy of Management Executive, 2002, 16 (1): 87-101.

[8] Andre K., Cho C. H., Laine M. Reference points for measuring social performance: Case study of a social business venture [J]. Journal of Business Venturing, 2018, 33 (5): 660-678.

[9] Andreason, A. R. Profits for nonprofits [J]. Harvard Business Review, 1996, 76 (6): 47-55.

[10] Andriof, J., Waddock, S. Unfolding stakeholder engagement [J]. Unfolding Stakeholder Thinking Theory, 2002 (26): 17-42.

[11] Ansoff, H. L. Corprorate strategy [M]. New York: McGraw Hill, 1965.

[12] Arend, R. J. A heart-mind-opportunity nexus: Distinguishing social entrepreneurship for entrepreneurs [J]. Academy of Management Review, 2013, 38 (2): 313-315.

[13] Arrow, K. J. The limits of organization [M]. New York: Norton, 1974.

[14] Arthur Gautier, Anne-Claire. Research on corporate philanthropy: A review and assessment [J]. Journal of J Bus Ethics, 2015 (126): 343-369.

[15] Arthur, M. B., Defillippi, R. J. The boundaryless career: A competency-based perspective [J]. Journal of Organizational Behavior, 1994, 15 (4): 307-324.

[16] Asanuma, B. The organization of parts purchases in the Japanese automotive industry [J]. Japanese Economic Studies, 1985 (8): 32-78.

[17] Ashforth, B. E., Mael, F. Social identity theory and the organization [J]. Academy of Management Review, 1989, 14 (1): 20-39.

[18] Ataullah A., Goergen M., Le H. Insider trading and financing constraints [J]. Financial Review, 2014, 49 (4): 685-712.

[19] Austin, James E. The collaborative challenge: How nonprofits and businesses succeed through strategic alliances [M]. CA, San Francisco: Jossey-Bass, 2000.

[20] Austin, James E. Strategic collaboration between nonprofits and businesses [J]. Nonprofit & Voluntary Sector, 1999 (29): 43-58.

[21] Badaracco, J. L. The knowledge link [M]. Boston: Harvard Business School Press, 1991.

[22] Bagnoli L, Megali C. Measuring performance in social enterprises [J]. Nonprofit and Voluntary Sector Quarterly, 2011, 40 (1): 149-165.

[23] Baker, W. Market networks and corporate behavior [J]. American Journal of Sociology, 1990 (96): 589-625.

[24] Barney, J. B. Firm resources and sustained competitive advantage [J]. Journal of Management, 1991 (17): 99-120.

[25] Barney, J. B. Gaining and sustaining competitive advantage [M]. Addison-Wesley: Reading, MA, 1997.

[26] Barney, J. B. Organizational culture: Can it be a source of sustained competitive strategy [J]. Academy of Management Review, 1986 (11): 656-665.

[27] Barney, J. B. Strategic factor markets: Expectations, luck, and business strategy [J]. Management Science, 1986 (32): 1231-1241.

[28] Battilana J., Sengul M., Pache A. C., et al. Harnessing productive tensions in hybrid organizations: The case of work integration socia eterprises [J]. Academy of Management Journal, 2014, 58 (6): 1658-1685.

[29] Becker-Olsen, K. L., Cudmore, B. A., Hill, R. P. The impact of perceived corporate social responsibility on consumer behavior [J]. Journal of Business Research, 2005, 59 (1): 46-53.

[30] Bekkers, Rudi, Duysters, Geert, Verspagen, Bart. Intellectual property rights, strategic technology agreements and market structure: The case of GSM [J]. Research Policy, 2002 (31): 1141-1161.

[31] Berens, G., Riel, C. B. M. V., Bruggen, G. H. V. Corporate associations and consumer product responses: The moderating role of corporate brand dominance [J]. Journal of Marketing, 2005, 69 (3): 35-48.

[32] Berman S. L., Wicks A. C., Kotha S., Jones T. M. Does stakeholder oritentation matter? The relationship between stakeholder management model and financial performance [J]. Academy of Management Journal, 1999 (5): 488-506.

[33] Beugelsdijk, S., Noorderhaven, N. G., et al. Organizational culture, alliance capabilities and social capital [R]. Working Paper, 2003.

[34] Bhatt, B., Qureshi, I., Riaz, S. Social Entrepreneurship in non-munificent institutional environments and implications for institutional work: Insights from China [J]. Journal of Business Ethics, 2017, 154 (3): 1-26.

[35] Bhattacharya, C. B., Sen, S. Consumer-company identification: A framework for understanding consumers' relationships with companies [J]. Journal of Marketing, 2003, 67 (2): 76-88.

[36] Bhattacharya, C. B., Sen, S. Doing better at doing good: When, why, and how consumers respond to corporate social initiatives [J]. California Management Review, 2004, 47 (1): 9-24.

[37] Bocken, N. M. P., Short, S. W., Rana, P., et al. A literature and practice review to develop sustainable business model archetypes [J]. Journal of Cleaner Production, 2014 (65): 42-56.

[38] Boon-Long, S., Wongsurawat, W. Social media marketing evaluation using social network comments as an indicator for identifying consumer purchasing decision effectiveness [J]. Journal of Direct Data & Digital Marketing Practice, 2015, 17 (2): 130-149.

[39] Bouhakri, P. Political connections, financial constraints, and corporate in-

vestment [J]. Review of Quantitative Finance and Accounting, 2011, 47 (2): 1-26.

[40] Bourdieu, P. The forms of capital [A] //J. G. Richardson (ed.). Handbook of theory and research for the sociology of education [M]. New York: Greenwood Press, 1985.

[41] Bradach, J. L., Eccles, R. G. Markets versus hierarchies: From ideal types to plural forms [J]. Annual Review of Sociology, 1989 (15): 97-118.

[42] Brammer Stephen, Millington Andrew. Corporate reputation and philanthropy: An empirical analysis [J]. Journal of Business Ethics, 2005, 61 (1): 29-44.

[43] Brammer Stephen, Millington Andrew. Firm size, organizational visibility and corporate philanthropy: An empirical analysis [J]. Business Ethics: A European Review, 2006, 15 (1): 6-18.

[44] Brammer, S., Millington, A. Does it pay to be different? An analysis of the relationship between corporate social and financial performance [J]. Strategic Management Journal, 2008, 29 (12): 1325-1343.

[45] Branco, M., Rodrigues, Lu'cia. Corporatesocial responsibility and resource-based perspectives [J]. Journal of Business Ethics, 2006 (69): 111-132.

[46] Brown, L. D., Ashman, D. Participation, social capital, and intersectoral problem solving: African and Asian cases [J]. World Development, 1996, 24 (9): 1467-1479.

[47] Bruch Heike, Walter Frank. The keys to rethinking corporate philanthropy [J]. MIT Sloan Management Review, 2005, 47 (1): 49-55.

[48] Bryan, W. Husted. Governancechoices for corporate social responsibility: To contribute, collaborate or internalize [J]. Long Range Planning, 2003 (36): 481-498.

[49] Buckley, P., Casson, M. The theory of cooperation in international business [M]. Massachusetts: Lexineton Book, 1998.

[50] Burlingame, D. F, Frishkoff, P. A. Corporate philanthropy at the crossroads [M]. Bloomington and Indianapolis: Indiana University Press, 1996.

[51] Burlingame, D. F., Frishkoff, P. A. How does firm size affect corporate philanthropy [M]. New York: Harper, 1996.

[52] Burlingame, D. F. Frishkoff, P. A. How does firm size affect corporate philanthropy [J]. Corporate Philanthropy at the Crossroad, 1996 (12): 86-104.

[53] Burt, R. Structural holes: The social structure of competition [M]. Cam-

bridge, MA: Harvard University Press, 1992.

[54] Byrnes Nanette. Smarter corporate giving [J]. Business Week, 2005 (3961): 68 – 76.

[55] Campbell, J. L. Whywould corporations behave in socially responsible ways? An institutional theory of corporate social responsibility [J]. Academy of Management Review, 2007, 32 (3): 946 – 967.

[56] Carol L. Cone, Mark, A. Feldinan, Alison T. DaSilva. Causes and effects [J]. Harvard Business Review, 2003 (7): 95 – 101.

[57] Carroll, A. B. A three – dimensional conceptual model of corporate social performance [J]. Academy of Management Review, 1979 (4): 497 – 505.

[58] Carroll, A. B. Corporate social responsibility: Evolution of a definitional construct [J]. Business and Society, 1999, 38 (3): 268 – 295.

[59] Catherine Walker. Philanthropy, social capital or strategic alliance? The involvement of senior UK business executives with the voluntary sector and implications for corporate fundraising [J]. International Journal of Nonprofit and Voluntary Sector Marketing, 2001, 7 (3): 219 – 228.

[60] Chakraborty A. Credit gap in small businesses: Some new evidence [J]. International Journal of Business, 2012 (17): 1 – 35.

[61] Chakravarthy, B. S. Measuring strategic performance [J]. Strategic Management Journal, 1986 (7): 437 – 458.

[62] Chan, K. S., Dang, Q. T., Yan, I. K. Chinese firms' political connection, ownership, and financing constraints [J]. Economics Letters, 2012, 115 (2): 164 – 167.

[63] Chandler, G. N., Hanks, S. H. Measuring the performance of emerging businesses: A validation study [J]. Journal of Business Venturing, 1993 (8): 391 – 408.

[64] Channouf, A., Py, J., et al. Cognitive processing of causal explanations: A sociocognitive perspective [J]. European Journal of Social Psychology, 1999 (29): 673 – 691.

[65] Chaudary, S., Zahid, Z., Shahid, S., et al. Customer perception of CSR initiatives: Its antecedents and consequences [J]. Social Responsibility Journal, 2016, 12 (2): 263 – 279.

[66] Chevalier, J., Ellison, G. Are some mutual fund managers better than others? Cross – sectional patterns in behavior and performance [J]. The Journal of Fi-

nance, 1999, 54 (3): 875-899.

[67] Chiesa, V., Coughlan, P., et al. Development of a technical innovation audit [J]. Journal of Product Innovation Management, 1996 (13): 105-135.

[68] Chiles, T., McMackin, J. Integrating variable risk preferences, trust, and transaction cost economics [J]. Academy of Management Review, 1996 (16): 73-99.

[69] Chris Staples. What does corporate social responsibility mean for charitable fundraising in the UK [J]. International Journal of Nonprofit and Voluntary Sector Marketing, 2004, 9 (2): 154-158.

[70] Christian R., Flor R., Hirth S. Asset liquidity, corporate investment, and endogenous financing costs [J]. Journal of Banking & Finance, 2013, 37 (2): 474-489.

[71] Chuanxian Li. Research on political connection and corporation over-Investment behavior—Evidences from Chinese listed private companies from 2008 to 2010 [J]. Shanghai Journal of Economics, 2013 (5).

[72] Claessens, S., E. Feijen, L. Laeven. Political connections and preferential access to finance: The role of campaign contributions [J]. Journal of Financial Economics, 2008, 88 (3): 554-580.

[73] Cohen, W. M., D. A. Levinthal. Absorptive capacity: A new perspective on learning and innovation [J]. Administrative Science Quarterly, 1990, 35 (1): 128-152.

[74] Cohen, D., Prusak, L. In good company: How social capital makes organizations work [M]. Harvard MA: Harvard Business School Press, 2000.

[75] Coleman, J. S. Foundations of social theory [M]. Cambridge, MA: Harvard University Press, 1990.

[76] Coleman, J. S. Social capital in the creation of human capital [J]. American Journal of Sociology, 1988 (94): S95-S120.

[77] Collins, M. Global corporate philanthropy and relationship marketing [J]. European Management Journal, 1994, 12 (2): 226-233.

[78] Cooke, P., Clifton, N. Social capital, and small and medium enterprise performance in the United Kingdom, Entrepreneuship in the modern space-economy: Evolutionary and policy perspectives [M]. Tinbergen Institute, Keizersgracht 482, Amsterdam, 2002.

[79] Cooney C. An exploratory study of social purpose business models in the u-

nited states [J]. Nonprofit and Voluntary Sector Quarterly, 2011, 40 (1): 185-196.

[80] Cordes, Joseph J. Using cost-benefit analysis and social return on investment to evaluate the impact of social enterprise: Promises, implementation, and limitations [J]. Evaluation and Program Planning, 2016, 64 (SI): 98-104.

[81] Corner, P. D., M. Ho. How opportunities develop in social entrepreneurship [J]. Entrepreneurship Theory & Practice, 2010, 34 (4): 635-659.

[82] Cunniughan M. H. Strategic alliances: A synthesis of conceptual foundations [J]. Journal of the Academy of Marketing Science, 1995, 23 (4): 282-296.

[83] Curt, W. Corporate social investing: The breakthrough strategy for giving and getting corporate contribution [M]. CA, SanFrancisco: Berrett-Koehler Publishers, 1998.

[84] Daghfous, A. Absorptive capacity and the implementation of knowledge-intensive best practices [J]. SAM Advanced Management Journal, 2004 (1): 21-27.

[85] Dan O'Brien. Integrating corporate social responsibility with competitive strategy [R]. 2001 Winner "Best MBA Paper in Corporate Citizenship", The Center for Corporate Citizenship at Boston College, 2001.

[86] Das, T. K., Teng Bingsheng. Managing risks in strategic alliances [J]. Academy of Management Executive, 1999, 13 (4): 50-62.

[87] Datta P. B., Gailey R. Empowering women through social entrepreneurship: Case study of a women's cooperative in india [J]. Entrepreneurship Theory & Practice, 2012, 36 (3): 569-587.

[88] Davies I. A., Chambers L. Integrating hybridity and business model theory in sustainable entrepreneurship [J]. Journal of Cleaner Production, 2018 (177): 378-386.

[89] Dawkins, J., Lewis, S. CSR in stakeholde expectations: And their implication for company strategy [J]. Journal of Business Ethics, 2003, 44 (2-3): 185-193.

[90] Debbie Human, Nic, S. Terblanche. Who receives what? The influence of the donation magnitude and donation recipient in cause-related marketing [J]. Journal of Nonprofit & Public Sector Marketing, 2012, 24 (2): 141-160.

[91] Dees, Gregory, J. A tale of two cultures: Charity, problem solving, and the future of social entrepreneurship [J]. Journal of Business Ethics, 2012, 111 (3):

321-334.

[92] Desa, Geoffrey. Resource mobilization in international social entrepreneurship: Bricolage as a mechanism of institutional transformation [J]. Entrepreneurship Theory & Practice, 2012, 36 (4): 727-751.

[93] Desa, G., Basu, S. Optimization or bricolage? Overcoming resource constraints in global social entrepreneurship [J]. Strategic Entrepreneurship Journal, 2013, 7 (1): 26-49.

[94] Dobson K., Boone S., Andries P., Daou A. Successfully creating and scaling a sustainable social enterprise model under uncertainty: The case of ViaVia Travellers Cafes [J]. Journal of Cleaner Production, 2018 (173): 4555-4564.

[95] Donald, R. Lichtenstein, Minette, E. Drumwright, Bridgette, M. Braig. The effect of corporate social responsibility on customer donations to corporate-supported nonprofits [J]. Journal of Marketing, 2004 (68): 16-32.

[96] Dore, R. Goodwill and the spirit of market capitalism [J]. British Journal of Sociology, 1983 (34): 459-482.

[97] Douglas, J. Political theories of nonprofit organization [M]. New Haven, Connecticult: Yale University Press, 1987.

[98] Drumwright, M. E., Peggy, H. C. Social alliances: Company/nonprofit collaboration [R]. Marketing Science Institute Working Paper Series, 2000.

[99] Du Lanying, Zhu Rui, Zhao Fenfen. A contrastive study of donation behavior between domestic and foreign enterprises [C]. International Conference on Business Management and Electronic Information, 2011.

[100] Durand, R. Competitive advantages exist: A critique of Powell [J]. Strategic Management Journal, 2002 (23): 867-872.

[101] Dutton, J. E., Dukerich, J. M., Harquail, C. V. Organizational images and member identification [J]. Administrative Science Quarterly, 1994, 39 (2): 239-263.

[102] Dyer, J. H., Singly, H. The relational view: Cooperative strategy and sources of interorganizational competitive advantage [J]. The Academy of Management Review, 1998, 23 (4): 660-679.

[103] Dyer, J. H. Specialized supplier networks as source of competitive advantage: Evidence from auto industry [J]. Strategy Management Journal, 1996 (17): 187-201.

[104] Ellen, P. S., Mohr, L. A., Webb, D. J. Charitable programs and the

retailer: Do they mix? [J]. Journal of Retailing, 2000, 76 (3): 393-406.

[105] Ellen, P. S., Webb, D. J., Mohr, L. A. Building corporate associations: Consumer attributions for corporate socially responsible programs [J]. Journal of the Academy of Marketing Science, 2006, 34 (2): 147-157.

[106] Erkko Autio, Kun Fu. Economic and political institutions and entry into formal and informal entrepreneurship [J]. Asia Pacific Journal of Management, 2015, 32 (1): 67-94.

[107] Ermann, M. D. The operative goals of corporate philanthropy: Contributions to the public broadcasting service, 1972-1976 [J]. Social Problems, 1978, 25 (5): 504-514.

[108] Estrin, S., Mickiewicz, T., Stephan, U. Entrepreneurship, social capital, and institutions: Social and commercial entrepreneurship across Nations [J]. Entrepreneurship: Theory and Practice, 2013, 37 (3): 479-504.

[109] Evans, P. Government action, social capital and development – Reviewing the evidence on synergy [J]. World Development, 1996 (24): 1119-1132.

[110] Faccio, M. Differences between politically connected and non-connected firms: Across-country analysis [J]. American Economic Review, 2010, 96 (1): 369-386.

[111] Fan P., J. Wong, T. Zhang. Institutions and organizational structure: The case of state-owned corporate pyramids [J]. Journal of Law, Economics and Organization, Forthcoming, 2013.

[112] Fazzari, S. M., Petersen, B. C., Hubbard, R. G. Financing constraints and corporate investment [C]. National Bureau of Economic Research, Inc, 1988.

[113] Feicht, R., Grimm, V., Seebauer, M. An experimental study of corporate social responsibility through charitable giving in Bertrand markets [J]. Journal of Economic Behavior & Organization, 2014 (124): 88-101.

[114] Ferguson, K. M., Xie, B., Glynn, S. Adapting the individual placement and support model with homeless young adults [C]. US: Child & Youth Care Forum, 2012.

[115] Ferguson, K. M. Merging the fields of mental health and social enterprise: Lessons from abroad and cumulative findings from research with homeless youths [J]. Community Ment Health J, 2012, 48 (4): 490-502.

[116] Ferguson, K. M. Nonvocational outcomes from a randomized controlled trial of two employment interventions for homeless youth [J]. Research on Social Work Prac-

tice, 2018, 28 (5): 603 – 618.

[117] File, K. M., Prince, R. A. Cause – related marketing, philanthropy and the arts [J]. Nonprofit Management and Leadership, 1995 (40): 249 – 260.

[118] Fisman, R. Estimating the value of political connections [J]. American Economic Review, 2001, 91 (4): 1095 – 1102.

[119] Fombrum, C. J., Rindova, V. Who's tops and who decides? The social construction of corporate reputations [M]. New York: New York University, 1996.

[120] Fombrum, C. J. Reputation realizing value from the corporate image [M]. Boston: Harvard Business School Press, 1996.

[121] Fombrun, C., Shanley, M. What's in a name? Reputation building and corporate strategy [J]. Academy of Management Journal, 1990, 33 (2): 233 – 258.

[122] Fombrun, C. J., Van Riel, C. B. M. The reputational landscape [J]. Corporate Reputation Review, 1997, 1 (1): 5 – 13.

[123] Forehand, M. R., S. Grier. When is honesty the best policy? The effect of stated company intent on consumer skepticism [J]. Journal of Consumer Psychology, 2003, 13 (3): 349 – 356.

[124] Fountain, J. Social capital: A key enable of innovation in science and technology [A]//Branscomb, L. M. and Keller, J. Investing in innovation towards a consensus strategy for federal technology policy [M]. Cambridge, The MIT Press, 1997.

[125] Friedman, M. The social responsibility of business is to make profits [N]. The New York Times Magazine, 1970 – 09 – 13.

[126] Fukuyama, F. Social capital and the global economy [J]. Foreign Affairs, 1995 (5): 89 – 103.

[127] Gabbay, S. M., Zuckerman, E. W. Social capital and opportunity in corporate R&D: The contingent effect of contact density on mobility expectations [J]. Social Science Research, 1998 (27): 189 – 217.

[128] Gabby, S. M. Social capital in the creation of financial capital: The case of network marketing [M]. Illinois: Stipes Publishers, 1997.

[129] Galaskiewicz, J., Zaheer, A. Networks of competitive advantage [M]. Stamford: JAI Press, 1999.

[130] Galaskiewicz, J. Contributions to charity: Nothing more than a marketing strategy [M]. Philanthropic Giving: Studies in Varieties and Goals, 1989: 246 – 260.

[131] Galaskiewicz, J. Social organization of an urban grants economy: A study

of business philanthropy and nonprofit organizations [J]. Academic Press, 2007 (5): 41 – 47.

[132] Gao, F., Faff, R., Navissi, F. Corporate philanthropy: Insights from the 2008 Wenchuan Earthquake in China [J]. Pacific – Basin Finance Journal, 2012, 20 (3): 363 – 377.

[133] Garengo, P., Sharma, M. K. Performance measurement system contingency factors: A cross analysis of Italian and Indian SMEs [J]. Production Planning & Control, 2014, 25 (3): 1 – 21.

[134] Gautier, A., Pache, A. C. Research on corporate philanthropy: A review and assessment [J]. Journal of Business Ethics, 2015, 126 (3): 343 – 369.

[135] Gerlach, M. L. Alliance capitalism: The social prganization of Japanese business [M]. Berkeley: University of California Press, 1992.

[136] Gibbons, J., Hazy, J. K. Leading a large – Scale distributed social enterprise [J]. Nonprofit Management and Leadership, 2017, 27 (3): 299 – 316.

[137] Godfrey, P. C. The relationship between corporate philanthropy and shareholder wealth: A risk management perspective [J]. Academy of Management Review, 2005, 30 (4): 777 – 798.

[138] Gotsi, M., Wilson, A. M. Corporate reputation: Seeking a definition of corporate communication [J]. An International Journal, 2001 (1): 24 – 30.

[139] Granovetter M. The strength of weak ties [J]. American Journal of Sociology, 1973, 78 (6): 1360 – 1380.

[140] Granovetter, M. S. Economic action and social structure: The problem of embeddedness [J]. American Journal of Sociology, 1985 (91): 481 – 510.

[141] Granovetter, M. S. The strength of weak ties [J]. American Journal of Sociology, 1973, 78 (6): 1360 – 1380.

[142] Grau, S. L., Folse, J. A. G. Cause – Related Marketing (CRM): The Influence of donation proximity and message – framing cues on the less – involved consumer [J]. Journal of Advertising, 2007, 36 (4): 19 – 33.

[143] Gray, E. R., Ballmer, M. T. Managing corporate image and corporate reputation [J]. Long Range Planning, 1998 (31): 695 – 702.

[144] Grimes M. G., Mcmullen J. S., Vogus T. J., et al. Studying the origins of social entrepreneurship: Compassion and the role of embedded agency [J]. Academy of Management Review, 2013, 38 (3): 460 – 463.

[145] Gronbjerg, K. A. Thansaction costs in social service contracting: Lessons

from the U. S. A. [A] //Perri G. & J. Kendall. The contract culture in public services [M]. London: Ashgate, 1997.

[146] Gulati, R., Nohria, N., et al. Strategic networks [J]. Strategy Management Journal, 2000 (21): 203 – 215.

[147] Gulati, R. Does familiarity breed trust? The implications of repeated ties for contractual choice in alliances [J]. Academy of Management Journal, 1995 (38): 85 – 112.

[148] Guoping Li, Hong Zhou. Political connections and access to IPO markets in China [J]. China Economic Review, 2015, 33 (8): 76 – 93.

[149] Hainmueller, J., Eggers, A. Political capital: Corporate connections and stock investments in the U. S. congress, 2004 – 2008 [J]. Quarterly Journal of Political Science, 2014, 9 (2): 169 – 202.

[150] Hakansson, H. International marketing and purchasing: An interaction approach [M]. New York: John Wiley, 1982.

[151] Haley, E. Exploring the construct of organization as source: Consumers, understandings of organizational sponsorship of advocacy advertising [J]. Journal of Advertising, 1996, 25 (2): 19 – 35.

[152] Hall Kelly, Alcock Pete, Millar Ross. Start up and sustainability: Marketisation and the social enterprise investment fund in England [J]. Journal of Social Policy, 2012, 41 (4): 733 – 749.

[153] Hall Kelly, Miller Robin, Millar Ross. Public, private or neither? Analysing the publicness of health care social enterprises [J]. Public Management Review, 2016, 18 (4): 539 – 557.

[154] Hall, P. D. A historical overview of the private nonprofit sector [A] // Walter W. Powell, ed. The nonprofit sector: A research handbook [M]. New Haven: Yale University Press, 1987.

[155] Hamel, G., Prahalad, C. K. Competing for the future [M]. Boston, MA: Harvard Business School Press, 1994.

[156] Hamel, G. Competition for competence and inter – partner learning within international strategic alliances [J]. Strategic Management Journal, 1991 (12): 83 – 103.

[157] Han, D., Zhang, P. Monetary policy, financing constraints and investment efficiency: Evidence from listed private companies of China [J]. Nankai Business Review International, 2016 (1).

[158] Hansmann, Henry. The role of nonprofot enterprise [J]. Yale Law Journal, 1980 (89): 835 – 901.

[159] Happ, C. The importance of governance and risk management in corporate finance: An empirical analysis of financing and interest rate risks [J]. Publications of Darmstadt Technical University Institute for Business Studies, 2016 (3): 43.

[160] Hargadon, A., Sutton, R. I. Technology brokering and innovation in a product development firm [J]. Administrative Science Quarterly, 1997 (42): 716 – 749.

[161] Harrison, J., Freeman, R. E. Stakeholders, social responsibility, and performance: Empirical evidence and theoretical perspectives [J]. Academy of Management Journal, 1999, 42 (5): 479 – 485.

[162] Hassan, Z., Nareeman, A., Pauline, N. Impact of CSR practices on customer satisfaction and retention: An empirical study on foreign MNCs in Malaysia [J]. Social Science Electronic Publishing, 2013, 1 (2): 63 – 81.

[163] Helper, S. Comparative supplier relations in the U. S. and Japanese auto industries: An exit voice approach [J]. Business Economic History, 1990 (19): 153 – 162.

[164] Hill Matthew D., Fuller K. P., Kelly G. W. Corporate cash holdings and political connections [J]. Review of Quantitative Finance and Accounting, 2014, 42 (1): 123 – 142.

[165] Hillman, A. J. and Keim, G. D. Shareholder value, stakeholder management, and social issues: What's the bottom line? [J]. Strategic Management Journal, 2001 (22): 125 – 139.

[166] Himmelstein, Jerome, L. Looking good and doing good: Corporate philanthropy and corporate power [M]. Bloomington, IN: Indiana Press, 1997.

[167] Hippel, E. V. The sources of innovation [M]. New York: Oxford University Press, 1988.

[168] Hoang, Ha, Bostjan Antoncic. Network – based research in entrepreneurship: A critical review [J]. Journal of Business Venturing, 2003, 18 (2): 165 – 188.

[169] Hockerts, Kai. Determinants of social entrepreneurial intentions [J]. Entrepreneurship Theory and Practice, 2017, 41 (1): 105 – 130.

[170] Hoffman, N. P. An examination of the "sustainable competitive advantage" concept: Past, present, and future [EB/OL]. http://www.amsreview.org/arti-

cles/hoffmano4 - 2000. pdf.

[171] Houston. Political connections and entrepreneurial investment: Evidence from China's transition economy [J]. Journal of Business Venturing, 2011, 28 (2): 299 - 315.

[172] Hsieh, Yaolung James. Exploring corporate donationbehavior: A case study of Taiwan [J]. Journal of Nonprofit & Public Sector Marketing, 2004, 12 (1): 69 - 91.

[173] Huang, J. Y. Analysis of the corporate charitable donations in the context of corporate social responsibility [J]. Oriental Forum, 2011, 16 (5): 641 - 655.

[174] Hunt, A. Strategic philanthropy [J]. Across the Board, 1986 (7 - 8): 23 - 30.

[175] Husted, B. W. Governance choices for corporate social responsibility: To contribute, collaborate or internalize? [J]. Long Range Planning, 2003, 36 (5): 481 - 498.

[176] Hynes, B. Growing the social enterprise issues and challenges [J]. Social Enterprise Journal, 2009, 5 (2): 114 - 125.

[177] Infante, Luigi, M. Piazza. Do political connections pay off? Some evidences from the Italian credit market [R]. Working Paper, 2013.

[178] Infante, L., Piazza, M. Political connections and preferential lending at local level: Some evidence from the Italian credit market [J]. Journal of Corporate Finance, 2014 (29): 246 - 262.

[179] Isabelle Maignan, David A. Ralston. Corporate social responsibility in Europe and the U. S. : Insights from business' self - presentations [J]. Journal of International Business Studies, 2002, 33 (3): 497 - 514.

[180] James, Estelle. The nonprofit sector in comparative perspective [A] // Walter W. Powell, ed. The nonprofit sector: A research handbook [M]. New Haven: Yale University Press, 1987.

[181] Jean - Philippe Bonardi, Gerald D. Keim. Corporate political strategies for widely salient issues [J]. Academy of Managemnt Review, 2005, 30 (3): 555 - 576.

[182] Jeng, Shih - Ping. Effects of corporate reputations, relationships and competing suppliers "marketing programmes on customers" cross - buying intentions [J]. The Service Industries Journal, 2008, 28 (1): 15 - 26.

[183] John V. Kania. Benchmarking philanthropy, FSG perspectives on corporate

philanthropy [Z]. Foundation Strategy Group, LLC, 2004.

[184] Johnson, J., Sakano, T., et al. Setting the stage for trust and strategic integration in Japanese – U. S. cooperative alliances [J]. Journal of International Business Studies, 1996, 27 (5): 981 – 1004.

[185] Johnson, R. A., Greening, D. W. The effects of corporate governance and institutional ownership types on corporate social performance [J]. Academy of Management Journal, 1999, 42 (5): 564 – 576.

[186] Johnson, Simon, Todd Mitton. Cronyism and capital controls: Evidence from Malaysia [J]. Journal of Financial Economics, 2003 (67): 351 – 382.

[187] Johnsoncramer, M. E., Berman, S. L., Post, J. E. Re – examining the concept of "stakeholder management" [J]. Unfolding Stakeholder Thinking 2: Relationships, 2003 (17): 145 – 161.

[188] Jung, N. Y., Seock, Y. K. The impact of corporate reputation on brand attitude and purchase intention [J]. Fashion and Textiles, 2016, 3 (1): 20 – 35.

[189] Justin Fisher. Why do companies make donations to political parties. Political Studies [J]. 1994 (4): 690 – 699.

[190] J. Gregory Dees, Jed Emerson, Peter Economy, Enterprising Nonprofits: A Toolkit for Social Entrepreneurs [M]. New York: John Wiley & Sons, 2001.

[191] Kanji Tanimoto. Changes in the market society and corporate social responsibility [J]. Asian Business & Management, 2004 (3): 151 – 172.

[192] Kaplan, R. S. Yesterday's accounting undermines production [J]. Harvard Business Review, 1984 (62): 95 – 101.

[193] Katre, A, Salipante, P. Start – up social ventures: Blending fine – grained behaviors from two institutions for entrepreneurial success [J]. Entrepreneurship Theory & Practice, 2012, 36 (5): 967 – 994.

[194] Kerstin Lopatta, Reemda Jaeschke, Magdalena Tchikov. Corruption, corporate social responsibility and financial constraints: International firm – level evidence [J]. European Management Review, 2016 (2): 112 – 122.

[195] Ketokivi, M. A., Schroeder, R. G. Strategic, structural contingency and institutional explanations in the adoption of innovative manufacturing practices [J]. Journal of Operations Management, 2004 (22): 63 – 89.

[196] Khwaja, A. I., Mian, A. Do lenders favor politically connected firms rent seeking in an emerging financial market [J]. Quarterly Journal of Economics, 2005 (120): 1371 – 1391.

[197] King, R. C., Schilhavy, R. A. M., Chowa, C., et al. Do customers identify with our website? The effects of website identification on repeat purchase intention [J]. International Journal of Electronic Commerce, 2016, 20 (3): 319 – 354.

[198] Kishton, J. M., Widaman, K. F. Unidimensional versus domain representative parceling of questionnaire items: An empirical example [J]. Educational and Psychological Measurement, 1994 (54): 757 – 765.

[199] Knudsen, S. Corporate social responsibility in local context: International capital, charitable giving and the politics of education in Turkey [J]. Journal of Southeast European & Black Sea Studies, 2015, 15 (3): 369 – 390.

[200] Kogut, B., Zander, U. Knowledge of the firm, combinative capabilities, and the replication of technology [J]. Organization Science, 1992 (3): 383 – 397.

[201] Kogut, B. Joint ventures: Theoretical and empirical perspectives [J]. Strategic Management Journal, 1988 (9): 319 – 332.

[202] Koka B. R., Prescott, J. E. Strategic alliances and social capital: A multidimensional view [J]. Strategic Management Journal, 2002 (23): 795 – 816.

[203] Korsakiene, R. Corporate philanthropy and performance: A case of a production company/Filantropine Imones Atsakomybe Ir Veiklos Rezultatai: Gamybos Imones Atvejis [J]. International Symposium & Annual Meeting, 2013 (9): 234 – 246.

[204] Kotler, P., Lee, N. Corporate social responsibility: Doing the most good for your company and your cause [J]. Academy of Management Executive, 2006, 20 (2): 90 – 93.

[205] Kraatz, M. S. Learning by association? Interorganizational networks and adaptation to environmental change [J]. Academy of Management Journal, 1998 (41): 621 – 643.

[206] Lafferty, B. A., Goldsmith, R. E. Corporate credibility's role in consumers' attitudes and purchase intentions when a high versus a low credibility endorser is used in the Ad [J]. Journal of Business Research, 1999 (44): 109 – 116.

[207] Landry, R., Amara, N., et al. Does social capital determine innovation? To what extent [J]. Technological Forecasting & Social Change, 2002 (69): 681 – 701.

[208] Lane, P., Lubatkin, M. Relative absorptive capacity and interorganizational learning [J]. Strategy Management Journal, 1998, 19 (5): 461 – 477.

[209] Lane, P. J., Salk, J. E., et al. Absorptive capacity, learning and per-

formance in international joint ventures [J]. Strategic Management Journal, 2001 (22): 1139-1161.

[210] Larson A., Starr, J. A. A network model of organization formation [J]. Entrepreneurship: Theory and Practice, 1993, 17 (2): 5-15.

[211] Larson, A. Network dyads in entrepreneurial settings: A study of the governance of exchange relationships [J]. Administrative Science Quarterly, 1992 (37): 76-104.

[212] Lawson, B., Samson, D. Developing innovation capability in organisations: A dynamic capabilities approach [J]. International Journal of Innovation Management, 2001, 5 (3): 377-400.

[213] Leenders, R. T. A. J., Gabbay, S. M., et al. Corporate social capital and the strategic management paradigm: A contingency view on organizational performance [R]. Working Paper, 2001.

[214] Leenders, R. T. A. J., Gabbay. S. M. Corporate social capital and liability [M]. Boston: Kluwer, 1999.

[215] Leonard-Barton D. Core capabilities and core rigidities: A paradox in managing new product development [J]. Strategic Management Journal, 1992 (13): 111-123.

[216] Lev, B. Is doing good good for you? How corporate charitable contributions enhance revenue growth [J]. Social Science Electronic Publishing, 2010, 31 (2): 182-200.

[217] Levin, D. Z., Cross, R., et al. The strength of weak ties you can trust: The mediating role of trust in effective knowledge transfer [J]. Academy of Management Proceedings, 2002.

[218] Lewicki, R. J., Bunker, B. B. Developing and maintaining trust in work relationships [A] //R. Kramer, T. R. Tyler. Trust in Organizations [M]. Thousand Oaks, CA: Sage Publications, 1996.

[219] Lewis, J. D. Partnerships for profit: Structuring and managing strategic alliance [M]. New York: Free Press, 1990.

[220] Lin, Nan, Ensel, W. M., Vaughn, J. C. Social resources and strength of ties: Structural factors in occupational status attainment [J]. American Sociology Review, 1981 (46): 393-405.

[221] Lin, N., Fu, Y.-C., et al. The position generator: Measurement techniques for investigations of social capital [A] //Lin, N., Cook, K., Burt,

R. S. Social capital: Theory and research [M]. New York, Aldine De Guyter, 2001.

[222] Liu G., Eng T. Y., Takeda S. An investigation of marketing capabilities and social enterprise performance in the UK and Japan [J]. Entrepreneurship Theory and Practice, 2015, 39 (2): 267-298.

[223] Logsdon, Reiner, Burke. Corporate philanthropy: Strategy responses to the firm's stakeholders [J]. Nonprofit and Voluntary Sector Quarterly, 1990 (19): 93-109.

[224] London Benchmarking Group [EB/OL]. http://www benchmarking.com.

[225] Longinos Marin, Salvador Ruiz. "I Need You Too!" Corporate identity attractiveness for consumers and the role of social responsibility [J]. Journal of Business Ethics, 2007, 71 (3): 245-260.

[226] Loury, G. C. A dynamic theory of racial income differences [A]// P. A. Wallace, A. M. Lamand. Women, Minorities, and Employment Discrimination, ed. Lexington [M]. MA: Heath, 1977.

[227] Luo, X., Bhattacharya, C. B. Corporate social responsibility, customer satisfaction, and market value [J]. Journal of Marketing, 2006, 70 (4): 1-18.

[228] Luo, X., Griffith, D. A., et al. The effects of customer relationships and social capital on firm performance: A chinese business illustration [J]. Journal of International Marketing, 2004, 12 (4): 25-45.

[229] Lu C., Zhang, C., Chen, Y. An empirical study on correlation of corporate social responsibility and financial performance [J]. Advanced Science Letters, 2013, 19 (4): 1222-1225.

[230] Ma del Mar García de los Salmones, Crespo, A. H., Bosque, I. R. D. Influence of corporate social responsibility on loyalty and valuation of services [J]. Journal of Business Ethics, 2005, 61 (4): 369-385.

[231] Ma Hao. Competitive advantage and firm performance [J]. Competitiveness Review, 2000 (10): 15-32.

[232] Mackey, A., Mackey, T. B., Barney, J. B. Corporate social responsibility and firm performance: Investor preferences and corporate strategies [J]. Academy of Management Review, 2007, 32 (3): 817-835.

[233] Madhok, A. Opportunism and trust in joint venture relationships: Anexploratory study and a model [J]. Scandinavian Journal of Management, 1995, 11

(1): 57-74.

[234] Mael, F., Ashforth, B. E. Alumni and their alma mater: A partial test of the reformulated model of organizational identification [J]. Journal of Organizational Behavior, 1992, 13 (2): 103-123.

[235] Mar Garcia – De los Salmones, Ángel Herrero – Crespo, Ignacio Rodríguez – del – Bosque. Influence of corporate social responsibility on loyalty and valuation of services [J]. Journal of Business Ethics, 2005, 61 (4): 369-385.

[236] Marx, J. D. Strategic philanthropy: An opportunity for partnership between corporations and health/human service agencies [J]. Administration in Social Work, 1998 (9): 57-73.

[237] Marx, J. D. Corporate strategic philanthropy: Implication for Social Work [J]. Social Work, 1989 (5): 34-41.

[238] María Mar García – De los Salmones, María, Perez A. Effectiveness of CSR advertising: The role of reputation, consumer attributions, and emotions [J]. Corporate Social Responsibility and Environmental Management, 2017, 15 (6): 653-671.

[239] Mason, C., Moran, M. Social enterprise and policy discourse: A comparative analysis of the United Kingdom and Australia [J]. Policy & Politics, 2018, 46 (4): 607-626.

[240] McEvily, B., Zaheer, A. Bridging ties: A source of firm heterogeneity in competitive capabilities [J]. Strategic Management Journal, 1999 (6): 1133-1158.

[241] McEvily, S. K., Chakravarthy, B. The persistence of knowledge – based advantage: An empirical test for product performance and technological knowledge [J]. Strategic Management Journal, 2002, 23 (4): 285-305.

[242] McFadyen M. A., Cannella, A. A. Jr. Social capital and knowledge creation: Diminishing returns of the number and strength of exchange relationships [J]. Academy of Management Journal, 2004, 47 (5): 735-746.

[243] Mcmullen J. S., Bergman B. Social entrepreneurship and the development paradox of prosocial motivation: A cautionary tale [J]. Strategic Entrepreneurship Journal, 2017, 11 (3): 243-270.

[244] McWilliams, A., Siegel, D. Corporate social responsibility: A theory of the firm perspective [J]. Academy of Management Review, 2001, 26 (1): 117-127.

[245] Meijer, May – May, De Bakker, et al. Corporate giving in the Nether-

lands 1995 – 2003: Exploring the amounts involved and the motivations for donating [J]. International Journal of Nonprofit & Voluntary Sector Marketing, 2006, 11 (1): 13 – 28.

[246] Mendoza – Abarca K. I., Anokhin S., Zamudio, César. Uncovering the influence of social venture creation on commercial venture creation: A population ecology perspective [J]. Journal of Business Venturing, 2015, 30 (6): 793 – 807.

[247] Meng Zhao. Political connection and preferential access to finance: The role of campaign contributions [J]. Journal of Review, 2012 (150): 117 – 121.

[248] Menz, K. M. Corporate social responsibility: Is it rewarded by the corporate bond market? A critical note [J]. Journal of Business Ethics, 2010, 96 (1): 117 – 134.

[249] Michael E. Porter, Mark, R. Kramer. The competitive advantage of corporate philanthropy [J]. Harvard Business Review, 2002 (12): 57 – 68.

[250] Michael E. Porter. Corporate philanthropy: Taking the high ground [EB/OL]. http://www.foundationstrategy.com.

[251] Miller, T., Grimes, M., Mcmullen, J., et al. Venturing for others with heart and head: How compassion encourages social entrepreneurship [J]. Academy of Management Review, 2012, 37 (4): 616 – 640.

[252] Millington, B. A. Does it pay to be different? An analysis of the relationship between corporate social and financial performance [J]. Strategic Management Journal, 2008, 29 (12): 1325 – 1343.

[253] Mohr, L. A., Webb, D. J., Harris, K. E. Do consumers expect companies to be socially responsible? The impact of corporate social responsibility on buying behavior [J]. Journal of Consumer Affairs, 2001, 35 (1): 45 – 72.

[254] Mohr, L. A., Webb, D. J. The effects of corporate social responsibility and price on consumer responses [J]. Journal of Consumer Affairs, 2005, 39 (1): 27.

[255] Molina – Morales FX, Mart'mez – Fernandez MT. The impact of industrial district affiliation on firm value creation [J]. European Planning Studies, 2003 (11): 156 – 169.

[256] Mook, L., Chan, A., Kershaw, D. Measuring social enterprise value creation [J]. Nonprofit Management & Leadership, 2015, 26 (2): 189 – 207.

[257] Mook, L., Maiorano, J., Ryan, S., et al. Turning social return on investment on its head [J]. Nonprofit Management & Leadership, 2015, 26 (2):

229 - 246.

[258] Muller, A., Kräussl, R. The value of corporate philanthropy during times of crisis: The sensegiving effect of employee involvement [J]. Journal of Business Ethics, 2011, 103 (2): 203 - 220.

[259] Murphy, G. B., Trailer, J. W., Hill, R. C. Measuring performance in entrepreneurship research: A review of the empirical literature [J]. National United States Association for Small Business and Entrepreneurship Proceedings, 1993 (10): 163 - 170.

[260] Nahapiet, J., Ghoshal, S. Social capital, intellectual capital and the creation of value in firms [J]. Academy of Management Proceedings, 1997 (97).

[261] Nahapiet, J., Ghoshal, S. Social capital, intellectual capital, and the organizational advantage [J]. Academy of Management Review, 1998 (23): 242 - 266.

[262] Navickas, V., Kontautiene, R. Influence of corporate philanthropy on economic performance/Imoniu Filantropijos Poveikis Ju Ekonomines Veiklos Rezultatams [J]. Business Theory & Practice, 2011, 12 (1): 9.

[263] Nguyen, N., Leblanc, G. Corporate image and corporate reputation in customers' retention decisions in services [J]. Journal of Retailing and Consumer Services, 2001, 8 (4): 227 - 236.

[264] Nicholls A., Teasdale S. Neoliberalism by stealth? Exploring continuity and change within the UK social enterprise policy paradigm [J]. Policy and Politics, 2017, 45 (3): 323 - 341.

[265] Nietoa, M., Quevedo, P. Absorptive capacity, technological opportunity, knowledge spillovers, and innovative efforts [J]. Technovation, 2005 (25): 1141 - 1157.

[266] O'Hagan, J., Harvey D. Why do companies sponsor arts events? Some evidence and a proposed classification [J]. Journal of Cultural Economics, 2000, 24 (3): 205 - 224.

[267] Oliver, R. L. Satisfaction: A behavioral perspective on the consumer [M]. New York: McGraw - Hill, 1997.

[268] Oliver, R. L. Whence consumer loyalty? [J]. Journal of Marketing, 1999, 34 (63): 33 - 44.

[269] Olofsson, S., Hoveskog, M., Halila, F. Journey and impact of business model innovation: The case of a social enterprise in the Scandinavian electricity re-

tail market [J]. Journal of Cleaner Production, 2018 (175): 70 – 81.

[270] Orlitzky, M., Sehmidt, F. L., Rynes, S. L. Corporate social and finaneial performance meta – analysis [J]. Organization Studies, 2003, 24 (3): 403 – 441.

[271] Ott J. S. The nature of the nonprofit sector [M]. Boulder, Colorado: Westview Press, 2001.

[272] O. Sallyanne Decker. Corporate social responsibility andstructural change in financial services [J]. Managerial Auditing Journal, 2004, 19 (6): 712 – 728.

[273] Park, C., Wilding, M. Social enterprise policy design: Constructing social enterprise in the UK and Korea [J]. International Journal of Social Welfare, 2013, 22 (3): 236 – 247.

[274] Paul C. Godefrey. The relationship between corporate philanthropy and shareholder wealth: A risk management perspective [J]. Academy of Management Review, 2005, 30 (4): 777 – 786.

[275] Paul Thompson, Zarina Zakaria. Corporate social responsibility reporting in Malaysia: Progress and prospects [J]. The Journal of Corporate Citizenship, 2004 (13): 125 – 136.

[276] Peloza, J., Shang, J. How can corporate social responsibility activities create value for stakeholders? A systematic review [J]. Journal of the Academy of Marketing Science, 2011, 39 (1): 117 – 135.

[277] Penrose, E. T. The theory of the growth of the firm [M]. Oxford: Oxford University Press, 1959.

[279] Peteraf, M. A. The cornerstones of competitive advantage, a resource based view [J]. Strategic Management Journal, 1993 (14): 179 – 191.

[279] Pfeffer, J., Salancik, G. R. The external control of organizations: A resource dependence perspective [M]. New York: Harper & Row, 1978.

[280] Piore, M. J., Sabel, C. F. The second industrial divide [M]. New York: Basic Books, 1984.

[281] Polanyi, K. The great transformation: The political and economic origins of our time [M]. Boston Mass: Beacon Press, 1957.

[282] Polanyi, M. The tacit dimension [M]. New York: Anchor Day, 1966.

[283] Porter, M. E., Kramer, M. R. The competitive advantage of corporate philanthropy [J]. Harv Bus Rev, 2002, 80 (12): 56 – 68.

[284] Porter, M. E. Competitive advantage [M]. New York: Free Press, 1985.

[285] Porter, M. E. Generic competitive strategies [M]. New York: Free Press, 1980.

[286] Portes, A., Sensenbrenner, J. Embeddedness and immigration: Notes on thesocial determinants of economic action [J]. American Journal of Sociology, 1993 (98): 1320 –1350.

[287] Portes, A. Economic sociology and the sociology of immigration: A conceptual overview, the economic sociology of immigration [M]. New York: Russell Sage Foundation, 1995.

[288] Portes, A. Social capital: Its origins and applications in modern sociology [J]. Annual Review of Sociology, 1998 (24): 1 –24.

[289] Powell Walter W., Paul J. Dimaggio. The iron cage revisited: Institutional isomorphism and collective rationality in organizational fields [J]. American Sociological Review, 1983 (48): 147 –160.

[290] Powell, T. C. Competitive advantage: Logical andphilosophical considerations [J]. Strategic Management Journal, 2001 (22): 875 –888.

[291] Prahalad, C. K., Hamel, G. The core competence of the corporation [J]. Harvard Business Review, 1990, 68 (3): 79 –91.

[292] Putnam, R. D. Bowling alone: The collapse and revival of american community [M]. New York: Simon and Schuster, 2000.

[293] Putnam, R. D. Bowline alone: America's declining social capital [J]. Journal of Democracy, 1995, 6 (1): 65 –78.

[294] Putnam, R. D. Making democracy work: Civic traditions in modern italy [M]. Princeton: Princeton University Press, 1993.

[295] Putnam, R. D. The prosperous community: Social capital and public life [J]. American Prospect, 1993 (13): 35 –42.

[296] P. Rajan Varadarajan, Anil Menon. Cause – related marketing: A co – alignment of marketing strategy and corporate philanthropy [J]. Journal of Marketing, 1988, 52 (3): 58 –74.

[297] Rafael Currás Pérez. Effects of perceived identity based on corporate social responsibility: The role of consumer identification with the company [J]. Corporate Reputation Review, 2009, 12 (2): 177 –191.

[298] Raiborn Cecily, Green Antoinette, Todorova Lyudmila, et al. Corporate philanthropy: When is giving effective [J]. Journal of Corporate Accounting & Finance, 2003, 15 (1): 47 –54.

[299] Renko, M. Early challenges of nascent social entrepreneurs [J]. Entrepreneurship Theory & Practice, 2013, 37 (5): 1045 – 1069.

[300] Rim, H., Yang, S. U., Lee, J. Strategic partnerships with nonprofits in Corporate Social Responsibility (CSR): The mediating role of perceived altruism and organizational identification [J]. Journal of Business Research, 2016, 69 (9): 3213 – 3219.

[301] Ring, P. S., Ven, A. H. V. D. Development processes of cooperative interorganizational relationships [J]. Academy of Management Review, 1994 (19): 90 – 119.

[302] Robert M. Gront. Contemporary strategy analysis [M]. MA: Black – Well Malden, 1998.

[303] Robert, Schwartz. corporate philanthropic contributions [J]. Journal of Finance, 1968, 23 (2): 479 – 497.

[304] Roberts. Enterprise development fund [EB/OL]. http://www.redf.org/the SROI framework.

[305] Roberts, G. S., Goss, A. The impact of corporate social responsibility on the cost of bank loans [J]. Journal of Banking and Finance, 2011, 35 (7): 1794 – 1810.

[306] Roberts, P. W., Dowling, Graham, R. Corporate reputation and sustained superior financial performance [J]. Strategic Management Journal, 2002 (23): 1077 – 1093.

[307] Robin Miller, Ross Millar, Kelly Hall. New development: Spin – outs and social enterprise: The "right to request" programme for health and social care services [J]. Public Money & Management, 2012, 32 (3): 233 – 236.

[308] Roger Martin. The virtue matrix: Calculating the return on corporate responsibility [J]. Harvard Business Review, 2002 (3): 23 – 33.

[309] Romo, F. P., Schwartz, M. Structural embeddedness of business decisions: A sociological assessment of the migration behavior of plants in New York State between 1960 and 1985 [J]. American Sociology Review, 1995 (60): 874 – 907.

[310] Rosenthal, E. A. Social networks and team performance [M]. Chicago: University of Chicago, 1996.

[311] Ross Millar, Kelly Hall. Social Return on Investment (SROI) and performance measurement [J]. Public Management Review, 2013, 15 (6): 923 – 941.

[312] Ross, J. K., Patterson, L. T., Stutts, M. A. Consumer perceptions of

organizations that use cause – related marketing [J]. Journal of the Academy of Marketing Science, 1992, 20 (1): 93 – 97.

[313] Ross, J. K., Patterson, L. T., Stutts, M. A. Tactical considerations for the effective use of cause – related marketing [J]. Journal of Applied Business Research, 1990 – 1991, 7 (1): 58 – 65.

[314] Rumelt, R. P. Theory, strategy, and entrepreneurship [A] //D. Teece (Ed.). The Competitive Chanllenge cambridge [M]. MA: Ballinger, 1987.

[315] Rumelt, R. P. Towards a strategic theory of the firm [A] //R. B. Lamb (ed.). Competitive strategic management [M]. Prentice – Hall, 1984.

[316] Ryan R. M., O'Toole C. M., Mccann F. Does bank market power affect SME financing constraints? [J]. Journal of Banking & Finance, 2013 (49): 495 – 505.

[317] Salamon, L. M., Anheier, H. K. Global civil society: Dimensions of the nonprofit sector [M]. Maryland: The John Hopkins University, Dress, 1999.

[318] Salamon, L. M. Therise of the nonprofit sector [J]. Foreign Affairs, 1994, 73 (4): 109 – 122.

[319] Santos F., Pache A. C., Birkholz C. Making hybrids work: Aligning business models and organizational design for social enterprises [J]. California Management Review, 2015, 57 (3): 36 – 58.

[320] Sasidharan, S., Lukose, P. J., Komera, S. Financing constraints and investments in R&D: Evidence from Indian manufacturing firms [J]. Quarterly Review of Economics & Finance, 2015 (55): 28 – 39.

[321] Scott M. Smith, David S. Alcorn. Cause marketing: A new direction in the marketing of corporate responsibility [J]. The Journal of Services Marketing, 1991, 5 (4): 21 – 37.

[322] Seifert, B., Morris, S. A., Bartkus, B. R. Having, giving, and getting: Slack resources, corporate philanthropy and firm financial performance [J]. Business and Society, 2004, 43 (2): 135 – 161.

[323] Sen, S., Bhattacharya, C. B. Does doing good always lead to doing better? Consumer reactions to corporate social responsibility [J]. Journal of Marketing Research, 2001, 38 (2): 225 – 243.

[324] Sepulveda L., Syrett S., Calvo S. Social enterprise and ethnic minorities: Exploring the consequences of the evolving British policy agenda [J]. Environment and Planning C – Government and Policy, 2013, 31 (4): 633 – 648.

[325] Shan Weijian, Walker Gordon, Kogut Bruce. Interfirm cooperation and starup innovation in the biotechnology industry [J]. Strategic Management Journal, 1994, 15 (5): 387-394.

[326] Shane, S., Venkataraman, S. The promise of entrepreneurship as a field of research [J]. Academy of Management Review, 2000 (25): 217-226.

[327] Shapira, R. Corporate philanthropy as signaling and co-optation [J]. Social Science Electronic Publishing, 2012, 80 (5): 1889-1939.

[328] Shin, Y., Thai, V. V. The Impact of corporate social responsibility on customer satisfaction, relationship maintenance and loyalty in the shipping industry [J]. Corporate Social Responsibility & Environmental Management, 2014, 22 (6): 381-392.

[329] Shleifer, A., Vishny, R. W. Greenmail, white knights, and shareholders' interest [J]. Rand Journal of Economics, 1986, 17 (3): 293-309.

[330] Shrimali G., Slaski X., Thurber M. C., et al. Improved stoves in India: A study of sustainable business models [J]. Energy Policy, 2011, 39 (12): 7543-7556.

[331] Singh, J. The influence of CSR and ethical self-identity in consumer evaluation of cobrands [J]. Journal of Business Ethics, 2016, 138 (2): 311-326.

[332] Smith, C. The new corporate philanthropy [J]. Harvard Business Review, 1994 (5-6): 105-114.

[333] Smitka, M. Competitive ties: Subcontracting in the Japanese automotive industry [M]. New York: Columbia University Press, 1991.

[334] Su, J., He, J. Does giving lead to getting? Evidence from Chinese private enterprises [J]. Journal of Business Ethics, 2010, 93 (1): 73-90.

[335] Swan, J. A., Newell, S. The role of professional associations in technologydiffusion [J]. Organization Studies, 1995 (16): 846-873.

[336] Tahir Islam. 企业社会责任和消费者购买行为 [D]. 合肥：中国科学技术大学博士学位论文，2017.

[337] Tajfel, H. Differentiation between social groups: Studies in the social psychology of intergroup relations [J]. American Journal of Sociology, 1978, 86 (5): 1193-1194.

[338] Talmud et al. Corporate social capital and liability: A conditional approach to three consequences of corporate social structure [M]. Dordrecht: Kluwer Academic Publishers, 1999.

[339] Teece, D. J., Pisano, G., Shuen, A. Dynamic capabilities and strategic management [J]. Strategic Management Journal, 1997 (18): 509-533.

[340] Teece, D. J. Competition, cooperation and innovation [J]. Journal of Economic Behavior and Organization, 1992 (18): 1-25.

[341] Thomas A. Hemphill. Corporate citizenship: The case for a new corporate governance model [J]. Business and Society Review, 2004, 109 (3): 339-361.

[342] Tsai, W. and Ghoshal, S. Social capital and value creation: The role of intrafirm networks [J]. Academy of Management Journal, 1998, 41 (4): 464-476.

[343] Upadhyayula, R. S. and Kumar, R. Social capital as an antecedent of absorptive capacity of firms [A] //Paper presented in DRUID conference 2004: Industrial dynamics, innovation and development Elsinore [C]. Denmark, 2004 (6): 14-16.

[344] Uzzi, B., Gillespie, J. J. Knowledge spillover in corporate financing networks: Embeddedness and the firm's debt performance [J]. Strategic Management Journal, 2002 (23): 595-618.

[345] Uzzi, B. Social structure and competition in interfirm networks: The paradox of embeddedness [J]. Administrative Science Quarterly, 1997 (42): 35-67.

[346] Uzzi, B. The sources and consequences of embeddedness for the economic performance of organizations [J]. American Sociology Review, 1996 (61): 674-698.

[347] Vandeven, R. P. Development processes of cooperative interorganizational relationships [J]. Academy of Management Review, 1994, 19 (1): 90-118.

[348] Venkatraman, N., Ramanujam, V. Measurement of business performance in strategy research: A comparison of approaches [J]. Academy of Management Review, 1986 (11): 801-814.

[349] Waddock, S. A., Graves, S. B. The corporate social performance-financial performance link [J]. Strategic Management Journal, 1997 (18): 303-319.

[350] Wagner, T., Lutz, R., Weitz, B. A. Corporate hypocrisy: Overcoming the threat of inconsistent corporate social responsibility perceptions [J]. Journal of Marketing, 2009, 73 (6): 77-91.

[351] Walker, G., Kogut, B., Shan, W. Social capital, structural holes and the formation of and industry network [J]. Organization Science, 1997, 8 (2): 109-125.

[352] Wang, H., Choi, J., Li, J. Too little or too much? Untangling the relationship between corporate philanthropy and firm financial performance [J]. Organization Science, 2008, 19 (1): 143-159.

[353] Wang, J., Coffey, B. S. Board composition and corporate philanthropy [J]. Journal of Business Ethics, 1992, 11 (10): 771-778.

[354] Wayne, S. J., Shore, L. M., Liden, R. C. Perceived organizational support and leader member exchange: A social exchange perspective [J]. Academy of Management Journal, 1997 (40): 82-111.

[355] Weber, R. A., C. F. Camerer. Cultural conflict and merger failure: An experimental approach [J]. Management Science, 2003, 49 (4): 400-415.

[356] Weeden, Curt. Corporate social investing: The breakthrough strategy for giving and getting corporate Contributions [M]. San Francisco: Berrett-Koehler Publishers Inc., 1998.

[357] Weisbrod, Burton. Toward a theory of the voluntary nonprofit sector in three-sector economy [A] //E. Phelps. Eds altruism morality and economic theory [M]. New York: Russel Sage, 1974.

[358] WenMin Lu, WeiKang Wang, HsiaoLan Lee. The relationship between corporate social responsibility and corporate performance: Evidence from the US semiconductor industry [J]. International Journal of Production Research, 2013, 51 (19): 5683-5695.

[359] Werbel, J. D., Carter, S. M. The CEO's influence on corporate foundation giving [J]. Journal of Business Ethics, 2002, 40 (1): 47-60.

[360] Wernerfelt, B. A resource-based view of the firm [J]. Strategic Management Journal, 1984 (5): 171-180.

[361] Westlund, H. Implications of social capital for business in the knowledge economy: Theoretical considerations [M]. International Forum on Economic Implication of Social Capital, Tokyo, Japan, 2003.

[362] William C. Randolph dynamic ineome, progressive taxes, and the timing of haritable contributions [J]. Journal of Political Economiy, 1995, 103 (4): 709-738.

[363] Williams, R. J. Women on corporate boards of directors and their influence on corporate philanthropy [J]. Journal of Business Ethics, 2003, 42 (1): 1-10.

[364] Wilson F., Post J. E. Business models for people, planet (& profits): Exploring the phenomena of social business, a market-based approach to social value creation [J]. Small Business Economics, 2013, 40 (3): 715-737.

[365] Windsor, D. The future of corporate social responsibility [J]. The International Journal of Organizational Analysis, 2001, 9 (3): 225-256.

[366] Wolfgang Keller. Absorptive capacity: On the creation and acquisition of

technology in development [J]. Journal of Development Economics, 1996 (49): 199 - 227.

[367] Wongpitch, S., Minakan, N., Powpaka, S., et al. Effect of corporate social responsibility motives on purchase intention model: An extension [J]. Kasetsart Journal of Social Sciences, 2016, 37 (1): 30 - 37.

[368] Wood, Stacy. Prone to progress: Using personality to identify supporters of innovative social entrepreneurship [J]. Journal of Public Policy & Marketing, 2012, 31 (1): 129 - 141.

[369] Wood, D. J. Business and society [M]. Glenview, IL: Scott Foresman, 1990.

[370] Wry T., York J. G. An identity - based approach to social enterprise [J]. Academy of Management Review, 2017, 42 (3): 437 - 460.

[371] Wu, T. J., Tsai, H. T., Tai, Y. N. Would corporate social responsibility affect consumers' attitudes towards brand and purchase behavior?: Buyer - seller guanxi as the moderator [J]. Revista De Cercetare Si Interventie Sociala, 2016 (53): 272 - 287.

[372] Wu, W. Y., Tsai, C. H. The empirical study of CRM: Consumer - company identification and purchase intention in the direct selling industry [J]. International Journal of Commerce & Management, 2007, 17 (3): 194 - 210.

[373] Wu, X., Wei, Y. The analysis on competitive advantage of firms in the context of synergic development: Based on the perspective of social capital [M]. International Engineering Management Conference 2004, Singapore, 2004.

[374] Wymer, W. W., Samu, Jr S. Dimension of business and nonprofit collaborative relative relationships [J]. Journal of Nonprofit & Public Sector Marketing, 2003, 11 (1): 3 - 22.

[375] W. J. Abernathy. The productivity dilemma: Roadblock to innovation in the automobile industry [M]. Baltimore: Johns Hopkins University Press, 1978.

[376] Yan Yun., Peng Ke. The impact of environmental performance information disclosure on financing constraints [C]. International Conference on Information Management, Innovation Management and Industrial Engineering, 2013: 526 - 529.

[377] Yang, X., Zeng, Y. Has cash holding been able to smoothed corporate R&D? An empirical research based on perspective of financing constraints and financial development [J]. Science Research Management, 2014 (6): 56 - 73.

[378] Yli - Renko, H., Autio, E., et al. Social capital, knowledge acquisi-

tion, and knowledge exploitation in young technology – based firms [J]. Strategy Management Journal, 2001 (22): 587 – 613.

[379] Young, Dennis. Alternative models of government – nonprofit sector relations: Theoretical and international perspectives [J]. Nonprofit and Voluntary Sector Quarterly, 2000, 29 (1): 149 – 172.

[380] Zaheer A., McEvily B., Perrone, V. Does trust matter? Exploring the effects of interorganizational and interpersonal trust on performance [J]. Organization Science, 1998, 9 (2): 141 – 159.

[381] Zahra, S., Ireland, R., Hitt, M. International expansion by new venture firms: International diversity, mode of market entry, technological learning, and performance [J]. Academy of Management Journal, 2000, 43 (5): 925 – 950.

[382] Zahra, S. A., George, G. Absorptive capacity: A review, reconceptualization, and extension [J]. Academy of Management Review, 2002, 27 (2): 185 – 203.

[383] Zajac, E. J., Kraatz, M. S., Bresser, R. K. F. Modeling the dynamics of strategic fit: A normative approach to strategic change [J]. Strategic Management Journal, 2000 (21): 429 – 453.

[384] Zajac, E. SMJ 1994 best paper prize to Birger Wernerfelt [A]. Strategic Management Journal, 1995 (16): 169 – 170.

[385] Zasuwa, G. Do the ends justify the means? How altruistic values moderate consumer responses to corporate social initiatives [J]. Journal of Business Research, 2016, 69 (9): 3714 – 3719.

[386] Zeithaml, V. A., Berry, L. L., Parasuraman A. The behavioral consequences of service quality [J]. Journal of Marketing, 1996, 60 (2): 31 – 46.

[387] Zhang, H., Li, L., Zhou, D. Political connections, government subsidies and firm financial performance: Evidence from renewable energy manufacturing in China [J]. Renewable Energy, 2014, 63 (1): 330 – 336.

[388] Zhang, M., Li, Y. An empirical study on the relationship between entrepreneur's reputation and financing constraints [J]. 2013 (9): 386 – 392.

[389] Zhu, X. Corporate social responsibility and financing constraints: Empirical evidence from china's listed corporates [C]. 2014 International Conference on Education Technology and Social Science, 2014.

[390] 毕楠, 银成钺, 康茜. 中国情境下影响消费者感知成功善因营销的多案例研究[J]. 管理学报, 2016, 13 (3): 347 – 358.

[391] 毕晓方, 姜宝强. 财务松弛对公司业绩的影响研究[J]. 商业经济与管理, 2010(4): 83-90.

[392] 边燕杰, 丘海雄. 企业的社会资本及其功效[J]. 中国社会科学, 2000(2): 87-99.

[393] 蔡宁, 沈奇泰松, 吴结兵. 经济理性、社会契约与制度规范: 企业慈善动机问题研究综述与扩展[J]. 浙江大学学报(人文社会科学版), 2009, 39(2): 64-73.

[394] 曹忠鹏, 代祺, 赵晓煜. 公益事件营销中企业——消费者契合度和宣传侧重点影响效果研究[J]. 南开管理评论, 2012, 15(6): 62-71.

[395] 陈宏辉, 贾生华. 企业社会责任观的演进与发展: 基于综合性社会契约的理解[J]. 中国工业经济, 2003(12): 85-92.

[396] 陈劲, 李飞宇. 社会资本: 对技术创新的社会学诠释[J]. 科学学研究, 2001, 19(3): 103-107.

[397] 陈静华. 善因行销研究——一个企业与非营利组织合作、互动的观点[D]. 新北: 台湾辅仁大学, 2002.

[398] 陈军, 石磊. 项目管理手册[M]. 北京: 企业管理出版社, 2004.

[399] 陈龙真. 项目管理在我国企业捐赠中的运用研究[D]. 南京: 河海大学硕士学位论文, 2005.

[400] 陈晓红, 曾平. 移动购物评价对消费者购买意愿影响的实验研究[J]. 经济与管理研究, 2016, 37(6): 122-129.

[401] 陈旭东, 王靓. SA8000对企业竞争力影响的研究综述[J]. 科学学与科学技术管理, 2005(8): 137-142.

[402] 陈嫣如. 从企业公益赞助探讨社会福利机构可行的劝募策略[D]. 台北: 台湾东吴大学硕士学位论文, 1993.

[403] 陈悦, 陈超美, 刘则渊, 胡志刚, 王贤文. CiteSpace知识图谱的方法论功能[J]. 科学学研究, 2015, 33(2): 242-253.

[404] 陈悦, 陈超美等. 引文空间分析原理与应用[M]. 北京: 科学出版社, 2014.

[405] 程惠芳, 文武. 融资约束、经济周期与研发投入[J]. 浙江工业大学学报(社会科学版), 2015, 14(3): 241-248.

[406] 崔娜. 企业慈善行为策略与消费者响应关系实证研究[D]. 济南: 山东大学硕士学位论文, 2011.

[407] 戴亦一, 潘越, 冯舒. 中国企业的慈善捐赠是一种"政治献金"吗——来自市委书记更替的证据[J]. 经济研究, 2014(2): 74-85.

[408] 戴亦一,彭镇,潘越.企业慈善捐赠:诉讼风险下的自我救赎[J].厦门大学学报(哲学社会科学版),2016(2):122-131.

[409] 邓国胜.非营利组织评估[M].北京:社会科学文献出版社,2001.

[410] 邓新明,龙贤义,刘禹,叶珍.善行必定有善报吗——消费者抵制企业社会责任行为的内在机理研究[J].南开管理评论,2017,20(6):129-139.

[411] 邓新明,龙贤义.企业社会责任、公司评价与消费者响应[J].中南财经政法大学学报,2017(5):126-136.

[412] 邓新明,熊会兵,李剑峰等.政治关联、国际化战略与企业价值——来自中国民营上市公司面板数据的分析[J].南开管理评论,2014,17(1):26-43.

[413] 邓新明,张婷,许洋,龙贤义.企业社会责任对消费者购买意向的影响研究[J].管理学报,2016,13(7):1019-1027.

[414] 丁开杰.中国社会管理体制改革的深化:挑战、进展与问题[J].甘肃行政学院学报,2009(3):69,91-95.

[415] 丁敏.社会企业商业模式创新研究[J].科学经济社会,2010,28(1):94-97.

[416] 丁卫萍.慈善捐赠与财务绩效、社会效应[D].徐州:中国矿业大学硕士学位论文,2015.

[417] 樊建锋,田博文.灾害情景下企业慈善行为对企业声誉的影响[J].安徽农业大学学报(社会科学版),2013(2):49-53.

[418] 方军雄.捐赠,赢得市场掌声吗?[J].经济管理,2009(7):172-176.

[419] 冯娇,姚忠.基于社会学习理论的在线评论信息对购买决策的影响研究[J].中国管理科学,2016,24(9):106-114.

[420] 付非,赵迎欢.基于医药企业数据论企业社会责任与顾客满意的关系[J].沈阳药科大学学报,2016,33(11):908-913.

[421] 傅颖,斯晓夫,陈卉.基于中国情境的社会创业:前沿理论与问题思考[J].外国经济与管理,2017(3):40-50.

[422] 甘华鸣.项目管理[M].北京:中国国际广播出版社,2003.

[423] 高帆,汪亚楠.中国民营企业慈善捐赠的避税效应和融资效应[J].学术研究,2015(7):80-85.

[424] 高霞.我国新创企业慈善捐赠动机及经济后果研究——基于组织合法性视角的分析[D].苏州:苏州大学硕士学位论文,2015.

[425] 高勇强,陈亚静,张云均."红领巾"还是"绿领巾":民营企业慈

善捐赠动机研究[J].管理世界,2012(8):106-114.

[426] 高勇强,陈亚静,张云均.企业声誉、慈善捐赠与消费者反应[J].当代经济管理,2012,34(6):20-25.

[427] 格鲁特尔特,贝斯特纳尔.社会资本在发展中的作用[M].成都:西南财经大学出版社,2004.

[428] 耿帅.基于共享性资源观的集群企业竞争优势研究[D].杭州:浙江大学博士学位论文,2005.

[429] 贡婷春.慈善捐赠的税收激励研究[D].济南:山东财经大学硕士论文,2012.

[430] 顾群,翟淑萍.信息披露质量、代理成本与企业融资约束——来自深圳证券市场的经验证据[J].经济与管理研究,2013(5):43-48.

[431] 顾新,郭耀煌等.社会资本及其在知识链中的作用[J].科研管理,2003,24(5):44-48.

[432] 郭国庆,陈凤超,顾雷雷.慈善捐赠、品牌资产与企业绩效的关系——来自中国上市公司的数据[J].中国科技论坛,2018(3):100-106,116.

[433] 郭国庆,李先国.国外非营利机构筹资模式及启示[J].经济理论与经济管理,2001(12):22-27.

[434] 郭剑花.制度环境、政治联系与政策性负担[J].山西财经大学学报,2011(7):33-40.

[435] 郭劲光,高静美.网络、资源与竞争优势:一个企业社会学视角下的观点[J].中国工业经济,2003(3):79-86.

[436] 郭牧炫.银行关联对民营企业融资约束的影响分析[D].天津:南开大学博士学位论文,2013.

[437] 郭晟豪,阚萍."经济人"与"利他主义"的一致与冲突——基于企业慈善角度[J].对外经贸,2012(3):108-110.

[438] 郝照辉,徐艳.银行慈善捐赠与其财务绩效之间的交互影响研究——基于企业社会责任视角的探讨[J].吉林金融研究,2015(1):33-43.

[439] 何镜清,李善民,周小春.民营企业家的政治关联、贷款融资与公司价值[J].财经科学,2013(1):83-91.

[440] 侯杰泰,温忠麟,成子娟.结构方程模型及其应用[M].北京:教育科学出版社,2004.

[441] 胡浩.基于改善竞争环境的跨国公司慈善行为研究[J].管理评论,2003(10):15-18.

[442] 胡旭阳.民营企业的政治关联及其经济效应分析[J].经济理论与经

济管理,2010(2):74-79.

[443] 胡杨成.非营利组织市场导向与绩效的关系研究:环境变动与组织创新的影响[D].杭州:浙江大学博士学位论文,2007.

[444] 胡银花,孔凡斌,许正松.食品安全危机下企业社会责任对品牌修复的实证研究[J].企业经济,2018,37(2):132-138.

[445] 黄金华,徐俊.试论企业社会资本及其优化策略[J].安徽理工大学学报(社会科学版),2003,5(1):17-20.

[446] 黄靖.企业慈善捐赠行为与税收政策关系的研究[D].杭州:浙江大学博士学位论文,2011.

[447] 黄珺,朱辉.政治背景、社会责任信息披露与银行信贷[J].管理学报,2014,11(4):615-623.

[448] 黄送钦.代理成本、制度环境变迁与企业慈善捐赠——来自中国制造业的经验证据[J].上海财经大学学报,2017,19(1):75-87.

[449] 黄有亮,徐国清等.投资费用支出动态控制的方法与过程[J].东南大学学报(自然科学版),2000(4):42-45.

[450] 贾明,张喆.高管的政治关联影响公司慈善行为吗[J].管理世界,2010(4):99-105.

[451] 杰弗里·菲佛,杰勒尔德·R.萨兰基克.组织的外部控制:对组织资源依赖的分析[M].闫蕊译.北京:东方出版社,2006.

[452] 金锦萍.社会企业的兴起及其法律规制[J].经济社会体制比较,2009(4):128-134.

[453] 金立印.企业社会责任运动测评指标体系实证研究——消费者视角[J].中国工业经济,2006(6):114-120.

[454] 金仁仙.韩国社会企业发展现状、评价及其经验借鉴[J].北京社会科学,2015(5):122-128.

[455] 金仁仙.日本社会企业发展战略及其借鉴意义[J].企业管理,2015(3):113-116.

[456] 金仁仙.中日韩社会企业发展比较研究[J].亚太经济,2016(6):101-105.

[457] 金淑慧.经济周期与融资约束[D].厦门:厦门大学博士学位论文,2014.

[458] 克里斯蒂娜·K.福克曼,基姆·奥利维·托卡斯基,卡蒂·恩斯特.社会创业与社会商业:理论与案例[M].黄琦译.北京:社会科学文献出版社,2016.

[459] 兰青. 我国非营利组织研究[J]. 海淀走读大学学报, 2004 (1): 35-39.

[460] 乐为. 非营利组织与营利组织之间的战略联盟浅析[J]. 科学管理研究, 2001 (6): 27-32.

[461] 李高泰, 王尔大. 企业社会责任对企业绩效的影响机制研究[J]. 软科学, 2015, 29 (9): 59-62.

[462] 李海芹, 张子刚. CSR 对企业声誉及顾客忠诚影响的实证研究[J]. 南开管理评论, 2010, 13 (1): 90-98.

[463] 李华晶, 肖玮玮. 机会识别、开发与资源整合: 基于壹基金的社会创业过程研究[J]. 科学经济社会, 2010, 28 (2): 94-97.

[464] 李怀祖. 管理研究方法论[M]. 西安: 西安交通大学出版社, 2004.

[465] 李惠斌, 杨雪冬. 社会资本与社会发展[M]. 北京: 社会科学文献出版社, 2000.

[466] 李建文, 李欢, 杜文, 陈丽璇. 媒体关注度会影响企业慈善捐赠积极性吗?——基于我国民营上市公司数据的门槛检验[J]. 当代会计, 2017 (6): 77-79.

[467] 李健. 条条大陆通罗马?——国外社会企业立法指向及经验启示[J]. 经济社会体制比较, 2017 (3): 74-82.

[468] 李健. 政策设计与社会企业发展——基于 30 个国家案例的定性比较分析[J]. 理论探索, 2018 (2): 32-38.

[469] 李健. 政府如何促进社会企业发展?——来自新加坡的经验[J]. 经济体制改革, 2016 (5): 19-24.

[470] 李金, 李仕明, 严整. 融资约束与现金—现金流敏感度——来自国内A股上市公司的经验证据[J]. 管理评论, 2007, 19 (3): 53-57.

[471] 李敬强, 刘凤军. 企业慈善捐赠对市场影响的实证研究——以"5.12"地震慈善捐赠为例[J]. 中国软科学, 2010 (6): 160-166.

[472] 李敬强, 刘凤军. 企业社会责任特征与消费者响应研究——兼论消费者—企业认同的中介调节效应[J]. 财经论丛, 2017 (1): 85-94.

[473] 李岚. 企业慈善与消费者响应研究综述[J]. 学习论坛, 2016, 32 (10): 38-41.

[474] 李岚. 消费者企业社会责任响应研究——基于利益相关者的视角[J]. 河南社会科学, 2018, 26 (8): 95-100.

[475] 李连发, 辛晓岱. 银行信贷、经济周期与货币政策调控: 1984~2011[J]. 经济研究, 2012 (3): 102-114.

[476] 李璐. 基于政治关联角度的高管变更对民营企业进入高壁垒行业的影响研究[D]. 广州：华南理工大学硕士学位论文，2015.

[477] 李四海. 制度环境、政治关系与企业捐赠[J]. 中国会计评论，2010（2）：161-178.

[478] 李维安，姜涛. 公司治理与企业过度投资行为研究——来自中国上市公司的证据[J]. 财贸经济，2007（12）：56-61，141.

[479] 李维安，王鹏程，徐业坤. 慈善捐赠、政治关联与债务融资——民营企业与政府的资源交换行为[J]. 南开管理评论，2015，18（1）：4-14.

[480] 李晓玲，涂士华. 慈善捐赠对企业财务业绩的影响研究——来自中国上市公司的经验证据[J]. 集美大学学报（哲学社会科学版），2013，16（3）：48-55.

[481] 李余，余文. 社会资本、投资环境与民营企业银行贷款[J]. 金融论坛，2016（4）：34-44.

[482] 李正. 企业社会责任与企业价值的相关性研究——来自沪市上市公司的经验证据[J]. 中国工业经济，2006（2）：77-83.

[483] 李志刚，施先旺，高莉贤. 企业社会责任信息披露与银行借款契约——基于信息不对称的视角[J]. 金融经济学研究，2016（1）：106-116.

[484] 里贾纳·赫茨琳杰等. 非营利组织管理[M]. 北京：中国人民大学出版社，2000：105-128.

[485] 梁建，陈爽英，盖庆恩. 民营企业的政治参与、治理结构与慈善捐赠[J]. 管理世界，2010（7）：109-118.

[486] 梁文玲. 企业慈善责任策略对消费者购买意愿的影响研究[J]. 学术论坛，2013，36（8）：156-160.

[487] 林南. 社会资本：关于社会结构与行动的理论[M]. 张磊译. 上海：上海人民出版社，2006.

[488] 林永佳，陈茜，杨欣. 公司治理结构对企业慈善捐赠的影响分析[J]. 会计之友，2017（5）：47-52.

[489] 刘春苗. 高管政治关联对企业价值的影响[J]. 商业研究，2012（7）：103-107.

[490] 刘凤军，孔伟，李辉. 企业社会责任对消费者抵制内化机制研究——基于AEB理论与折扣原理的实证[J]. 南开管理评论，2015，18（1）：52-63.

[491] 刘凤军，李敬强，李辉. 企业社会责任与品牌影响力关系的实证研究[J]. 中国软科学，2012（1）：116-132.

[492] 刘光友，任虹. 诚信与社会资本的企业研究[J]. 商业研究，2004，

294（10）：27-29.

[493] 刘继同. 就业与福利：欧美国家的社区就业理论与政策模式[J]. 欧洲研究，2002（5）：89-97，107.

[494] 刘建花. 消费者响应企业社会责任的内在机理研究[D]. 济南：山东大学博士学位论文，2014.

[495] 刘蕾，周翔宇. 非营利组织转型社会企业因素研究[J]. 福建论坛（人文社会科学版），2017（12）：24-31.

[496] 刘鲁浩，梁玲，葛夫财等. 面向农业 BOP 群体的服务创新研究——基于社会企业的视角[J]. 福建论坛（人文社会科学版），2016（7）：34-41.

[497] 刘小霞. 社会企业研究述评[J]. 华东理工大学学报（社会科学版），2012，27（3）：9-22.

[498] 刘英. 商业赞助与慈善捐赠对企业形象和产品评价影响的比较研究[D]. 重庆：西南财经大学博士学位论文，2014.

[499] 刘跃，叶宇梅，王燕. 政治关联与社会、经济双重效应的绩效分析——基于民营上市公司的数据[J]. 会计之友，2015（17）：115-121.

[500] 刘振，崔连广，杨俊，李志刚，宫一洧. 制度逻辑、合法性机制与社会企业成长[J]. 管理学报，2015，12（4）：565-575.

[501] 刘振，杨俊，李志刚. 国外社会企业成长研究综述与发展趋势[J]. 现代财经（天津财经大学学报），2014（2）：84-93.

[502] 刘志阳，金仁旻. 社会企业的商业模式：一个基于价值的分析框架[J]. 学术月刊，2015（3）：100-108.

[503] 刘志远，张西征. 投资/现金流敏感性能反映公司融资约束吗？——基于外部融资环境的研究[J]. 经济管理，2014（5）：105-112.

[504] 卢东. 消费者对企业社会责任的反应研究[D]. 成都：西南交通大学博士学位论文，2009.

[505] 卢向南. 项目计划与控制[M]. 李盛萍，常春译. 北京：机械工业出版社，2003.

[506] 卢正文，刘春林. 慈善捐赠对企业绩效影响的研究——基于消费者视角[J]. 山西财经大学学报，2012（3）：81-88.

[507] 罗伯特·K. 威索基等. 有效的项目管理[M]. 北京：电子工业出版社，2002.

[508] 罗党论，唐清泉. 政治关系、社会资本与政策资源获取：来自中国民营上市公司的经验证据[J]. 世界经济，2009（7）：84-96.

[509] 罗竹凤. 政府干预对中小企业债务融资的影响研究[D]. 重庆：重庆

大学硕士学位论文,2014.

[510] 罗子明.消费者心理学[M].北京:清华大学出版社,2007.

[511] 马干平.慈善营销对消费者购买决策的影响[D].杭州:浙江大学硕士学位论文,2014.

[512] 马海群,吕红.基于中文社会科学引文索引的中国情报学知识图谱分析[J].情报学报,2012,31(5):470-471.

[513] 马庆国.管理统计——数据获取、统计原理SPSS工具与应用研究[M].北京:科学出版社,2002.

[514] 马芮.政治关联对民营企业信贷融资约束的影响[D].济南:山东财经大学硕士学位论文,2015.

[515] 马伊里,杨团.公司与社会公益[M].北京:华夏出版社,2002.

[516] 马英杰,张永升,李歆.中国农村金融改革发展60年[J].中国农村科技,2009(10):66-69.

[517] 买生,王春梅,肖永根.企业慈善对顾客忠诚的影响:企业形象的中介作用[J].上海经济研究,2017(9):89-96.

[518] 迈克尔·波特.国家竞争优势[M].邱如美,李明轩译.北京:华夏出版社,2002.

[519] 迈克尔·波特.竞争优势[M].陈小悦译.北京:华夏出版社,2005:103-137.

[520] 聂萍,王瑞芳.机构投资者、企业内部治理与慈善捐赠关系研究[J].湖南大学学报(社会科学版),2017,31(6):67-73.

[521] 宁宇新,柯大钢.基于政治关系的企业债务融资结构研究[J].统计与决策,2009(11):135-137.

[522] 牛晓燕.政治关联对企业财务绩效与社会责任履行的影响研究——基于民营上市公司的面板数据[D].济南:山东大学博士学位论文,2015.

[523] 潘越,戴亦一.政治关联与财务困境公司的政府补助[J].南开管理评论,2009,12(5):6-17.

[524] 潘越,翁若宇,刘思义.私心的善意:基于台风中企业慈善捐赠行为的新证据[J].中国工业经济,2017(5):133-151.

[525] 彭伟,于小进,郑庆龄,祝振铎.资源拼凑、组织合法性与社会创业企业成长——基于扎根理论的多案例研究[J].外国经济与管理,2018,40(12):55-70.

[526] 彭镇,戴亦一.企业慈善捐赠与融资约束[J].当代财经,2015(4):76-84.

[527] 齐丽云,张碧波,郭亚楠.消费者企业社会责任认同对购买意愿的影响[J].科研管理,2016,37(5):112-121.

[528] 钱丽华,刘春林,丁慧.慈善捐赠、广告营销与企业绩效——基于消费者认知视角的分析[J].软科学,2015(8):97-100.

[529] 邱皓政.量化研究与统计分析[M].台北:五南图书公司,2004.

[530] 邱苑华.项目管理学[M].北京:科学出版社,2001.

[531] 屈晓华.企业社会责任演进与企业良性行为反应的互动研究[J].管理现代化,2003(5):23-25.

[532] 全国人大常委会办公厅.中华人民共和国慈善法[M].北京:中国民主法制出版社,2016.

[533] 阮玲玲.财务困境企业的捐赠动机分析[D].广州:广东财经大学硕士学位论文,2017.

[534] 山立威,甘犁,郑涛.公司捐款与经济动机——汶川地震后中国上市公司捐款的实证研究[J].经济研究,2008,43(11):51-61.

[535] 邵剑兵,吴珊.管理者从军经历与政府补助——基于慈善捐赠和冗余雇员的双重视角[J].上海财经大学学报,2018,20(3):63-78.

[536] 沈健,任国源.保险企业慈善捐赠与财务绩效关系研究——基于2009~2015年财产保险业的实证分析[J].武汉金融,2018(2):43-49.

[537] 沈鹏熠,范秀成.在线零售企业社会责任行为与消费者响应——基于中国背景的调节效应模型[J].中国软科学,2016(3):96-106.

[538] 盛南,王重鸣.社会创业导向构思的探索性案例研究[J].管理世界,2008(8):127-137.

[539] 时立荣.转型与整合:社会企业的性质、构成与发展[J].人文杂志,2007(4):181-187.

[540] 水古雅一.经营伦理与实践[M].北京:经济管理出版社,1999.

[541] 斯晓夫,刘志阳,林嵩等.社会创业理论与实践[M].北京:机械工业出版社,2019.

[542] 眭文娟.转型期私营企业慈善捐赠的驱动机制及绩效机理研究[D].成都:电子科技大学博士学位论文,2015.

[543] 孙德升.高管团队特征、冗余资源与企业慈善捐赠——一个调节效应模型的实证分析[J].理论界,2015(3):137-142.

[544] 孙海凤,于长春.公司政治关联的经济后果研究与展望[J].税务与经济,2012(2):21-23.

[545] 孙丽华.高管政治关联对企业慈善捐赠行为的影响研究[D].西安:

西安外国语大学硕士学位论文，2014．

[546] 孙路平．消费者善因营销感知对其忠诚意愿的影响机制研究[D]．济南：山东大学博士学位论文，2017．

[547] 孙世敏，张兰，贾建锋．社会企业业绩计量理论与方法的研究进展[J]．科研管理，2011，32（12）：74－81．

[548] 孙晓华，王昀，徐冉．金融发展、融资约束缓解与企业研发投资[J]．科研管理，2015，36（5）：47－54．

[549] 孙铮，刘凤委，李增泉．市场化程度、政府干预与企业债务期限结构——来自我国上市公司的经验证据[J]．经济研究，2005（5）：52－63．

[550] 唐更华，王学力．企业慈善行为策略研究新进展[J]．管理评论，2004（9）：41－46．

[551] 唐更华，许卓云．波特战略性企业慈善行为理论与启示[J]．南方经济，2004（8）：46－49．

[552] 唐更华，许卓云．西方策略性企业慈善行为理论、实践与方法评介[J]．外国经济与管理，2005（9）：39－45．

[553] 唐跃军，左晶晶，李汇东．制度环境变迁对公司慈善行为的影响机制研究[J]．经济研究，2014，49（2）：61－73．

[554] 陶蕾，贾文娟，闫小斐．企业社会责任对消费者购买意愿的影响：企业特征的调节作用[J]．华东经济管理，2015，29（3）：35－40．

[555] 田凯．西方非营利组织理论述评[J]．中国行政管理，2003（3）：59－64．

[556] 田敏，李纯青，陈艺妮．企业慈善行为方式对消费者响应的影响[J]．企业经济，2016（7）：41－48．

[557] 田祺，王慧，赵平飞．政治关联对我国民营企业发展的影响[J]．当代经济，2014（17）：40－42．

[558] 田蓉．超越与共享：社会企业研究新进展及未来展望[J]．南京社会科学，2016（12）：53－58，64．

[559] 田雪莹，蔡宁．企业慈善捐赠的前因变量与组织绩效研究[J]．重庆大学学报（社会科学版），2012（5）：49－56．

[560] 田雪莹，蔡宁．企业竞争战略新选择：协同网络的构建研究[J]．重庆大学学报（社会科学版），2006（6）：36－41．

[561] 田雪莹，叶明海，蔡宁．慈善捐赠行为与企业竞争优势实证分析[J]．同济大学学报（自然科学版），2010（5）：773－767．

[562] 田志龙，王瑞，杨文，马玉涛．中国情境下消费者CSR反应的行业

比较研究[J]. 管理科学, 2011, 24 (2): 30-41.

[563] 同昕. 政治关联、会计稳健性与过度投资——基于中国 A 股上市民营企业的经验证据[D]. 厦门: 厦门大学硕士学位论文, 2014.

[564] 涂智苹. 英美日韩社会企业发展比较研究及其启示[J]. 改革与战略, 2018, 34 (8): 116-122.

[565] 托马斯·唐纳森, 托马斯·邓菲. 有约束力的关系: 对企业伦理学的一种社会契约论的研究[M]. 赵月瑟译, 上海: 上海科学院出版社, 2001.

[566] 万良勇, 廖明情, 胡璟. 产融结合与企业融资约束[J]. 南开管理评论, 2015, 18 (2): 64-72.

[567] 汪旭晖, 冯文琪, 张杨. "化险为夷"还是"雪上加霜"?——负面网络口碑情境下零售企业社会责任行为对品牌权益的影响研究[J]. 商业经济与管理, 2015 (7): 5-15.

[568] 汪旭晖, 聂可昱, 陈荣. "解释行为"还是"解释反应"? 怎样的在线评论更有用——基于解释类型的在线评论对消费者购买决策的影响及边界条件[J]. 南开管理评论, 2017, 20 (4): 27-37.

[569] 汪一璇. 快餐业企业社会责任对顾客忠诚度影响的实证研究[J]. 经营管理者, 2016 (19): 13-15.

[570] 汪忠, 李姣, 袁丹. 社会创业者社会资本对机会识别的影响研究[J]. 中国地质大学学报 (社会科学版), 2017 (2): 145-154.

[571] 汪忠, 吴琳, 张乾梅, 胡兰. 基于模糊综合评价法的社会企业合作伙伴选择研究[J]. 财经理论与实践, 2013, 34 (4): 104-108.

[572] 汪忠, 吴倩, 胡兰. 基于 DEA 方法的社会企业双重绩效评价研究[J]. 中国地质大学学报 (社会科学版), 2013, 13 (4): 106-111.

[573] 汪忠, 袁丹, 江资斌, 吴倩. 基于 BP 神经网络的社会企业动态能力评价研究[J]. 中国地质大学学报 (社会科学版), 2016, 16 (1): 153-161, 172.

[574] 王春娅, 余伟萍, 段桂敏. 慈善捐助契合度对消费意愿的修复效应——基于品牌丑闻情境的分析[J]. 财经论丛, 2014 (5): 67-73.

[575] 王端旭, 潘奇. 企业慈善捐赠带来价值回报吗——以利益相关者满足程度为调节变量的上市公司实证研究[J]. 中国工业经济, 2011 (7): 118-128.

[576] 王怀勇, 刘永芳. 归因特性对组织公正感的影响[J]. 心理科学, 2010, 33 (1): 83-86.

[577] 王军, 郑玲, 江若尘. 民营企业慈善捐赠与财务绩效的因果关系研究——基于政治关联性与市场化程度调节效应的分析[J]. 山西财经大学学报,

2016,38(11):103-114.

[578] 王克稳,金占明,焦捷.战略群组身份、企业慈善捐赠和企业绩效——基于中国房地产行业的实证研究[J].南开管理评论,2014,17(6):53-62.

[579] 王名,朱晓红.社会企业论纲[J].中国非营利评论,2010(2):1-31.

[580] 王凭慧,张浩等.现代项目管理的知识体系[J].科学学研究,1999(3):12-15.

[581] 王世强.政府推动社会企业发展的政策措施:国际经验与中国路径[J].天津行政学院学报,2013,15(2):101-107.

[582] 王仙雅,毛文娟.消费者对企业社会责任缺失行为的感知——消费者归因和期望的影响[J].北京理工大学学报(社会科学版),2015,17(6):74-80,112.

[583] 王鲜萍.慈善捐赠在企业竞争中的作用[J].经济导刊,2005(12):86-88.

[584] 王晓娟.知识网络与集群企业竞争优势[D].杭州:浙江大学博士学位论文,2007.

[585] 王晓玉.基于企业社会资本的竞争优势探索[J].商业研究,2005(5):45-48.

[586] 王泽光,郭文军.谈项目管理中的成本和质量控制[J].科学学研究,1999(6):12-15.

[587] 王珍义,贺秋桐,谢萌等.高管政治关联与企业过度投资:以自由现金流为中介效应[J].投资研究,2016,35(7):99-109.

[588] 王仲玮.制度环境、政治关联与税收优惠——基于民营上市公司的经验数据[J].江西师范大学学报(哲学社会科学版),2015(6):28-36.

[589] 王梓懿,沈正平,杜明伟.基于CiteSpaceⅢ的国内新型城镇化研究进展与热点分析[J].经济地理,2017,37(1):32-39.

[590] 韦影.企业社会资本对技术创新绩效的影响:基于吸收能力的视角[D].杭州:浙江大学博士学位论文,2005.

[591] 尉俊东,赵文红,万迪昉.非营利组织与企业联盟的动机、风险与控制的分析[J].预测,2006(2):44-49.

[592] 尉俊东,赵文红,万迪昉.非营利组织治理研究综述[J].经济学动态,2005(11):89-93.

[593] 魏农建,唐久益.基于企业社会责任的顾客满意实证研究[J].上海

大学学报（社会科学版），2009，16（2）：106-120.

[594] 温素彬，方苑. 企业社会责任与财务绩效关系的实证研究——利益相关者视角的面板数据分析[J]. 中国工业经济，2008（10）：150-160.

[595] 巫景飞，何大军，林日韦. 高层管理者政治网络与企业多元化战略：社会资本视角——基于我国上市公司面板数据的实证分析[J]. 管理世界，2008（8）：107-118.

[596] 吴超鹏，叶小杰，吴世农. 政治关联、并购绩效与高管变更——基于我国上市公司的实证研究[J]. 经济学家，2012（2）：90-99.

[597] 吴定玉，辛雅洁. 企业消费者社会责任对消费者购买意愿的影响研究——基于理性行为理论视角[J]. 消费经济，2018，34（3）：54-61.

[598] 吴明隆. SPSS统计应用实务[M]. 北京：科学出版社，2003.

[599] 吴晓惠. 企业社会责任与品牌声誉、品牌资产关系研究[D]. 成都：西南财经大学硕士学位论文，2014.

[600] 肖海林，李书品. 企业社会责任感知与消费者归因对服务性企业服务补救满意度的影响——基于顾客认同的中介作用[J]. 南开管理评论，2017，20（3）：124-134.

[601] 肖建忠，唐艳艳. 社会企业的企业家精神：创业动机与策略[J]. 华东经济管理，2010，24（4）：107-110.

[602] 谢家平，刘鲁浩，梁玲，张为四. 农业社会企业价值网络协同机理：社会嵌入视角的实证分析[J]. 财经研究，2017，43（10）：83-96.

[603] 谢家平，刘鲁浩，梁玲. 社会企业：发展异质性、现状定位及商业模式创新[J]. 经济管理，2016，38（4）：190-199.

[604] 谢军，黄志忠，何翠茹. 宏观货币政策和企业金融生态环境优化——基于企业融资约束的实证分析[J]. 经济评论，2013（4）：116-123.

[605] 谢鹏. 制度压力下的企业慈善捐赠战略反应——基于组织场域的视角[D]. 南京：南京大学博士学位论文，2016.

[606] 谢泗薪，张金成，踪家峰. 西方非营利组织管理理论及其借鉴意义[J]. 南开学报（哲学社会科学版），2002（2）：79-86.

[607] 徐红，王辉. 企业慈善捐赠对组织绩效的跨期效应分析[J]. 会计之友，2015（17）：51-54.

[608] 徐莉萍，辛宇，祝继高. 媒体关注与上市公司社会责任之履行——基于汶川地震捐款的实证研究[J]. 管理世界，2011（3）：135-143，188.

[609] 徐莉萍，赵冠男，戴薇. 企业慈善捐赠下利益输送行为的实证研究——来自中国2009～2013年上市公司的经验数据[J]. 软科学，2015

(7): 73-77.

[610] 徐雪松. 企业慈善行为研究[D]. 上海: 同济大学博士学位论文, 2007.

[611] 许年行, 李哲. 高管贫困经历与企业慈善捐赠[J]. 经济研究, 2016, 51 (12): 133-146.

[612] 许文文, 康晓光. 企业战略性慈善理论研究——对波特战略性慈善理论的拓展[J]. 云南师范大学学报 (哲学社会科学版), 2014, 46 (5): 126-132.

[613] 许晓华. 民营企业政治关联与超额现金持有对过度投资的影响研究[D]. 郑州: 郑州大学硕士学位论文, 2015.

[614] 薛永基, 杨志坚, 李健. 慈善捐赠行为对企业品牌资产的影响——企业声誉与风险感知的中介效应[J]. 北京理工大学学报 (社会科学版), 2012, 14 (4): 58-66.

[615] 薛园. 企业慈善捐赠与财务绩效——基于我国房地产行业的实证研究[J]. 商业会计, 2016 (7): 50-53.

[616] 严欣健. 企业慈善捐赠对绩效的影响研究: 来自中国上市公司的经验证据[D]. 南京: 南京师范大学硕士学位论文, 2013.

[617] 杨家宁. 社会企业研究述评——基于概念的分类[J]. 广东行政学院学报, 2009 (3): 78-81.

[618] 杨团. 慈善蓝皮书: 中国慈善发展报告 (2013) [M]. 北京: 社会科学文献出版社, 2013.

[619] 杨团. 慈善蓝皮书: 中国慈善发展报告 (2014) [M]. 北京: 社会科学文献出版社, 2014.

[620] 杨团. 慈善蓝皮书: 中国慈善发展报告 (2015) [M]. 北京: 社会科学文献出版社, 2015.

[621] 杨团. 慈善蓝皮书: 中国慈善发展报告 (2016) [M]. 北京: 社会科学文献出版社, 2016.

[622] 杨团. 慈善蓝皮书: 中国慈善发展报告 (2017) [M]. 北京: 社会科学文献出版社, 2017.

[623] 杨团. 慈善蓝皮书: 中国慈善发展报告 (2018) [M]. 北京: 社会科学文献出版社, 2018.

[624] 杨团, 葛道顺. 公司与社会公益Ⅱ[M]. 北京: 社会科学文献出版社, 2003.

[625] 杨志坚, 薛永基. 慈善捐赠行为对企业品牌资产影响的实验研究

[J]．商业研究，2013（9）：70-78．

[626] 姚德权，章剑辉．政治关联、贷款融资与民营企业绩效研究[J]．财经问题研究，2014（12）：84-90．

[627] 姚小涛，席酉民．社会网络理论及其在企业研究中的应用[J]．西安交通大学学报（社会科学版），2003（3）：22-27．

[628] 叶楠，张潇．基于Cite Space的国内可持续消费研究知识图谱分析[J]．南京工业大学学报（社会科学版），2018，17（5）：87-96．

[629] 易冰娜，韩庆兰．公众关注度下企业捐赠对财务绩效的影响——基于2009~2011年A股制造业上市公司的实证分析[J]．社会科学战线，2013（10）：75-78．

[630] 殷龙，王先甲，蒋勤峰．考虑消费者感知伪善的企业慈善捐赠策略研究[J]．中南财经政法大学学报，2016（1）：139-146．

[631] 于林筠．生命周期视角下企业慈善捐赠对企业财务绩效的影响研究[D]．大连：东北财经大学硕士学位论文，2016．

[632] 余晓敏，李娜．社会企业型在线慈善商店的创新模式分析——基于"善淘网"的案例研究[J]．经济社会体制比较，2017（5）：136-145．

[633] 余晓敏，张强，赖佐夫．国际比较视野下的中国社会企业[J]．经济社会体制比较，2011（1）：157-165．

[634] 余晓敏．社会企业的治理研究：国际比较与中国模式[J]．经济社会体制比较，2012（6）：137-149．

[635] 俞可平．中国公民社会研究的若干问题[J]．中共中央党校学报，2007（6）：14-22．

[636] 袁放建，陈思同．政治关联、慈善捐赠与企业绩效——来自我国民营上市公司的经验证据[J]．经济与管理评论，2016（2）：41-47．

[637] 袁海霞，田虹．企业慈善捐赠对消费者品牌态度的影响——匹配性与亲和力的调节效应研究[J]．管理评论，2015，27（12）：110-119．

[638] 袁海霞，田虹．企业社会责任匹配性对消费者品牌的影响研究——基于消费者价值观的调节作用[J]．经济与管理研究，2013（7）：114-121．

[639] 袁海霞．企业社会责任匹配性与消费者品牌态度：条件化间接效果暨调节效应研究[D]．长春：吉林大学博士学位论文，2014．

[640] 臧家秀．股权性质、非效率投资与企业价值影响研究[D]．济南：山东大学硕士学位论文，2014．

[641] 翟淑萍，顾群，霍欣欣．慈善捐赠、融资约束与股权再融资——基于A股上市公司面板数据的经验分析[J]．中南财经政法大学学报，2015（2）：

134-142.

[642] 詹姆斯·哈林顿，达里尔·R. 康纳. 项目变革管理[M]. 北京：机械工业出版社，2001.

[643] 张川，娄祝坤，詹丹碧. 政治关联、财务绩效与企业社会责任——来自中国化工行业上市公司的证据[J]. 管理评论，2014，26（1）：130-139.

[644] 张方华. 知识型企业的社会资本与技术创新绩效的关系研究[D]. 杭州：浙江大学博士学位论文，2004.

[645] 张颢瀚，黄芮. 企业社会责任对消费者购买意愿的影响——以丹尼斯百货为例[J]. 许昌学院学报，2018，37（5）：72-76.

[646] 张红英. 消费者响应与企业社会责任活动研究——基于前景理论的视角[J]. 山东社会科学，2018（10）：173-178.

[647] 张建君，张志学. 中国企业家的政治战略[J]. 管理世界，2005（7）：94-105.

[648] 张建君. 中型/年民营企业的弱势：企业规模、年龄和商政关系[J]. 经济管理，2013，35（2）：41-51.

[649] 张萍，梁博. 政治关联与社会责任履行——来自中国民营企业的证据[J]. 会计与经济研究，2012，26（5）：14-23.

[650] 张其仔. 社会资本与国有企业绩效研究[J]. 当代财经，2000，182（1）：53-58.

[651] 张其仔. 新经济社会学[M]. 北京：中国社会科学出版社，2001.

[652] 张圣亮，张结娣. 消费者基于不同原因的网购退货对购后行为的影响[J]. 大连理工大学学报（社会科学版），2016，37（4）：33-38.

[653] 张秀娥，张坤. 创业导向对新创社会企业绩效的影响——资源拼凑的中介作用与规制的调节作用[J]. 科技进步与对策，2018，35（9）：91-99.

[654] 张英. 企业社会责任理论与实践[M]. 北京：经济管理出版社，2009.

[655] 张宇婷，卢璐. 企业社会责任、消费者响应与企业财务绩效：一个理论框架[J]. 南华大学学报（社会科学版），2018，19（4）：78-84.

[656] 张远凤. 德鲁克论非营利组织管理[J]. 外国经济与管理，2002，24（9）：227.

[657] 赵峰，高明华，马光明. 法与经济学视角下民营企业的政治关联与权益资本成本[J]. 经济经纬，2011（2）：113-117.

[658] 赵红建，范一博，贾钢. 慈善捐赠、企业绩效与融资约束[J]. 经济问题，2016（6）：109-115.

[659] 赵莉，严中华. 英国促进社会企业发展的策略研究及启示[J]. 特区

经济，2009（3）：94-95.

[660] 赵琼，张应祥．跨国公司与中国企业捐赠行为的比较研究[J]．社会，2007，27（5）：144-161.

[661] 赵蓉英，许丽敏．文献计量学发展演进与研究前沿的知识图谱探析[J]．中国图书馆学报，2010，36（5）：60-68.

[662] 赵延东．社会资本理论的新进展[J]．国外社会科学，2003（3）：54-59.

[663] 赵远，陈凯．企业社会责任对顾客信任的影响机制——企业声誉和顾客满意的中介效应[J]．电子科技大学学报（社会科学版），2017，19（3）：71-77.

[664] 赵越春，王怀明．食品企业社会责任表现与消费者响应——基于江苏消费者的问卷调查[J]．福建论坛（人文社会科学版），2013（7）：57-63.

[665] 赵越春．食品企业社会责任行为表现评价及消费者响应[D]．南京：南京农业大学博士学位论文，2013.

[666] 郑碧强，张叶云．企业志愿服务行为对顾客购买决策行为的影响研究——基于顾客道德认同的视角[J]．安徽农业大学学报（社会科学版），2011，20（5）：61-67.

[667] 郑玲，江若尘．民营企业的慈善捐赠与股票市场风险——基于政治关联性的调节作用[J]．华东经济管理，2017，31（5）：154-160.

[668] 郑胜利，陈国智．企业社会资本积累与企业竞争优势[J]．生产力研究，2002（1）：133-137.

[669] 钟宏武．企业捐赠作用的综合解析[J]．中国工业经济，2007（2）：75-83.

[670] 仲伟周．中国非营利组织行为的研究现状与未来趋势[J]．预测，2003，22（3）：12-16.

[671] 周批改，周亚平．国外非营利组织的资金来源及启示[J]．东南学术，2004（1）：91-95.

[672] 周小虎，陈传明．企业社会资本与持续竞争优势[J]．中国工业经济，2004（5）：90-97.

[673] 周延风，罗文恩，肖文建．企业社会责任行为与消费者响应——消费者个人特征和价格信号的调节[J]．中国工业经济，2007（3）：62-69.

[674] 周祖城，张漪杰．企业社会责任相对水平与消费者购买意向关系的实证研究[J]．中国工业经济，2007（9）：111-118.

[675] 朱国宏．经济社会学[M]．上海：复旦大学出版社，2003.

[676] 朱金凤，赵红建．慈善捐赠会提升企业财务绩效吗——来自沪市A

股上市公司的实证检验[J]. 会计之友, 2010 (10): 84-87.

[677] 朱琳琳, 陆雄文. 企业慈善的持续性战略和目标框架对消费者品牌评价的影响研究[J]. 现代管理科学, 2015 (4): 15-17.

[678] 朱宪辰, 宋妍. 国外捐赠行为研究述评[J]. 理论学刊, 2008 (11): 84-87.

[679] 朱翊敏, 李蔚, 刘容. 慈善营销中契合度、熟悉度和产品性质对消费者响应的影响[J]. 南开管理评论, 2012, 15 (3): 33-41, 71.

[680] 朱翊敏. 慈善营销中契合类型与信息框架对消费者响应的影响[J]. 南开管理评论, 2014, 17 (4): 128-139.

附录 1

企业慈善捐赠与竞争优势调查问卷

尊敬的先生/女士：

您好！非常感谢您在百忙之中参加本次问卷调查。

本问卷旨在调查企业捐赠行为对其竞争优势的影响，为企业市场竞争战略的选择提供借鉴和参考，希望能够得到您的大力支持！问卷不记名，答案也无对错之分，请您根据自己了解的真实情况独立完成这份问卷，并尽可能回答所有问题，您所填写的信息对我们的研究极具价值！本问卷调查结果不涉及任何商业用途，完全服务于学术研究，保证对您提供的信息严格保密。如果需要，我愿意将调查的最终研究成果提供给您参考！

在此，诚挚地感谢您的热心协助和付出宝贵的时间，敬祝您：生活如意、事业成功！

相关词汇的含义：

企业慈善捐赠：指以企业名义，在一定时期内向符合其捐赠意愿的公益性非营利组织进行的金钱、实物或劳务等方面的赠与行为，不包含纯以个人名义进行的此类活动。

非营利组织（NPO）：即在特定法律系统下，不被视为政府部门的协会、社团、基金会、慈善信托、非营利公司或其他法人，且不以营利为目的。在我国，则包括公益性事业单位、民间社会团体、民间基金会、民间非企业单位。

第一部分　基本资料

请填写相应的答案或在以下您认为适当的选项前"□"内打"√"。

Q1.1　贵企业主营业务经营所在地：_____省_____市

Q1.2　贵企业产权性质：
□国有独资　　□国有控股　　□国有参股
□集体企业　　□民营企业　　□三资企业　　□其他_____

Q1.3　贵企业主营业务所在行业领域：
□机械制造、化工和纺织　　　　□软件、电子及通信设备制造业
□房地产业　　　　　　　　　　□石油业
□物质流通业　　　　　　　　　□电力、燃气及水供应业
□服装、鞋类、玩具业　　　　　□零售商业
□医药业　　　　　　　　　　　□金融保险业
□住宿和餐饮业　　　　　　　　□文体娱乐业
□建筑业　　　　　　　　　　　□其他_____

Q1.4　贵企业2006年底资产总额（人民币元）：
□<100万　　　　　　□100万~500万　　　　□500万~1000万
□1000万~2000万　　　□2000万~4000万　　　□4000万~5000万
□5000万~1亿　　　　 □1亿~2亿　　　　　　□2亿~4亿
□4亿~5亿　　　　　　□5亿以上

Q1.5　贵企业2006年销售总额（人民币元）：
□<100万　　　　　　□100万~300万　　　　□300万~500万
□500万~1000万　　　 □1000万~3000万　　　□3000万~5000万
□5000万~1亿　　　　 □1亿~1.5亿　　　　　□1.5亿~3亿
□3亿以上

Q1.6　贵企业员工人数为：_____人

Q1.7　贵企业成立年限：□3年以下　□3~5年　□6~10年　□11~25年
□25年以上

Q1.8　贵企业所处发展阶段：
□创业阶段：企业刚成立不久，企业效益不太稳定
□成长阶段：企业产品和服务结构基本稳定，生产步入正轨，效益迅速提高
□成熟阶段：产品或服务结构固定，企业效益比较平稳
□衰退阶段：产品或服务的市场缩小，企业效益下降

第二部分　企业慈善捐赠状况

请在以下您认为适当的选项前"□"内打"√"。

Q2.1　2004~2006年贵企业是否进行过捐赠活动？

□是→ 请跳过问题 Q2.2、Q2.3、Q2.4，直接从问题 Q3.1 开始回答
□否

Q2.2 贵企业自成立以来是否进行过捐赠活动？

□是→ 请跳过问题 Q2.3，直接回答问题 Q2.4
□否

Q2.3 贵企业从未进行过捐赠活动的原因是（可多选）：
□经济能力不足　　　□担心影响收益　　　□未列入计划
□不知具体怎么做　　□认为没有必要　　　□没有想到
□不了解 NPO　　　　□不了解捐赠（公益）活动　　□缺乏政策激励
□其他_____

Q2.4 贵企业今后是否会捐赠：□会捐赠　□很难说　□不准备捐赠

本问卷到此全部结束，再次感谢您的支持与合作，并祝贵企业发展蒸蒸日上！

第三部分　企业慈善捐赠行为特征

对 2004~2006 年贵企业实际的捐赠状况予以评价，采用 7 级打分法，1~7 依次表示从极为不同意向非常同意过渡，分数 4 为中性标准。请您在认为适当的数字上打"√"。

Q3.1　慈善捐赠目标	极不同意→非常同意						
Q3.1.1　贵企业的捐赠目标和企业总体战略目标具有很高的一致性	1	2	3	4	5	6	7
Q3.1.2　贵企业的捐赠目标能很大程度上体现企业实现社会责任	1	2	3	4	5	6	7
Q3.2　慈善捐赠方式	极不同意→非常同意						
Q3.2.1　贵企业采取的捐赠方式与受赠者需求具有很好的契合性	1	2	3	4	5	6	7
Q3.2.2　与同行业其他企业相比，贵企业采取的捐赠方式较为多样	1	2	3	4	5	6	7
Q3.2.3　贵企业的捐赠方式具有很大的影响力	1	2	3	4	5	6	7
Q3.3　慈善捐赠数额	极不同意→非常同意						
Q3.3.1　与同行业其他企业相比，贵企业年均捐赠金额很大	1	2	3	4	5	6	7
Q3.3.2　贵企业年均捐赠金额占企业销售收入的比重很大	1	2	3	4	5	6	7
Q3.3.3　贵企业年均捐赠金额占企业资产总额的比重很大	1	2	3	4	5	6	7
Q3.4　慈善捐赠指向领域	极不同意→非常同意						
Q3.4.1　贵企业捐赠的指向领域与本行业具有很大的相关性	1	2	3	4	5	6	7
Q3.4.2　贵企业捐赠的指向领域具有很大的影响力	1	2	3	4	5	6	7
Q3.4.3　贵企业捐赠的指向领域具有很强的互动性	1	2	3	4	5	6	7

续表

Q3.5 选择进行慈善捐赠的非营利组织（NPO）	极不同意→非常同意						
Q3.5.1 NPO具有充足的资源（人员、资金、设备）	1	2	3	4	5	6	7
Q3.5.2 NPO具有较强的业务执行能力	1	2	3	4	5	6	7
Q3.5.3 NPO具有广泛的社会关系网络	1	2	3	4	5	6	7
Q3.5.4 NPO具有很好的社会公信力和影响力	1	2	3	4	5	6	7

第四部分 企业社会资本

对2004～2006年企业社会资本（企业与外部各利益相关者之间的关系）采用7级打分法，1～7依次表示从极为不同意（或不频繁、不密切、少）向非常同意（或频繁、密切、多）过渡，分数4为中性标准。请您在认为适当的数字上打"√"。

Q4.1 与同行业其他企业相比，联系的频繁程度	极不频繁→非常频繁						
贵企业与客户的联系	1	2	3	4	5	6	7
贵企业与供应商的联系	1	2	3	4	5	6	7
贵企业与其他企业的联系	1	2	3	4	5	6	7
贵企业与政府部门的联系	1	2	3	4	5	6	7
贵企业与金融机构（如银行）的联系	1	2	3	4	5	6	7
贵企业与高校、科研院所、行业协会的联系	1	2	3	4	5	6	7
Q4.2 与同行业其他企业相比，联系的密切程度	极不密切→非常密切						
贵企业与客户的联系	1	2	3	4	5	6	7
贵企业与供应商的联系	1	2	3	4	5	6	7
贵企业与其他企业的联系	1	2	3	4	5	6	7
贵企业与政府部门的联系	1	2	3	4	5	6	7
贵企业与金融机构（如银行）的联系	1	2	3	4	5	6	7
贵企业与高校、科研院所、行业协会的联系	1	2	3	4	5	6	7
Q4.3 与同行业其他企业相比，贵企业联系下列对象的数量	极少→非常多						
贵企业与客户的联系	1	2	3	4	5	6	7
贵企业与供应商的联系	1	2	3	4	5	6	7
贵企业与其他企业的联系	1	2	3	4	5	6	7
贵企业与政府部门的联系	1	2	3	4	5	6	7
贵企业与金融机构（如银行）的联系	1	2	3	4	5	6	7
贵企业与高校、科研院所、行业协会的联系	1	2	3	4	5	6	7

续表

Q4.4 下列联系双方在合作过程中，存在损人利己的倾向	极不同意→非常同意						
贵企业与客户的联系	1	2	3	4	5	6	7
贵企业与供应商的联系	1	2	3	4	5	6	7
贵企业与其他企业的联系	1	2	3	4	5	6	7
贵企业与政府部门的联系	1	2	3	4	5	6	7
贵企业与金融机构（如银行）的联系	1	2	3	4	5	6	7
贵企业与高校、科研院所、行业协会的联系	1	2	3	4	5	6	7
Q4.5 下列联系双方能真诚合作	极不同意→非常同意						
贵企业与客户的联系	1	2	3	4	5	6	7
贵企业与供应商的联系	1	2	3	4	5	6	7
贵企业与其他企业的联系	1	2	3	4	5	6	7
贵企业与政府部门的联系	1	2	3	4	5	6	7
贵企业与金融机构（如银行）的联系	1	2	3	4	5	6	7
贵企业与高校、科研院所、行业协会的联系	1	2	3	4	5	6	7
Q4.6 下列联系双方能相互信守诺言	极不同意→非常同意						
贵企业与客户的联系	1	2	3	4	5	6	7
贵企业与供应商的联系	1	2	3	4	5	6	7
贵企业与其他企业的联系	1	2	3	4	5	6	7
贵企业与政府部门的联系	1	2	3	4	5	6	7
贵企业与金融机构（如银行）的联系	1	2	3	4	5	6	7
贵企业与高校、科研院所、行业协会的联系	1	2	3	4	5	6	7
Q4.7 下列联系双方因有共同语言能有效沟通	极不同意→非常同意						
贵企业与客户的联系	1	2	3	4	5	6	7
贵企业与供应商的联系	1	2	3	4	5	6	7
贵企业与其他企业的联系	1	2	3	4	5	6	7
贵企业与政府部门的联系	1	2	3	4	5	6	7
贵企业与金融机构（如银行）的联系	1	2	3	4	5	6	7
贵企业与高校、科研院所、行业协会的联系	1	2	3	4	5	6	7
Q4.8 下列联系双方存在相似的价值取向	极不同意→非常同意						
贵企业与客户的联系	1	2	3	4	5	6	7
贵企业与供应商的联系	1	2	3	4	5	6	7
贵企业与其他企业的联系	1	2	3	4	5	6	7
贵企业与政府部门的联系	1	2	3	4	5	6	7
贵企业与金融机构（如银行）的联系	1	2	3	4	5	6	7
贵企业与高校、科研院所、行业协会的联系	1	2	3	4	5	6	7

第五部分　企业竞争优势

采用7级打分法，1~7依次表示从极低向非常高过渡，分数4为中性标准。请您在认为适当的数字上打"√"（注：息税前总资产收益率ROA=息税前利润/总资产；息税前总销售收益率ROS=息税前利润/总销售收入）。

Q5.1	贵企业年均销售增长率与同行业平均水平相比	极低→非常高						
Q5.2	贵企业息税前总资产收益率与同行业平均水平相比	1	2	3	4	5	6	7
Q5.3	贵企业息税前总销售收益率与同行业平均水平相比	1	2	3	4	5	6	7
Q5.4	贵企业市场占有率与同行业平均水平相比	1	2	3	4	5	6	7

附录 2

2003年国资厅通知执行的企业规模划分标准
《统计上大中小型企业划分办法（暂行）》

一、根据国家经贸委、国家计委、财政部、国家统计局《关于印发中小企业标准暂行规定的通知》（国经贸中小企〔2003〕143号），结合统计工作的实际情况，特制定本办法。

二、本办法适用于统计上对工业（采矿业，制造业，电力、燃气及水的生产和供应业），建筑业，交通运输、仓储和邮政业，批发和零售业，住宿和餐饮业的企业划分规模。

三、本办法以法人企业或单位作为对企业规模的划分对象，以从业人员数、销售额和资产总额三项指标为划分依据。企业规模的具体划分标准见附表1。

四、企业规模由政府综合统计部门根据上年统计年报每年划分一次。企业规模一经确认，月度统计原则上不进行调整。

附表1 统计上大中小型企业划分标准

行业名称	指标名称	单位	大型	中型	小型
工业企业	从业人员数	人	2000及以上	300~2000	300以下
	销售额	万元	30000及以上	3000~30000	3000以下
	资产总额	万元	40000及以上	4000~40000	4000以下
建筑业企业	从业人员数	人	3000及以上	600~3000	600以下
	销售额	万元	30000及以上	3000~30000	3000以下
	资产总额	万元	40000及以上	4000~40000	4000以下

续表

行业名称	指标名称	单位	大型	中型	小型
批发业企业	从业人员数	人	200 及以上	100～200	100 以下
	销售额	万元	30000 及以上	3000～30000	3000 以下
零售业企业	从业人员数	人	500 及以上	100～500	100 以下
	销售额	万元	15000 及以上	1000～15000	1000 以下
交通运输业企业	从业人员数	人	3000 及以上	500～3000	500 以下
	销售额	万元	30000 及以上	3000～30000	3000 以下
邮政业企业	从业人员数	人	1000 及以上	400～1000	400 以下
	销售额	万元	30000 及以上	3000～30000	3000 以下
住宿和餐馆业企业	从业人员数	人	800 及以上	400～800	400 以下
	销售额	万元	15000 及以上	3000～15000	3000 以下

说明：

1. 表中的"工业企业"包括采矿业，制造业，电力、燃气及水的生产和供应业三个行业的企业。

2. 工业企业的销售额以现行统计制度中的年产品销售收入代替；建筑业企业的销售额以现行统计制度中的年工程结算收入代替；批发和零售业的销售额以现行报表制度中的年销售额代替；交通运输和邮政业、住宿和餐饮业企业的销售额以现行统计制度中的年营业收入代替；资产总额以现行统计制度中的资产合计代替。

3. 大型和中型企业须同时满足所列各项条件的下限指标，否则下划一档。

《部分非工企业大中小型划分补充标准（草案）》

附表2　部分非工企业大中小型划分补充标准（草案）

行业名称	指标名称	单位	大型	中型	小型
农林牧渔企业	从业人员数	人	3000 及以上	500～3000	500 以下
	销售额	万元	15000 及以上	1000～15000	1000 以下
仓储企业	从业人员数	人	500 及以上	100～500	100 以下
	销售额	万元	15000 及以上	1000～15000	1000 以下
房地产企业	从业人员数	人	200 及以上	100～200	100 以下
	销售额	万元	15000 及以上	1000～15000	1000 以下
金融企业	从业人员数	人	500 及以上	100～500	100 以下
	净资产总额	万元	50000 及以上	5000～50000	5000 以下

续表

行业名称	指标名称	单位	大型	中型	小型
地质勘查和水利环境管理企业	从业人员数	人	2000 及以上	600~2000	600 以下
	资产总额	万元	20000 及以上	2000~20000	2000 以下
文体、娱乐企业	从业人员数	人	600 及以上	200~600	200 以下
	销售额	万元	15000 及以上	3000~15000	3000 以下
信息传输企业	从业人员数	人	400 及以上	100~400	100 以下
	销售额	万元	30000 及以上	3000~30000	3000 以下
计算机服务及软件企业	从业人员数	人	300 及以上	100~300	100 以下
	销售额	万元	30000 及以上	3000~30000	3000 以下
租赁企业	从业人员数	人	300 及以上	100~300	100 以下
	销售额	万元	15000 及以上	1000~15000	1000 以下
商务及科技服务企业	从业人员数	人	400 及以上	100~400	100 以下
	销售额	万元	15000 及以上	1000~15000	1000 以下
居民服务企业	从业人员数	人	800 及以上	200~800	200 以下
	销售额	万元	15000 及以上	1000~15000	1000 以下
其他企业	从业人员数	人	500 及以上	100~500	100 以下
	销售额	万元	15000 及以上	1000~15000	1000 以下

说明：

1. 销售额按相关行业的"产品销售收入""商品销售收入""主营业务收入""营业收入""经营收入""工程结算收入"等科目发生额计算。

2. 其他企业是指在《统计上大中小型企业划分办法（暂行）》（国统字〔2003〕17号）和本表中未列示的行业企业，具体包括：从事卫生、社会保障和社会福利业，公共管理和社会组织等行业的企业。

3. 大型和中型企业须同时满足所列各项条件的下限指标，否则下划一档。

附录 3

企业高管政治身份、慈善捐赠和债务融资调查问卷

各位企业高管：

  您好！本问卷是硕士毕业论文写作的一部分，对问卷数据只做综合性的统计处理，本问卷以不记名的方式填写，故而不会泄露私人信息，请大家放心填写。此问卷答案无对错之分，请您根据企业实际情况在适当的选项前"□"内打"√"。您的回答对本论文有着至关重要的作用，敬请不要漏答任何一题。对于您的合作，我们表示衷心的感谢，愿您生活愉快！

第一部分 企业基本资料

Q1.1 贵企业名称：_____（选填）

Q1.2 贵企业主营业务经营所在地：_____省_____市

Q1.3 贵企业产权性质：
□国有企业 □民营企业 □外资企业 □其他_____（请注明）

Q1.4 贵企业是否为上市公司：
□是（股票代码：_____） □否

Q1.5 贵企业主营业务所属行业领域：_____

Q1.6 贵企业 2015 年末资产总额（人民币元）：
□≤500 万 □500 万~1000 万 □1000 万~5000 万 □5000 万以上

Q1.7 贵企业 2015 年销售总额（人民币元）：
□≤500 万 □500 万~1000 万 □1000 万~5000 万 □5000 万以上

Q1.8 贵企业董事会规模：

□≤5 人　　□5~8 人　　　　□8~11 人　　　　□11 人以上

Q1.9　贵企业成立年限：
□≤5 年　　□5~15 年　　　□15~25 年　　　□25 年以上

第二部分　企业融资状况

Q2.1　贵企业融资资金主要来源是（可多选）：
□银行贷款　□融资租赁　□股票市场　□政策性贷款　□私募股权融资
□民间借贷　□产权交易　□债券市场　□所有者投入　□企业留存收益

Q2.2　企业所获银行贷款期限一般为：
□≤6 个月　□6 个月~1 年　　□1~3 年　　　　□3 年以上

Q2.3　贵企业现在信贷融资规模满足自身需求的比例约为：
□≤20%　　□20%~50%　　　□50%~80%　　　□80%以上

Q2.4　企业流动资金贷款（≤1 年）需求满足程度为：
□≤20%　　□20%~50%　　　□50%~80%　　　□80%以上

Q2.5　企业中长期贷款（>1 年）需求满足程度为：
□≤20%　　□20%~50%　　　□50%~80%　　　□80%以上

第三部分　企业高管政治身份情况

Q3.1　企业董事（不含独立董事）、监事及高级管理人员曾经或现在是否担任政治职务（如政府官员、政协委员、人大代表）：
□是　　　　□否——请跳转至 Q4.1

Q3.2　企业董事（不含独立董事）、监事及高级管理人员曾经或现在担任的政治身份类型：
□政府官员　□人大代表　　　□政协委员

Q3.3　政治身份的级别：
□中央级　　□省级　　　　　□市级　　　　　　□区或县级
□区或县级以下

第四部分　企业慈善捐赠行为状况

对贵企业 2015 年实际的捐赠状况予以评价，采用 5 级打分法，1~5 依次表示极为不同意向非常同意过渡，分数 3 为中性标准。请在您认为适当的数字上打"√"。

Q4.1	慈善捐赠动机		极不同意→非常同意			
	Q4.1.1	完全出于为善理念	1	2	3	4	5
	Q4.1.2	提高企业声誉，树立良好的社会形象	1	2	3	4	5
	Q4.1.3	维持或加强与政府的良好关系	1	2	3	4	5
Q4.2	慈善捐赠额度		极不同意→非常同意			
	Q4.2.1	与同行业其他企业相比，贵企业年均捐赠金额很大	1	2	3	4	5
	Q4.2.2	贵企业年均捐赠金额占企业销售收入的比重很大	1	2	3	4	5
	Q4.2.3	贵企业年均捐赠金额占企业资产总额的比重很大	1	2	3	4	5
Q4.3	慈善捐赠效果		极不同意→非常同意			
	Q4.3.1	改善了受赠者状况	1	2	3	4	5
	Q4.3.2	扩大了市场占有率	1	2	3	4	5
	Q4.3.3	提高了企业盈利能力、偿债能力和成本控制能力	1	2	3	4	5
	Q4.3.4	提高了企业知名度，塑造产品品牌	1	2	3	4	5
	Q4.3.5	改善了企业与消费者、银行和社区等利益相关者的关系	1	2	3	4	5

第五部分　企业银行信贷融资约束状况

对贵企业2015年的信贷融资约束状况予以评价，采用5级打分法，1~5依次表示极为不同意向非常同意过渡，分数3为中性标准。请在您认为适当的数字上打"√"。

Q5.1	信贷需求满足程度		极不同意→非常同意			
	Q5.1.1	与同行业其他企业相比，贵企业较容易获得银行贷款	1	2	3	4	5
	Q5.1.2	与同行业其他企业相比，贵企业获得的银行授信额度较大	1	2	3	4	5
	Q5.1.3	贵企业的信贷融资规模能够满足自身需求	1	2	3	4	5
Q5.2	贷款期限		极不同意→非常同意			
	Q5.2.1	贵企业获得的银行长期贷款比短期贷款多	1	2	3	4	5
	Q5.2.2	与同行业其他企业相比，贵企业较容易获得银行长期贷款	1	2	3	4	5
Q5.3	贷款成本		极不同意→非常同意			
	Q5.3.1	贵企业的融资成本低于同期银行贷款基准利率	1	2	3	4	5
	Q5.3.2	与同行业其他企业相比，贵企业的银行贷款成本较低	1	2	3	4	5

附录 4

企业慈善捐赠与消费者决策调查问卷

亲爱的参与者：

您好！本人为了完成论文的写作，设计关于企业慈善捐赠与消费者购买决策关系的实验，非常感谢您的参与！恳请您协助填答此份问卷。此问卷仅用于科研，匿名填答，答案无所谓对错，只要能真实反映您的观点即可，您的真实观点很重要！

第一部分 性别信息（打"√"即可）

Q1 您的性别是：A. 男　　B. 女

接下来，请根据实验提供的材料，回答以下问题，在完全不同意→完全同意的七个等级上勾选出一个您认为最恰当的选择（打"√"即可）。

第二部分 企业慈善捐赠的测量

题号	题项描述	完全不同意→完全同意						
契合度测量								
Q2.1.1	A 企业对灾区的捐赠与其主营业务是一致的	1	2	3	4	5	6	7
Q2.1.2	A 企业对灾区的捐赠是有意义的	1	2	3	4	5	6	7
Q2.1.3	A 企业对灾区的捐赠是符合逻辑的	1	2	3	4	5	6	7
宣传重点测量								
Q2.2.1	A 企业在宣传时更多强调了慈善事件	1	2	3	4	5	6	7
Q2.2.2	A 企业在宣传时重点突出了慈善事件	1	2	3	4	5	6	7
Q2.2.3	A 企业在宣传时的注意力更多在慈善事件上	1	2	3	4	5	6	7

续表

题号	题项描述	完全不同意→完全同意						
时机选择测量								
Q2.3.1	A 企业的捐赠要早于其他企业	1	2	3	4	5	6	7
Q2.3.2	A 企业参与慈善的积极性很高	1	2	3	4	5	6	7
Q2.3.3	A 企业是主动地参与捐赠,而非被动地参与捐赠	1	2	3	4	5	6	7

第三部分　消费者内部反应的测量

题号	题项描述	完全不同意→完全同意						
归因测量								
Q3.1.1	A 企业参与慈善捐赠活动更多是为了追求	1 至 7 表示追求个体利益→追求社区利益						
		1	2	3	4	5	6	7
Q3.1.2	A 企业参与慈善捐赠活动更多关注了	1 至 7 表示企业本身→社会利益相关者						
		1	2	3	4	5	6	7
Q3.1.3	A 企业参与慈善捐赠活动的动机更偏向于	1 至 7 表示企业利润→改善社会						
		1	2	3	4	5	6	7
企业认同测量								
Q3.2.1	A 企业的慈善观念和我价值观相同	1	2	3	4	5	6	7
Q3.2.2	我很赞同 A 企业的慈善捐赠行为	1	2	3	4	5	6	7
Q3.2.3	购买该企业手机有助于我更好地表达自己的身份	1	2	3	4	5	6	7
Q3.2.4	当有人赞赏这家公司时,会令我感受到个人赞誉	1	2	3	4	5	6	7
消费者评价测量								
Q3.3.1	A 公司的慈善捐赠行为表现很好	1	2	3	4	5	6	7
Q3.3.2	A 公司是个值得信任的企业	1	2	3	4	5	6	7
Q3.3.3	A 公司是个有社会责任感的企业	1	2	3	4	5	6	7

第四部分　企业声誉的测量

题号	题项描述	完全不同意→完全同意						
Q4.1	我认为 A 企业手机在市场上很流行	1	2	3	4	5	6	7
Q4.2	我认为 A 企业具有很高的美誉度	1	2	3	4	5	6	7
Q4.3	我认为 A 企业在同行业中具有很权威的地位	1	2	3	4	5	6	7

第五部分　购买决策的测量

题号	题项描述	完全不同意→完全同意						
Q5.1	我购买 A 企业手机的可能性很大	1	2	3	4	5	6	7
Q5.2	我很乐意将 A 企业手机推荐给朋友	1	2	3	4	5	6	7
Q5.3	我愿意多次购买 A 企业的手机	1	2	3	4	5	6	7